Jan Becker
Du kannst schaffen, was du willst

Jan Becker
mit Christiane Stella Bongertz

Du kannst schaffen, was du willst

Die Kunst der Selbsthypnose

PIPER
München Berlin Zürich

Mehr über unsere Autoren und Bücher:
www.piper.de
Aktuelle Neuigkeiten finden Sie auch auf Facebook, Twitter und YouTube.

Dieses Buch ist Samuel gewidmet.
Geh voran in Leidenschaft und Freude.
Ich glaube an dich, immer!

ISBN 978-3-492-06025-7
11. Auflage 2016
© Piper Verlag GmbH München / Berlin 2015
Satz: Kösel Media GmbH, Krugzell
Gesetzt aus der Whitman
Illustrationen: Sven Binner
Druck und Bindung: CPI books GmbH, Leck
Printed in Germany

Inhalt

Vorwort
Der Wolf, den du fütterst   15

Teil I

Kapitel 1
Selbsthypnose – was ist das eigentlich? Das Märchen vom Multitasking, die tägliche Trance und warum Sie der Schöpfer Ihrer Wirklichkeit sind   19

    Die tägliche Trance oder warum Multitasking der Feind der Hypnose ist   21
    Ihre Energie folgt Ihrer Aufmerksamkeit – und öffnet Herzen   22
    Benjamin Franklin brachte den hypnotischen Wirkmechanismus auf den Punkt – ohne es zu wollen   25
    Das innere Türöffnen – der Kern von Hypnose und Selbsthypnose   26
    Glaube ist die Realität der Zukunft   27
    Vom Gehirnbesitzer zum Gehirnbenutzer: Wirklichkeit erschaffen   28

Kapitel 2
Das tägliche Wunder: Wie warme Gedanken tatsächlich wärmen, Sie sich in Sekunden selbst hypnotisieren und was Sie heute gewonnen haben — 30

- Der Körper folgt unserer Vorstellung — 31
- Hypnotische Vertiefung durch tatsächliche Erfahrungen — 34
- So tun, als ob – die geheime Wunderwaffe — 38
- Die beste Soforthypnose der Welt — 41
- Wie Sie schauen, so fühlen Sie: Die wunderbare Wirkung der Mimik — 42
- Glückwunsch, Sie haben gewonnen! — 45

Kapitel 3
Vergessen? Können Sie vergessen! Warum wir uns an viel mehr erinnern, als wir glauben, aber nie an das, was tatsächlich geschehen ist — und warum das genau richtig so ist — 49

- Schutzengel Unterbewusstsein — 50
- Der große Pool der Erfahrungen — 53
- Erinnerungen: Mind the Gap! — 54
- Wir gestalten unsere Erinnerungen – ohne es zu merken — 57
- Verschieben Sie Ihren Fokus und bestimmen Sie so, was zur Erinnerung wird — 59

Kapitel 4
Wie Ihr Unterbewusstsein bestimmt, ob Sie sich als unerschrockener Superheld oder ängstliches Mäuschen erleben — und warum es sich lohnt, die Kontrolle zu übernehmen   64

Die Begrenzung in der Erinnerung: Wie lang ist Ihr Seil?   65
Der Mensch ist ein Gewohnheitstier   67
Eiserne Disziplin – oder (Selbst-)Hypnose   71
Auch Gedanken können schlechte Angewohnheiten sein – oder gute!   73
Du bist, was du denkst – und du schaffst, was du willst   74

Kapitel 5
Warum sich Mythen im Kollektivbewusstsein halten und wie Sie Suggestionen am Türsteher »Bewusstsein« vorbei ins Unterbewusstsein schleusen   80

Die Legende vom eisenreichen Spinat – und was diese mit Hypnose zu tun hat   81
Die Suggestionen der Kindheit – Begleiter auf Lebenszeit   82
Ruhe im Kopf: Der wichtige erste Schritt auf dem Weg zur gelungenen Selbsthypnose   86
Der harte Türsteher »Bewusstsein« und wie man an ihm vorbeikommt   91

Kapitel 6
Ich bin dann mal weg: Wie Sie mit Ihren Augen,
Ihrer Stimme und einer lustigen Turnübung die
Stopp-Taste im Gedankenkarussell drücken –
und das Glück einladen **95**

 Gedanken, mit dem Blick fixiert 96
 Sorge dich nicht, summe! 97
 Sie müssen nichts denken, was Sie nicht denken
 wollen 98
 Kompliziertes entspannt besser 100
 Die Leinwand im Kopf 103
 »Das Kind lernt laufen!« oder »Mitmachen!« 106

Kapitel 7
Die faszinierende Welt der Suggestionen: Vom blinden
Passagier in Ihrem Unterbewusstsein bis zur guten
Fee der Wunscherfüllung **110**

 Die Invasion des Unbekannten 111
 Suggestibilität – oder warum die Reklame aus
 Ihrer Kindheit so einen nostalgischen Schimmer hat 115
 Du schaffst, was du willst – aber (was) willst du
 eigentlich wirklich? 118
 Die ideale Suggestion ist eine mit positiven Gefühlen
 aufgeladene Vision 119

Kapitel 8
Die Sache mit der Motivation: Wie Emotionen unser Unterbewusstsein beflügeln und warum der Weg *nicht* das Ziel ist   **123**

Warum Neujahrsvorsätze selten länger als
bis Ende Januar halten   124
Entscheidend ist, sich zu entscheiden   128
Versuch macht kluch   130
Always look on the bright side – finden Sie Ihre
positive Motivation   131
Zu Hilfe! Vom Nehmen zum Geben   132

Kapitel 9
Die Macht der Worte: Wie Sie beflügelnde Suggestionen in Ihr Leben einbauen, der Regisseur Ihres eigenen Films werden und an Zielen dranbleiben, wenn es doch mal hakt   **136**

Die sechs goldenen Regeln der Suggestions-
formulierung   136
Suggestionen in den Alltag einbauen   139
So werden Sie umwerfend – und bekommen
ein intuitiveres Gehirn   140
Lesen hilft – Schreiben noch mehr   142
Alltägliche Handgriffe zu hypnotischen Ritualen
machen   143
Das Fernziel immer im Blick behalten   145
Glück bedeutet: Immer schön in Bewegung bleiben   150
Machen Sie sich auf die Reise, denn der Weg ist nicht
das Ziel – er ist das Leben   151
Dranbleiben, wenn es doch mal hakt   152
Suggestionen sind nicht in Stein gemeißelt –
manchmal brauchen sie eine Überarbeitung   155
Pausen auf dem Weg sind erlaubt, Aufgeben nicht   156

Kapitel 10
Selbsthypnose für Fortgeschrittene: Wie Sie Ihre Entspannung hypnotisch vertiefen, Suggestionen haltbar machen und schöne Gefühle für immer verankern — 157

- Der schnelle Klassiker: Die Induktion des Tausendsassas — 157
- Hypnotische Reisen — 160
- Werden Sie Ihr eigener Bühnenbildner und Location Scout — 166
- Perspektivwechsel trainieren Ihr Gehirn — 168
- Störungen in der Umgebung zu Helfern machen — 170
- Gehen Sie vor Anker – aber nur, wo es Ihnen gefällt — 171
- Anker als Instantzugang zu schönen Gefühlen — 172
- Anker als Notfallmedizin für jede Lebenslage — 175
- Der magische Freundesanker — 176

Teil II

Kapitel 11
Energie tanken mit dem Wikinger-Faktor: Wie Sie lernen, sich selbst zu vertrauen — damit Sie schaffen, was Sie wollen — 186

- Schwur am Lagerfeuer – der Trick der Wikinger — 187
- Der kleine Unterschied, der den Erfolg ausmacht — 188
- Fallstrick fürs Selbstvertrauen: hinkende Vergleiche — 191
- Das Ziel ist nur ein Punkt auf einer Zeitachse — 193
- Winner oder Finisher? Was Erfolg ist, definieren Sie allein! — 195
- Geduld bringt Selbstvertrauen – Liebe und Humor bringen Geduld — 197

Kapitel 12
Her mit dem schönen Leben: Wie Sie Ihre kleinen Laster in Rente schicken und durch dynamische, gesunde Gewohnheiten ersetzen — 204

Alltagslaster sind nicht nur lästig – sondern auch nützlich — 205
Man kann, wenn man »muss« — 207
Mit Hypnose den schwierigen ersten Schritt überbrücken — 208
Hüten Sie sich vor Verboten – oder warum Diäten dick machen — 213
Den Fokus schlau verschieben — 216

Kapitel 13
Mach dir keinen Stress: Wie Sie dem Adrenalin ein Schnippchen schlagen und Anspannung automatisch in Entspannung verwandeln — 221

Großalarm in Gehirn und Körper – wohin mit dem Adrenalin? — 222
Den Platzhalter für Angst entschärfen — 223
Wie Sie den Schalter für »Stress« auf »Entspannung« umstellen — 224
Sie sind nicht der Stress — 230
Machen Sie Ihrem Unterbewusstsein was vor: Stress? Nö! — 233

Kapitel 14
Keine Angst vor der Angst: Wie Sie Felsbrocken zum Schrumpfen bringen und Ihre Furcht beim Tangotanzen in die Knie zwingen 236

Verändert sich der Fokus, wird aus Turbulenzen eine Kinderschaukel 237
Wenn Angst die Kehle zuschnürt, müssen Sie erst mal den Knoten lösen 238
Massive Ängste sind wie Felsbrocken, die den Weg versperren 240
Die Angst verkleiden – und mit ihr spielen 242
Ängste hat jeder – es kommt auf die Ausprägung an 248
Wenn die Spinne die Schwiegermutter ist – Phobien als Platzhalter 250
Wann Sie sich besser Hilfe von einem Experten holen 252
Was wäre, wenn? Ihr Unterbewusstsein kennt die Antwort! 253

Kapitel 15
Ich glaub, ich werd gesund: Wie Sie Ihre Selbstheilungskräfte wecken und warum das Unterbewusstsein oft der beste Arzt ist 256

Statt Substanzen verabreicht man hypnotische Suggestionen 257
Wirken Schmerzmittel nur, weil »Schmerzmittel« draufsteht? 258
Warum der Glaube an etwas hypnotisch wirksam ist 260
Selbsthypnose als Universalmedizin 262

Kapitel 16
Das macht ja Spaß: Wie Sie auf der richtigen Welle effektiver lernen, einen Textmarker direkt im Kopf anwenden und Prüfungen zu Ihrem Auftritt werden lassen   **270**

  Reduzieren Sie die Hintergrundgeräusche   271
  Optischen »Lärm« ausschalten   273
  Machen Sie den Kopf frei   275
  Die Macht der cleveren Wiederholung   276
  Richtig sortiert ist halb gelernt – das ABC der Prioritäten   278
  Die positive Lernmotivation: Zeigen Sie der Welt, was Sie draufhaben!   279

Kapitel 17
Nie mehr Aufschieberitis: Wie Sie das berauschende Gefühl des Erfolgs hervorkitzeln, Ablenkungen austricksen und immer mit Spaß bei der Sache sind   **283**

  Frust statt Lust – der Teufelskreis fehlender Erfolgserlebnisse   283
  Warum prokrastinieren Sie? Viele Gründe – ein Problem   285
  In Etappen gegen die Aufschieberitis   286
  Die bösen Ablenkungen – einfach austricksen   294

Kapitel 18
Selbsthypnose im Sport: Höher, schneller, weiter – wie Sie schaffen, was Sie nie für möglich gehalten haben   **295**

  Der Körper reagiert ohne Verzögerung auf Gedanken   295
  Gewichtheben mit zwei Fingern – kraft der Vorstellung   298
  Du kannst, was du denkst: mentales Training   300

Kapitel 19
Besser in jeder Beziehung: Wie Sie mit hypnotischen Tricks Ihre Partnerschaft vitalisieren und mit einer imaginären Feder neue Leidenschaft entfachen — 303

Die Positiv-Spirale mit kleinen hypnotischen Tricks in Gang setzen — 305

Kapitel 20
Der Mythos vom Durchschlafen, das Geheimnis des Abendjoghurts oder wie Sie einfach schöner schlummern — 312

Wer aufwacht, schläft normal — 313
Der erste und der zweite Schlaf — 314
Einschlafen für Fortgeschrittene — 315
Wie Sie den Tag auslöffeln, ablegen, ausknipsen und zerplatzen lassen — 320

Nachwort
Ein Geschenk zum Abschluss — 322

Literaturverzeichnis — 324

Vorwort
Der Wolf, den du fütterst

Ein alter indianischer Schamane unterrichtete seine Enkel in der Kunst des Heilens. Er erzählte ihnen davon, dass in ihnen wie in jedem anderen Menschen zwei Wölfe leben und miteinander kämpfen.

»Einer der Wölfe ist derjenige, der Krankheit erzeugt«, erzählte der Schamane. »Er ernährt sich von Angst, Wut, Eifersucht, Neid, Selbstzweifeln. Der andere Wolf erhält die Gesundheit. Dieser Wolf ernährt sich von Liebe, Mitgefühl, Demut, Selbstvertrauen, Glück, Freude und Wohlgefühl.«

Die Enkel hörten sich das an und schrieben fleißig mit. Nach einer kurzen Weile wollte der Schamane mit dem Unterricht fortfahren, da meldete sich einer der Enkel: »Einen Augenblick bitte, Großvater. Du hast uns noch nicht verraten, welcher der Wölfe den Kampf gewinnt.« Da antwortete der Schamane: »Aber ist das nicht offensichtlich? Es gewinnt immer der Wolf, den du fütterst!«

Ich liebe diese kleine Geschichte sehr.

Sie illustriert eine der wichtigsten Weisheiten des Lebens. Nämlich, dass wir unser Schicksal in der Hand haben. Auch wenn jeder von uns diese zwei Wölfe beherbergt, so ist es unsere Entscheidung, welchen der beiden Wölfe wir füttern. Unsere Gesundheit, die unseres Körpers, aber auch die unserer Seele, all das hängt davon ab, wie wir unser Leben führen. Welchen Empfindungen wir Raum geben und welche wir nähren. Die Geschichte enthält damit noch eine Botschaft: Alles ist eins! Der Körper lässt sich nicht von der Seele trennen. Wenn sich unsere Seele wohlfühlt, weil wir den einen »Wolf« füttern, ist das Resultat daraus Gesundheit. Dann kann sich der andere Wolf nicht behaupten. Ein glücklicher Mensch kennt nur selten Krankheit.

Zum Glück gehört, dass wir ein Leben führen, das zu uns passt und unseren inneren Wünschen entspricht. Dazu braucht man das Selbstvertrauen, ohne Angst Neuland zu betreten. Das Selbstvertrauen, dass wir das schaffen, was wir schaffen möchten, auch wenn das im ersten Moment vielleicht kompliziert aussieht. Glückliche Menschen wagen etwas – und sie erleben, dass in ihnen ein unendliches Potenzial steckt.

In uns allen schlummert so viel mehr, als die meisten von uns glauben. Ich möchte Sie in diesem Buch einladen, Ihre Grenzen zu sprengen, indem Sie den Wolf des Glücks und der Gesundheit füttern.

Tun Sie endlich, was Sie schon so lange tun möchten. Schieben Sie Ihre Träume nicht weiter auf. Lassen Sie sich nicht länger von Ihren Ängsten oder einem geringen Selbstvertrauen limitieren. Nehmen Sie Ihre Gesundheit in die Hand. Werden Sie aktiv. Sie können, Sie müssen nur wollen. Kommen Sie mit, ich zeige Ihnen, wie das geht.

Ihr Jan Becker

Teil I

Kapitel 1
Selbsthypnose — was ist das eigentlich? Das Märchen vom Multitasking, die tägliche Trance und warum Sie der Schöpfer Ihrer Wirklichkeit sind

Es gibt keine Wirklichkeit als die, die wir in uns haben.

Hermann Hesse

Zum Einstieg habe ich ein kleines Wunder für Sie. Haben Sie Lust?

Sie benötigen lediglich eine Stoppuhr und einen ungestörten Moment. Setzen Sie sich entspannt in einen Sessel oder an einen Tisch. Nehmen Sie Ihre Hände und schauen Sie auf das Innere Ihrer Handgelenke. Dort sehen Sie an jedem Handgelenk ein paar horizontale Linien. Bringen Sie die jeweils oberen dieser Linien genau zusammen – die rechte obere Linie auf die linke obere Linie – und falten Sie auf diese Weise Ihre Hände. In etwa, als wollten Sie beten. Die Linien selbst haben keine größere Bedeutung, sie dienen nur zur Orientierung, um genau die gleiche Handstellung noch einmal exakt reproduzieren zu können.

Nun betrachten Sie Ihre zusammengefalteten Hände einmal von der Seite. Lenken Sie Ihren Blick auf Ihre beiden Mittelfinger. Einer von beiden ist bei den meisten Menschen kürzer als der andere. Um diesen Finger geht es. Mit diesem Finger werden Sie nun allein kraft Ihrer Gedanken etwas Erstaunliches erleben. Falls beide Mittelfinger genau gleich lang sind,

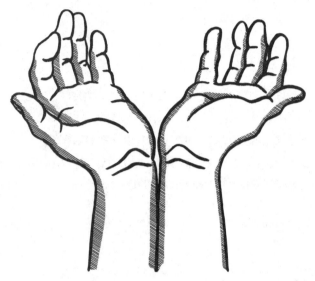

entscheiden Sie sich bitte für einen von beiden, das funktioniert genauso gut.

Lösen Sie dann Ihre Hände voneinander. Legen Sie die Hand mit dem kürzeren Mittelfinger auf den Oberschenkel oder vor sich auf den Tisch. Aktivieren Sie den auf sechzig Sekunden eingestellten Timer. Schauen Sie nun auf die ausgewählte Fingerspitze. Konzentrieren Sie sich auf sie. Spüren Sie, wie die Fingerspitze auf dem Stoff Ihrer Hose oder auf der Tischplatte aufliegt. Spüren Sie die Temperatur der Luft um die Fingerspitze herum. Konzentrieren Sie sich nur auf diesen einen Punkt Ihres Körpers. Ihre Fingerspitze. Stellen Sie sich vor, wie dieser Finger jetzt wächst, wie er immer länger wird. Schließen Sie ihre Augen und stellen Sie sich vor, wie es sich anfühlt wenn dieser Finger wächst. Immer länger und länger wird. Tun Sie das so lange, bis der Timer piept. Nun legen Sie die Hände wieder entlang der Handgelenklinien aufeinander. Schauen Sie nochmals seitlich auf Ihre Hände.

Und? Sehen Sie es?

Sie erkennen es gleich, es ist etwas völlig Verrücktes passiert: Der Finger ist länger geworden! Allein durch einen Augenblick der Konzentration und hypnotischen Fokussierung sind Sie, im wahrsten Sinne des Wortes, vorübergehend über sich hinausgewachsen. Diese wunderbare kleine Übung zeigt, wie unmittelbar unser Körper auf unsere Gedanken reagiert. Zumindest dann, wenn wir sie bündeln und uns durch nichts anderes ablenken lassen. Wir stellen so einen kurzen Moment der vollkommenen Trance her. Das Experiment funktioniert allerdings nur, wenn wir es schaffen, unsere oft so wirbelnden Gedanken für einen Moment anzuhalten. Wer bei der Übung an den Abwasch denkt oder daran, dass er noch die Winterreifen aufs Auto aufziehen muss, sabotiert den Erfolg. Die Fähigkeit zur Konzentration ist wichtig, wenn Sie endlich schaffen möchten, was Sie schon immer wollten. Völlig unabhängig davon, um was es sich handelt.

Die tägliche Trance oder warum Multitasking der Feind der Hypnose ist

Doch zurück zum wachsenden Finger: Sie haben soeben die erste Selbsthypnose-Übung dieses Buches mit Bravour gemeistert! Herzlichen Glückwunsch! Dabei haben Sie sich, wahrscheinlich ohne es zu merken, für eine Minute in Trance versetzt – mit sichtbarem Effekt.

Allerdings ist dies nicht der erste Moment, in dem Sie eine Trance erlebt haben. Trance ist ein Zustand, der unser tägliches Leben durchzieht. Denken Sie nur daran, wie es sich anfühlt, wenn Sie ein Buch lesen oder einen spannenden oder ergreifenden Film sehen und dabei die Welt um sich herum vergessen – das ist Trance! Wenn Sie fokussiert arbeiten oder

Ihrem Hobby nachgehen und dann nach ein paar Stunden auf die Uhr schauen und verwundert feststellen, wie viel Zeit vergangen ist – auch das ist Trance! Wenn Sie seit Jahren einen Kampfsport trainieren und schlafwandlerisch sicher eine Bewegung nach der anderen ausführen. Wenn Sie im Volleyball, beim Tennis oder beim Fußball den Ball verfolgen und sich instinktiv an die richtige Stelle bewegen – Trance! Wenn Sie joggen oder spazieren gehen und plötzlich feststellen, dass Sie ganz im Rhythmus der Bewegung schwingen, ohne an etwas anderes zu denken. Wenn Sie Ihrem Kind mit Hingabe ein Schlaflied vorsingen oder beim Tanzen ganz im Rhythmus der Musik aufgehen – all das ist Trance! Sie sehen, es geht dabei um Fokussierung. Um Konzentration. Und zwar, das ist wichtig, auf nur *eine* Sache. Das viel zitierte Multitasking, das Frauen – vermeintlich – so viel besser beherrschen als Männer, ist der Feind einer entspannten Trance. In Wirklichkeit ist niemand multitaskingfähig. Menschen, die das von sich behaupten, wechseln nur rasend schnell zwischen einzelnen Aufgaben und machen sich und ihr Gehirn damit kirre. Nicht nur das: Sie tun das, was Sie tun, deutlich schlechter. Sie brauchen zum Beispiel länger, um etwas zu lernen und können sich später schlechter daran erinnern – mehr dazu, wenn wir in Kapitel 16 dazu kommen, wie Sie Ihre Effektivität beim Lernen steigern können.[1]

Ihre Energie folgt Ihrer Aufmerksamkeit – und öffnet Herzen

Fürs Erste ist es wichtig, sich zu merken: Dorthin, wo wir unseren Fokus setzen, fließt unsere Energie, dort ist unsere Kraft. Dass das nicht nur bildlich gesprochen gilt, sondern

---

[1] Solano et al.

auch ganz unmittelbare Auswirkungen auf unseren Körper haben kann, haben Sie eben schon in der Übung mit dem wachsenden Finger erlebt. Das folgende spaßige Experiment, das Sie mit einem Freund oder Ihrem Partner machen können, spielt noch ein wenig mit diesem Gedanken.

DAS ENERGIEOHRLÄPPCHEN UND DER HERZANKER

Ihr Übungspartner soll sich bequem hinstellen und sich dann auf einen Punkt an seinem rechten Ohrläppchen konzentrieren. Eine halbe bis eine Minute nur darauf. Wenn er damit fertig ist, stupsen Sie ihn ganz leicht an der linken Schulter an. Was passiert? Er fällt, ohne dass Sie besondere Kraft aufgewendet hätten, nach rechts.

Nun soll Ihr Partner den Fokus auf die Mitte seines Körpers setzen, in Höhe des Bauchnabels. Auch hierauf soll er wieder eine halbe bis eine Minute verwenden. Nun stupsen Sie ihn erneut an, mit der gleichen Kraft wie vorhin. Sie werden sehen: Er wird deutlich stabiler stehen und ist längst nicht mehr so leicht aus dem Gleichgewicht zu bringen.

Unsere Kraft folgt dem Fokus. Wenn ich den Fokus auf etwas Negatives setze, wird mich das daher deutlich schwächen – in dieser Übung durch das (eigentlich neutrale) Ohrläppchen symbolisiert, das mich aus dem Gleichgewicht bringt. Wenn ich dagegen den Fokus auf etwas Positives lenke, wird es mich stärken – in diesem Fall die Körpermitte, die die Balance wiederherstellt.

Und weil man sich die Tatsache, dass die Energie dem Fokus folgt, gar nicht deutlich genug vor Augen führen kann, kommt hier noch ein weiteres Experiment. Diese Übung können Sie auch machen, wenn Sie gerade keinen Partner zur Verfügung haben. Ideal ist es, wenn Sie zur Vorbereitung einmal selbst versuchen, Ihre Energie zunächst aufs Ohrläppchen und dann auf Ihren Bauchnabel zu lenken, um genau zu wissen, wie sich der Fluss der Energie anfühlt.

Legen Sie dann Ihre rechte Hand in die Mitte des Brustkorbs. Dabei zeigen die Fingerspitzen nach links aufs Herz. Damit berühren Sie das Herzchakra. Darauf richten Sie nun Ihre Aufmerksamkeit und denken dabei an eine Person, die Ihnen nahesteht. Eine Person, die Sie lieben und die Sie liebt. Schließen Sie die Augen, um von nichts abgelenkt zu werden. Sie werden feststellen, wie sich das Herzchakra wie eine Blume öffnet – selbst dann, wenn Sie sich vorher gar nichts unter »Herzchakra« vorstellen konnten. Sie werden spüren, wie Ihre ganze Liebe, die Sie für die Person empfinden und die Sie von dieser Person bekommen, in Ihr Herz hineinfließt. Sie spüren, wie diese Liebe Ihr Herzchakra wärmer und wärmer werden lässt. Lassen Sie Ihren Fokus für eine Minute ganz auf diesem wunderschönen Gefühl ruhen. Wenn Sie nun in Zukunft Ihre Hand auf ebenjene Stelle legen, werden Sie wieder diese Liebe spüren. Die Bewegung, in der Sie Ihre Hand aufs Herz legen, ist zu einem Anker geworden.

Die Konzentration auf eine Sache ist also der zentrale Punkt bei hypnotischen Zuständen. So sah das auch ein gewisser Dr. James Braid, einer der Ahnen der modernen Hypnosetherapie. Er war derjenige, der den Begriff »Hypnose«, der sich vom altgriechischen Wort für »Schlaf« ableitet, in England verbreitete – auch wenn er den Begriff nicht, wie oft behauptet, erfunden hat, das war nämlich der französische Schriftsteller Etienne-Félix Solano Hénin de Cuvillers. James Braid verwarf allerdings später den Begriff »Hypnose« wieder, weil er einen anderen viel treffender fand: »Monoideism«. Dieses Wort kommt von »mono«, dem griechischen Wort für »einzig«, außerdem steckt natürlich die »Idee« darin. Da ist sie schon wieder, die Fokussierung auf nur eine Sache.

Benjamin Franklin brachte den hypnotischen Wirkmechanismus auf den Punkt – ohne es zu wollen

James Braid entwickelte seine Ideen auf Basis des sogenannten »Mesmerismus«. Den hatte der deutsche Arzt Franz Anton Mesmer Ende des 18. Jahrhunderts in Wien erdacht. Dabei war Mesmer sich nicht darüber bewusst, dass der Effekt seiner neuartigen Behandlungen eben auf einer solchen Fokussierung beruhte, wie sie Braid später beschrieb. Mesmer ging vielmehr von einem allem innewohnenden Magnetismus und geheimnisvoll fließender Lebensenergie in jedem Wesen aus – was er als *Fluidum* bezeichnete. Dieser Energiefluss war, so Mesmers Annahme, im Falle von Krankheit aus dem Gleichgewicht geraten. Die Balance wurde in spiritistisch anmutenden Sitzungen mit Ritualen aus Handauflegen, Handstreichungen oder mit »magnetisiertem Wasser« wiederhergestellt. Einer seiner schärfsten Kritiker war Benjamin Franklin, der Ende des 18. Jahrhunderts in Paris als Diplomat arbeitete – wohin sich Mesmer vor den Anfeindungen der Kollegen in Wien geflüchtet hatte. Franklin ließ den Mesmerismus 1784 als unwirksam erklären. Seine Begründung: Die Patienten reagierten nur auf die Annahme, dass es eine hilfreiche magnetische Energie gebe, völlig unabhängig von deren angeblicher Existenz. Dass er damit das Wesen einer hypnotisch wirksamen Suggestion beschrieben hatte, war Franklin genauso wenig bewusst wie Mesmer selbst. Letzterer war empört ob der Kritik – und ging weiter davon aus, dass der unzweifelhafte Erfolg seiner Methode auf dem Magnetismus beruhte. Dass Hypnose wirkt, daran besteht heute auch aus schulmedizinischer Sicht kein Zweifel mehr.

Das innere Türöffnen – der Kern von Hypnose und Selbsthypnose

Kommen wir von der Hypnose zur Selbsthypnose – wobei der Unterschied nicht so groß ist, wie Sie vielleicht denken. Als Vater der Autosuggestion und damit der Selbsthypnose gilt der französische Apotheker Émile Coué (1857–1926). Auf ihn geht die bekannte Suggestionsformel: »Es geht mir mit jedem Tag in jeder Hinsicht besser und besser« zurück. Coué entdeckte auch als einer der Ersten den Placeboeffekt: Er beobachtete erstaunt, dass seine Kunden schneller genasen, wenn er in seiner Apotheke ein Medikament über den grünen Klee lobte. Unterließ er das, waren die Leute länger krank.

Ein Placeboeffekt tritt oft unter Mitwirkung einer äußeren Autorität ein – in diesem Fall also des Apothekers Coué. Oft hat auch ein Arzt oder ein Heilpraktiker eine solche Autoritäts-Funktion, oder einfach nur die Schwägerin, die wir als besonders gut informiert in Gesundheitsfragen empfinden. Diese subjektiv als Autorität empfundene Person stärkt durch ihre Empfehlung und ihr zuversichtliches Auftreten den Glauben des Verwenders der Arznei an die Wirkung selbiger. Dieser Glaube ist es, der entscheidend zur raschen Genesung beiträgt, selbst wenn es sich bei der Medizin um ein Scheinmedikament ohne chemisch messbaren Effekt handelt. Die Patienten heilen sich sozusagen durch ihren Glauben an die Wirkung des Arzneimittels selbst – was genau dabei passiert, werde ich später noch erklären. Wichtig ist an dieser Stelle erst einmal, dass der Placeboeffekt in diesem Fall das Resultat einer Kombination aus Fremdhypnose – die Suggestion kommt von außen, eben von der fachlichen Autorität – und Selbsthypnose ist. Am Ende muss der Verwender des Medikaments nämlich die Suggestion »Wenn du das hier einnimmst, wirst du schnell gesund« nicht nur an sich heran-, sondern auch in sich, in sein

Unbewusstes hineinlassen. Das funktioniert keinesfalls einfach per »Fernbedienung«. Hegte ein Kunde Coués ein tiefes Misstrauen gegenüber Apothekern, hätte es auch der Placeboeffekt schwer gehabt.

Glaube ist die Realität der Zukunft

Die Wichtigkeit des inneren Türöffnens gilt für jede Form der Hypnose. Aus dieser Perspektive schrumpft die Rolle des externen Suggestionsgebers – wie die des Apothekers – und die jedes Hypnotiseurs. Streng genommen ist so eigentlich jede Hypnose eine Selbsthypnose – sogar eine Showhypnose auf der Bühne. Dieser Zusammenhang erklärt auch, weshalb man in der Regel niemanden gegen seinen Willen hypnotisieren kann – es sei denn, man wendet schmutzige Tricks an, die aber für jeden seriösen Hypnotiseur und Hypnosetherapeut tabu sind. Außerdem wird klar, warum es einerseits einige Menschen gibt, die besonders gut von einer außenstehenden »Autorität« wie einem Hypnosetherapeuten hypnotisiert werden können – und warum andererseits besonders skeptische Menschen sich zwar oft nicht von anderen hypnotisieren lassen können, aber durchaus mit Selbsthypnose Erfolg haben. Suggestionen akzeptiert man eben (siehe oben), vor allem dann, wenn sie von Menschen ausgehen, zu deren Urteil man vollstes Vertrauen hat – ob das nun jemand anders oder allein man selbst ist.

Dieses Vertrauen und der daraus resultierende Glaube an innerhalb dieses Vertrauens geäußerte Suggestionen sind ungeheuer wichtig! Die Erwartungshaltung, dass das, was Sie sich vorgenommen haben, funktionieren wird, ist – zusammen mit der Fokussierung – das Allerwichtigste in der Selbsthypnose. Wenn Sie nämlich stattdessen die Haltung haben: »Mal sehen, was passiert«, überlassen Sie dem Zufall, was geschieht. Wenn es Ihnen aber gelingt, den festen Glauben daran zu entwickeln, dass das geschieht, was Sie möchten, übernehmen Sie unbewusst die Führung. Dann sorgen Ihr Körper und Ihr Unterbewusstsein[2] dafür, dass es genauso kommen wird, wie in der Suggestion prophezeit. Sie spüren dann zunächst unmittelbar, wie Ihr Körper reagiert – etwa, indem Sie entspannen oder indem der Finger wächst. Der Körper wiederum beweist damit dem Geist: Was hier gesagt und getan wird, ist wahr – es funktioniert doch, sieh her!

Vom Gehirnbesitzer zum Gehirnbenutzer: Wirklichkeit erschaffen

An diesem Punkt kommt nun eine Kettenreaktion in Gang, die den Effekt langfristig macht. Wenn ich in so einem Aha-Moment wie jenem mit dem wachsenden Finger eine solide formulierte Suggestion setze, kauft mir mein Unterbewusstsein diese Suggestion als Realität ab. Es wird dann in Zukunft meine Wahrnehmung und meine Aktionen so steuern, dass sie mit dieser Realität deckungsgleich sind: Das, was ich mir suggeriert habe, wird wahr. Die Erwartungshaltung und der feste Glaube daran, dass etwas funktionieren wird, spielen also eine kaum zu unterschätzende Rolle und sie sind der Grund dafür, dass viele Menschen, die ich in meinen Shows auf die Bühne hole, mir hinterher schreiben. Diese Menschen erzählen mir dann, dass der Abend in meiner Show für sie der Wendepunkt ihres Lebens war – zum Guten. Es hört sich an wie ein Wunder: Plötzlich gelingt, was vorher nie klappte. Plötzlich bessert sich die Gesundheit. Plötzlich ist die Schüchternheit wie weg-

---

[2] Eine wichtige Anmerkung: Ich verwende in diesem Buch den umgangssprachlichen Begriff »Unterbewusstsein« für das – wie es korrekt heißen müsste – Unbewusste.

geblasen. Plötzlich ist das Leben wieder lebenswert. Nicht etwa, weil ich auf einmal zu einer Art Jesus geworden wäre, der jemanden nur antippen muss, damit der ein Wunder erlebt. Nein, das Wunder liegt nicht in mir, ich bin nur eine Art Katalysator.

Das Wunder liegt in uns allen: Wenn wir etwas als wahr erleben, was wir vorher für unmöglich gehalten haben, werden in uns enorme Kräfte entfesselt. Wir bekommen die Kontrolle über unser Leben. Wir nehmen unser Schicksal in die Hand. Besteigen sozusagen unser persönliches Raumschiff Enterprise und machen uns auf in Welten, die nie zuvor ein Mensch gesehen hat. Wir werden, im übertragenen Sinn, vom Gehirnbesitzer zum Gehirnbenutzer, denn wir erkennen, wie wir über das Bild der Wirklichkeit in unserem Kopf die tatsächliche Wirklichkeit erschaffen.

Wenn ein Schreiner einen Baumstamm ansieht, kann er sich vorstellen, dass daraus ein Stuhl werden wird oder auch ein Tisch oder ein Ruderboot, das ist ein hypnotischer Moment. Genauso sind wir die Schöpfer unseres Lebens. Unser Leben ist formbares Material, unsere Gedanken sind Energie. Wir können bestimmen, was wir daraus machen. Wir können unsere Energie verschwenden an Sorgen, Grübeleien, geistiges Geplapper oder wir können die Energie der Gedanken nutzen.

Genau dabei möchte Ihnen dieses Buch helfen. Wie Sie all die spannenden Prozesse erlernen und bewusst anwenden können, um das wahr zu machen, was Sie sich erträumen, darum geht es in den folgenden Kapiteln. Machen Sie sich auf eine spannende Reise gefasst!

Kapitel 2
Das tägliche Wunder: Wie warme Gedanken tatsächlich wärmen, Sie sich in Sekunden selbst hypnotisieren und was Sie heute gewonnen haben

Ob du denkst, du kannst es, oder du kannst es nicht:
Du wirst auf jeden Fall recht behalten.

Henry Ford

Wir haben im Kapitel zuvor gesehen, welch erstaunliche Veränderung mit einem Finger vor sich geht, dem wir nur ganz kurze Zeit unsere volle Aufmerksamkeit zukommen lassen. Natürlich lässt sich das rational erklären, das macht es aber nicht weniger wundervoll. Das Gewebe wird besser durchblutet, eine Vorbereitung für bevorstehende körperliche Aktion. Unser Körper gehorcht dem Geist und der befiehlt: Achtung, Körper, ich mache jetzt gleich was mit dem Finger, bereite dich schon mal vor! Das sichtbare Resultat ist in diesem Fall der wachsende Finger. Unser Geist steuert unsere Nervenimpulse. Der Körper folgt unseren Gedanken, denn sie sind es, die er für die Realität hält. Das steckt auch dahinter, wenn Sportler in verletzungsbedingten Pausen von ihren Trainern dazu angehalten werden, gedanklich weiterzutrainieren – das hat keineswegs nur einen psychologischen Effekt, doch dazu später mehr. Halten wir zunächst fest: Wir können unseren Geist nicht vom Körper trennen, beides ist eine Einheit. Was wir denken, hat darum immer – immer! – auch einen Effekt auf unseren Körper.

In diesem Kapitel geht es darum, die Konsequenzen dieser faszinierenden Tatsache ein wenig in alle Richtungen auszutesten. So können Sie am eigenen Leib erfahren, wie sich schon mit ganz einfachen Übungen und mit den richtigen Gedanken kleine Wunder vollbringen lassen. Sehen Sie es als Aufwärmen für spätere Übungen.

Aufwärmen ist auch ein hervorragendes Stichwort für die erste Übung. Wir können, das haben wir mit der Fingerübung schon festgestellt, allein mittels unserer Gedanken die Blutzufuhr in Teilen unseres Körpers steuern, indem wir uns auf einen bestimmten Punkt oder ein bestimmtes Areal konzentrieren. Nun hat ein etwas gewachsener Finger erst mal nicht so enorm viele praktische Anwendungsmöglichkeiten, aber wir müssen uns ja nicht darauf beschränken. Vielleicht gehören Sie zu den vielen Menschen, die oft unter kalten Händen oder Füßen leiden. Dann probieren Sie einfach mal die folgende Übung aus, wenn Sie das nächste Mal frösteln. Sie werden begeistert sein!

Der Körper folgt unserer Vorstellung

Lesen Sie das nun folgende Hypnoseskript zunächst ein paarmal durch, damit Sie wissen, was Sie tun sollen, wenn Sie die Augen geschlossen haben.

Sie können den Text auch aufnehmen und dann abspielen. Achten Sie in diesem Fall darauf, langsam zu sprechen, im Rhythmus einer entspannten Ein- und Ausatmung. Stellen Sie sich beim Lesen genau vor, was jeweils gerade passiert. Durch dieses aktive Mitgehen machen Sie ausreichend lange Pausen – und spüren sehr wahrscheinlich bereits einen ersten Effekt. Sie können sich das Skript natürlich auch von jemand anderem vorlesen lassen. Allerdings sollte das eine Person sein, der Sie voll vertrauen und vor der Sie sich nicht schämen, wenn Sie so sehr entspannen, dass sich zum Beispiel Ihr Mund öffnet.

Ich werde Sie übrigens in dieser wie in allen anderen Übungen mit »Du« ansprechen, weil Suggestionen auf dieser Ebene meiner Erfahrung nach besser wirken. Doch nun genug der einleitenden Rede, los geht es:

WARME GEDANKEN
Setz dich entspannt hin.
Die Füße fest auf dem Boden, die Hände auf den Oberschenkeln.
Lehn dich zurück, schließ die Augen.
Atme durch die Nase ein und durch den Mund wieder aus.
Beim Ausatmen spürst du, wie du alle Anspannung loslässt.
Noch ein zweites Mal tief durch die Nase einatmen.
Durch den Mund ausatmen, entspannen.
Beim nächsten Ausatmen entspanne deinen Kopf.
Beim darauffolgenden Ausatmen entspanne deinen Hals.
Entspanne deinen Oberkörper.
Entspanne deine Beine.
Entspanne deine Füße, bis hinein in die Zehenspitzen.
Entspanne deinen ganzen Körper.
Nun sinke tiefer und tiefer.
Tiefer und tiefer, in den wunderschönen Zustand der absoluten Entspannung.
Tiefer und tiefer, du fühlst dich wohl dabei, entspannt.
Jetzt konzentriere dich auf das Gefühl in deinen Händen, die auf deinen Oberschenkeln liegen.
Fühle den Stoff deiner Kleidung unter deinen Händen.
Die Lufttemperatur um deine Hände herum.
Und jetzt stell dir vor, wie deine Hände immer wärmer und wärmer werden.

Stell dir eine bullernde Heizung vor.
Du bringst die Hände näher an die Heizung heran.
Sie werden wärmer und wärmer.
Nun stellst du dir vor, in dir einen Temperaturregler zu haben, wie an deiner Heizung.
Du drehst langsam an diesem Regler, immer weiter und weiter.
Deine Hände werden immer wärmer und wärmer.
Immer wärmer und wärmer.
Nun drehst du den Regler noch weiter auf.
Du hältst die Hände noch näher an die Hitze.
Während du noch mehr entspannst, werden deine Hände immer wärmer und wärmer.
Wenn du nun gleich deine Augen öffnest, bist du wieder im Hier und Jetzt, deine Hände bleiben warm.
Doch zunächst werden sie noch wärmer.
Du wirst leichter und leichter.
Deine Hände werden noch wärmer, doppelt so warm.
Du schwebst immer höher und höher.
Immer wärmer und wärmer.
Höher und höher.
Augen auf!
Ausstrecken!
(Solano)

Haben Sie es gespürt? Falls Sie eher ein Fußfröstler sind, setzen Sie einfach an die Stellen, an denen von Händen die Rede ist, das Wort »Füße« ein. Ich mache diese Übung selbst, wenn es draußen eiskalt ist und ich statt meiner Moonboots nur Halbschuhe und dünne Socken trage und die Kälte unangenehm durch das Leder kriecht. Dann mache ich die Übung im Gehen und meine Füße werden tatsächlich schnell wärmer und wärmer.

Sie können, aber müssen den Text nicht Wort für Wort auswendig lernen. Es geht vor allem darum, eine mentale Bildabfolge zu entwickeln. Tatsächlich kann diese Suggestionsfolge auch wunderbar funktionieren, wenn Sie sich alles wie einen kleinen Film vorstellen – sogar, wenn Sie mit offenen Augen in Eis und Schnee an der Bushaltestelle warten. Allerdings haben Sie einen entscheidenden Vorteil, wenn Sie schon einige Male ganz entspannt zu Hause geübt haben. Ihr Körper merkt sich, was er bei welchen mentalen Bildern zu tun hat. Dann wärmen sich die Hände – oder die Füße – deutlich schneller auf. Selbsthypnose ist ein Lernprozess, der immer besser klappt, je häufiger man übt. Denken Sie daran, wie es ist, wenn Sie eine fremde Sprache erlernen. Da dauert es ja auch eine Weile, bis Sie fließend parlieren können – je häufiger Sie die Sprache anwenden, umso schneller gelangen Sie an den Punkt, an dem es einfach läuft.

Hypnotische Vertiefung durch tatsächliche Erfahrungen

Sie können den hypnotischen Lernprozess »Warme Hände bekommen« durch eine tatsächliche Wärmeerfahrung unterstützen. Dazu gehen Sie an eine Heizung, an einen Kamin oder an eine andere Wärmequelle. Wenn nichts anderes zur Verfügung steht, funktioniert auch eine Tasse warmer Tee ausgezeichnet. Sie führen nun langsam Ihre Hände in Richtung der Wärmequelle und sagen dabei zu sich selbst: Meine Hände werden jetzt wärmer und wärmer. Wärmer und wärmer. Wärmer und wärmer. Sie spüren natürlich, wie die Hände auf die Temperatur der Wärmequelle reagieren und dabei logischerweise wärmer werden. Wiederholen Sie diesen Prozess mehrmals. So lernt Ihr Unterbewusstsein, dass die Hand wärmer wird, sobald Sie sagen »wärmer und wärmer«. Die Worte »wärmer und wärmer« werden auf diese Weise zu einer erlernten hypnotischen Formel, auf die Ihr Körper in Zukunft auch ohne Wärmequelle sofort reagiert. Er weiß dann, was er zu tun hat und welches Ziel erreicht werden soll. Den Mechanismus der Verknüpfung tatsächlicher positiver Erfahrungen mit bestimmten Suggestionen können Sie übrigens nicht nur dazu nutzen, Ihre Hände im Nu warm zu bekommen, sondern auch noch für ganz andere Dinge – aber dazu später mehr.

Ich wende die Übung oft gegen leichte Kopfschmerzen an, etwa wenn ich am Abend zuvor ein bisschen zu viel getrunken habe. Durch die gesteigerte Durchblutung in den Händen oder Füßen wird nämlich Druck aus dem Kopf genommen, der durch die erweiterten Blutgefäße im Kopf entsteht. Ein befreundeter Arzt legt sich bei Kopfschmerzen immer in eine heiße Badewanne und legt dann einen Eisbeutel auf den Kopf. Das hat den exakt gleichen Effekt: Die Blutgefäße im Kopf ziehen sich zusammen, während die Blutgefäße des restlichen Körpers sich weiten. Das Blut strömt aus den pochenden Schläfen in den Körper. Allerdings hat man nicht immer und überall Zugang zu einer Badewanne und Eisbeuteln. Da ist so eine kleine Selbsthypnose-Übung schon deutlich praktischer. Der Schmerz wird durch sie ebenfalls aufgelöst oder zumindest deutlich gemildert.

Auch bei Halsschmerzen wende ich diese Übung an. Dann wärme ich zunächst meine Hände und lege sie anschließend wie einen Schal um den Hals. Die Hände werden durch die Suggestionen übrigens nicht nur richtig warm, sondern fühlen sich an, als wären sie mit einer heilsamen Energie aufgeladen. Wer Erfahrungen mit der japanischen Lehre des Reiki hat, wird das vermutlich bestätigen. Dort geht man davon aus, dass man mittels Handauflegen die Lebensenergie zum Fließen bringen kann. Wem das zu esoterisch klingt, der ist sicher beruhigt zu wissen, dass die Wirkung von Therapiemethoden, die sich der Berührung bedienen, auch zunehmend von Schulmedizinern anerkannt wird. Zum Beispiel hat man festgestellt, dass die dem Handauflegen verwandte Methode des »Therapeutic Touch« die Schmerzen von Krebspatienten nach einer Chemotherapie deutlich zu lindern vermag.

Nun sollten Sie mit Ihren warmen und mit Energie aufgeladenen Händen nicht versuchen, ernste Krankheiten im Alleingang zu heilen. Aber falls Sie ein Kind haben, das wegen Blähungen unter Bauchschmerzen leidet, können Sie einmal probieren, ihm statt eines erwärmten Kirschkernkissens Ihre mit der »Wärmer und wärmer«-Übung energetisierten Hände auf den Bauch zu legen. So können Sie den Darm entspannen und die Blähungen lösen. Anhaltende oder schlimmer werdende Schmerzen – im Bauch oder anderswo – sollten Sie aber, nicht nur bei Kindern, unbedingt rasch von einem Arzt abklären lassen![3]

Eine Variante dieser Übung funktioniert hervorragend, wenn Sie sich im Hochsommer abkühlen wollen. Stellen Sie sich dazu einfach vor, wie Sie Ihre Hände in Eiswasser tauchen. Statt den Temperaturregler einer Heizung zu betätigen, tauchen Sie in dieser Visualisierung Ihre Hände und Arme in eiskaltes Wasser. Mit einem Eimer voller Eiswasser oder einfach unter fließend kaltem Wasser können Sie auch das reale Abkühlen trainieren.

Nach diesem Muster können und sollten Sie übrigens alle Skripts in diesem Buch an Ihre eigenen Bedürfnisse anpassen.

FRISCHEKICK

Setz dich entspannt hin.
Die Füße fest auf dem Boden, die Hände auf den
   Oberschenkeln.
Lehn dich zurück, schließ die Augen.
Atme durch die Nase ein und durch den Mund wieder aus.

---

[3] Solano et al.

Beim Ausatmen lässt du alle Anspannung los.
Atme wieder durch die Nase ein.
Durch den Mund aus, entspanne.
Beim nächsten Ausatmen entspanne deinen Kopf.
Dann entspanne deinen Hals.
Entspanne deinen Oberkörper.
Entspanne deine Beine.
Entspanne deine Füße, bis in die Zehenspitzen.
Entspanne deinen ganzen Körper.
Sinke tiefer und tiefer.
Tiefer und tiefer, in den wunderschönen Zustand der absoluten Entspannung.
Tiefer und tiefer. Du fühlst dich wohl dabei, entspannt.
Jetzt konzentriere dich auf das Gefühl in deinen Händen.
Fühle den Stoff deiner Kleidung unter deinen Händen.
Die Lufttemperatur um deine Hände herum.
Und jetzt stell dir vor, wie deine Hände immer kühler und kühler werden.
Stell dir eine weiße Schneelandschaft vor.
Alles ist mit einer dicken Schicht Schnee bedeckt.
Spüre die angenehme Kühle, die vom Schnee ausgeht.
Direkt vor dir liegt ein mit solidem Eis bedeckter Tümpel.
Jemand hat direkt am Ufer ein Loch in die Eisfläche geschlagen.
Geh an dieses Loch heran.
Knie dich hin und tauche deine Hände in das eisige Wasser.
Spüre, wie die wunderbare Kühle deine Hände umschließt.
Tauche nun auch die Handgelenke ein.
Spüre, wie sich die angenehme Kühle mit deinem Blut langsam in deinem Körper ausbreitet.
Von deinen Händen fließt das abgekühlte Blut in deine Arme.
Tauche die Arme nun bis zu den Achselhöhlen ins eisige Wasser.
Deine Arme und deine Schultern sind angenehm kühl.

Über deinen Nacken fließt die Kühle in deine Schläfen.
Zu deiner Stirn.
Dein Kopf kühlt sich ab.
Deine Gedanken werden wieder klarer.
Du kannst durchatmen.
Die angenehme Kühle breitet sich in deinem ganzen Körper aus.
Kühler und kühler.
Während du noch mehr entspannst, fühlst du dich immer erfrischter.
Wenn du nun gleich deine Augen öffnest, bist du wieder im Hier und Jetzt, dein Körper bleibt wunderbar erfrischt.
Doch zunächst wird deine Haut noch kühler.
Du fühlst dich frischer und frischer.
Kühler und kühler, doppelt so kühl.
Du schwebst immer höher und höher.
Immer frischer und frischer.
Höher und höher.
Augen auf!
Ausstrecken!

So tun, als ob — die geheime Wunderwaffe

Wir haben also nun bereits mehrfach eindrucksvoll erlebt, wie unsere Vorstellung den Körper beeinflussen kann. Die Sache funktioniert aber auch hervorragend in die umgekehrte Richtung: Indem wir mit unserem Körper bewusst eine mit einer bestimmten Gefühlslage assoziierte Handlung ausüben, können wir eine nonverbale Botschaft an unser Unterbewusstsein senden. Die beeinflusst dann wie eine Suggestion unsere Gedanken, unsere Stimmung und unser ganzes Befinden.

Im NLP, dem Neurolinguistischen Programmieren, gibt es

die Technik des sogenannten *Metamodelling* – man könnte es auch »So tun, als ob« nennen. Dabei spielt man sich einfach selbst vor, so zu sein, wie man gerne wäre. Das klingt im ersten Moment vielleicht nicht unbedingt Erfolg versprechend, aber das Interessante ist: Dadurch, dass wir so tun, als seien wir, wie wir sein möchten, werden wir tatsächlich so, wie wir sein wollen. Viele Kreative – Schauspieler, Comedians, Künstler aller Art – suchen sich zu Beginn ihrer Karriere ein Vorbild und eifern ihm nach. Auf diese Weise haben sie ein klares Ziel vor Augen und eine große Motivation. Beides – Ziel und Motivation – sind extrem wichtige Ingredienzien, wenn man in seinem Leben etwas verändern möchte. Durch das Studieren der Karriere ihres Vorbildes lernen sie, welche Schritte sie gehen müssen, um auch dort anzukommen, wohin ihr Vorbild es geschafft hat. Sie entwickeln dadurch einen genauen Plan. In konkreten Situationen stellen sie sich vor, was ihr Vorbild getan hätte und haben dadurch eine gute Orientierung. Durch dieses Nacheifern werden sie peu à peu immer versierter. Wenn sie dann ein hohes Niveau des Könnens erreicht haben, können sie damit anfangen, ihrem Tun eine eigene Note zu geben und sich aus der Vorlage zu lösen – und ein Vorbild für andere zu werden.

Auch die Schauspieltechnik des *Method Acting* nach Lee Strasberg funktioniert nach dem »So tun, als ob«-Prinzip: Die Schauspieler versetzen sich intensiv in eine fiktive Figur hinein. Während sie Entspannungsübungen durchführen, visualisieren sie gezielt Aspekte der fiktiven Figur. Dadurch verwandelt sich die Vorbereitung auf Dreharbeiten in eine hochwirksame hypnotische Autosuggestion. Das Schauspiel wird dadurch besonders realistisch. Die Autosuggestion macht allerdings auch vor dem Privatleben der Schauspieler nicht halt, sie wirkt rund um die Uhr. Darum haben viele Schauspieler nach dem Filmdreh oder der Tournee zunächst Probleme, zu ihrem alten Ich zurückzukehren, so sehr *sind* sie plötzlich ihr fiktives Alter Ego.

Das Prinzip des »So tun, als ob« wirkt aber bereits in kleinerem Rahmen. Waren Sie schon einmal bei der Fernsehaufzeichnung einer Talkshow? Bevor es richtig losgeht, kommt da oft ein Anheizer, ein sogenannter Warm-upper, ins Studio. Der stellt sich vors Publikum und übt mit den Leuten enthusiastisches Klatschen, Johlen und Trommeln mit den Füßen. Kurzum, er trainiert Begeisterung. Wenn man so etwas zum ersten Mal erlebt, fühlt sich das zunächst künstlich an, fast wie eine Zumutung: Da soll man begeistert sein über etwas, das noch gar nicht da ist. Doch wenn man sich darauf einlässt, passiert eine Verwandlung. Man ist auf einmal nicht nur viel lockerer, sondern tatsächlich gut drauf. Und die gute Laune ist vollkommen echt. Sobald der Gastgeber der Sendung dann das Studio betritt, überträgt sich die Begeisterung auch auf die Fernsehzuschauer zu Hause. Der Funke springt über. Faszinierend, oder?

Ich habe mich davon inspirieren lassen. Bei meinen Selbsthypnose-Seminaren bin ich ganz zu Beginn mein eigener Warm-upper. Ich bringe die Leute dazu, aus sich herauszugehen, zu applaudieren, zu stampfen und zu johlen. Das ist eine ganz wunderbare Sache, denn sie macht nicht nur gute Laune, sondern bringt die Menschen dazu, sich zu öffnen. Dann fällt es ihnen nicht nur deutlich leichter, sich den anderen Teilnehmern in ein paar Worten kurz vorzustellen, sondern sie sind auch offener für das, was sie in meinem Seminar lernen können. Da mir in den Seminaren ja nur eine begrenzte Zeit zur Verfügung steht, bereite ich so den Boden, damit alle Teilnehmer, bis hin zum schüchternsten, etwas mit nach Hause nehmen, das ihr Leben bereichert.

Auch wenn Sie keine Seminare geben, können Sie den Effekt dieser Übung testen. Etwa bei Ihrer nächsten Party. So bringen Sie die Stimmung direkt auf Betriebstemperatur – und das ganz ohne Alkohol!

Die beste Soforthypnose der Welt

Alleine im stillen Kämmerlein erscheint Ihnen so ein Warm-up etwas übertrieben? Probieren Sie es trotzdem aus. Applaudieren Sie sich für alle kleinen Dinge, die Sie heute gut gemacht haben. Klopfen Sie sich selbst auf die Schulter. Loben Sie sich: »Das hast du super gemacht.« Sie werden merken, wie Ihr Selbstvertrauen und Ihre Laune steigen. Doch Applaus ist nicht der einzige Trick, um uns aus Stimmungstiefs herauszuheben.

Wir kennen sicher alle diese Tage, an denen wir uns total deprimiert fühlen und am liebsten keinen sehen wollen. Dann klingelt es an der Tür und ein Freund steht vor uns. Was tun wir? Wir sagen: »Hallo, komm rein. Willst du einen Tee?« In der Zeit, in der der Freund bei uns ist, tun wir so, als gehe es uns gut. Wir wollen natürlich nicht wie ein Trauerkloß rüberkommen. Das Interessante ist, dass es uns in dem Moment auch tatsächlich gut geht. Wenn der Besuch wieder weg ist, hätten wir nun die Möglichkeit, erneut in unser Depri-Loch zu fallen. Aber was passiert? Wir fallen gar nicht in die traurige Stimmung zurück, weil wir inzwischen vergessen haben, dass es uns schlecht ging.

Diesen Effekt des »So tun, als ob« kann man bewusst nutzen, um sein Leben sofort schöner zu gestalten. Eine regelrechte Wunderwaffe ist zum Beispiel das Lächeln. Probieren Sie das Folgende einmal aus, am besten, wenn Ihnen gerade absolut nicht nach Lächeln zumute ist: Ziehen Sie die Mundwinkel hoch. Nicht zu zaghaft, Sie sollten die Muskelaktivität in den Wangen und Augenwinkeln spüren – so, wie es eben bei einem echten Lächeln der Fall wäre. Dann halten Sie das Lächeln für zwei Minuten. Erst mal fühlt sich das vermutlich ein bisschen an wie eine merkwürdige Gesichtsgymnastik, doch dann merkt man schnell, wie etwas ganz Tolles passiert: Unsere Laune verbessert sich mit jeder Sekunde.

Ein Lächeln ist vielleicht die einfachste Selbsthypnose überhaupt, weil diese Übung absolut jeder ohne Mühe und mit Soforteffekt umsetzen kann. Wenn ich meinen Klienten in der Praxis diesen simplen Gute-Laune-Trick beibringe, beobachte ich wahre Wunder. Das bewusste Lächeln gehört zu den Kleinigkeiten, den geistigen Bonbons, die unsere Lebensqualität deutlich verbessern können und auf die wir immer wieder zurückkommen können. Ist das nicht großartig? Wir können unseren Körper durch so einen bewusst angewendeten kleinen Trick in ein entspanntes Wohlgefühl versetzen.

Wie Sie schauen, so fühlen Sie: Die wunderbare Wirkung der Mimik

Im Falle des Lächelns hat die Sache sogar einen Namen, nämlich *Facial Feedback*, so nennt man einen Loop, bei dem sich Gesichtsmimik und Gehirnaktivität wechselseitig beeinflussen.

Wie kann das sein? Ganz einfach: Wir tricksen unser Gehirn aus – und damit auch das Unterbewusstsein. Dort kommt durch die hochgezogenen Mundwinkel die Botschaft an: Hey, es gibt Grund, sich zu freuen! Und was tut das Gehirn? Nein, es denkt jetzt nicht »logisch« und sucht krampfhaft nach dem (nicht vorhandenen) Grund für das Lächeln, um schließlich zu konstatieren: Pech gehabt, es gibt gar nix zum Freuen. Stattdessen benimmt es sich ein bisschen so wie jemand, der die Pointe eines Witzes verschlafen hat und vorsichtshalber mitlacht. Das Lächeln gibt dem Gehirn ein »Freu«-Signal und das Gehirn leiert daraufhin alle automatischen Prozesse an, die es im Zusammenhang mit diesem Signal im Laufe des Lebens erlernt hat. Anders ausgedrückt: Da wir ja normalerweise vorwiegend dann lächeln, wenn es auch etwas zu lächeln gibt, werden alle bisherigen Lächelmomente unseres Lebens auf einmal abgerufen. Das ergibt eine gigantische Gute-Laune-Erinnerung, die automatisch zur Ausschüttung von Hormonen führt, die unser Wohlbefinden steigern. Das Gehirn fährt zum Beispiel die Produktion von Stresshormonen herunter und senkt den Blutdruck. Und alle, die uns so lächelnd begegnen, profitieren davon: Britische Forscher haben mittels elektromagnetischen Gehirnscans und einem Herzschlagmesser festgestellt, dass der Anblick eines Lächelns den gleichen Glückseffekt haben kann, als wenn man umgerechnet 22 000 Euro bar in die Hand gedrückt bekäme.

Sie können mit Ihrer Gesichtsmimik aber auch den umgekehrten Effekt erzielen: Ziehen Sie doch einmal probehalber die Augenbrauen zornig zusammen. Dann ist es schon nach wenigen Sekunden unmöglich, noch guter Stimmung zu sein. Sie ziehen ärgerliche Gedanken an wie ein Pflaumenkuchen einen Wespenschwarm. Darum testen Sie das besser nur einmal kurz an, bis Sie merken, dass Sie einen Effekt spüren und wechseln dann zurück zum Lächeln.

Man hat festgestellt, dass Leute, deren Gesichtsmimik mit Botox teilweise lahmgelegt wurde, sodass sie die Stirn nicht mehr in Zornesfalten legen können, oft tatsächlich besser gelaunt sind. Jedenfalls dann, wenn die mit Botox behandelten Stellen nicht auch die Mimik eines echten, von Herzen kommenden Lächelns oder Lachens beeinträchtigten. Allerdings ist bei Botox-Patienten auch die Fähigkeit beeinträchtigt, die Stimmung anderer Menschen zu dechiffrieren. Normalerweise ahmen wir die Mimik unseres Gegenübers unwillkürlich nach und erfassen über diesen Automatismus dessen Stimmung: Die Laune des anderen springt auf uns über. Das ist eine der Grundlagen für Empathie, also des Sich-Einfühlens in andere. Sind mehrere Gesichtsmuskeln lahmgelegt, funktioniert das nur noch eingeschränkt. Im Laufe der Evolution hat sich diese automatische Nachahmung aber als eine fürs Überleben entscheidende Sache erwiesen, denn nur wer schnell merkt, wenn ihm jemand feindlich gesinnt ist, kann sich auch rechtzeitig verteidigen. Gefühlsmäßig schwer von Kapee zu sein, kann unter ungünstigen Umständen das Leben kosten. Die Nachahmung wird von den sogenannten Spiegelneuronen angestoßen und die sind zum Beispiel auch dafür verantwortlich, dass wir spontan gähnen müssen und uns schlagartig müder fühlen, nur weil wir jemand anderen gähnen sehen. So wie sie uns zurücklächeln lassen, wenn wir jemandem mit einem Lächeln auf den Lippen begegnen.

AUF DEN I-PUNKT GEBRACHT

Herrscht miese Stimmung bei der langen Autofahrt mit der Familie, die Kinder nörgeln vor lauter Langeweile? Dann nutzen Sie die hypnotische Kraft des Buchstaben »i«. Denken Sie sich wechselseitig einen Bandwurmsatz aus, in dem entweder in jedem Wort ein »i« vorkommen muss, oder – falls es kein »i« enthält – die enthaltenen Vokale durch ein »i« ersetzt werden (in etwa wie beim Kinderlied »Drei Chinesen mit dem Kontrabass«, das in einer Strophe zu »Dri Chinisin mit dim Kintribiss« wird). Einer fängt an, der Nächste fügt ein Wort hinzu und so weiter. (Zum Beispiel: »Wir fihrin mit dim Iiti in din Irliib ind spielin villig virrickti Spieli.«) Es darf natürlich auch ein völliger Nonsenssatz sein.

Jeder spricht den bisherigen Satz noch einmal nach und fügt sein neues Wort am Ende hinzu. Sie werden schnell merken, wie die Laune steigt. Nicht nur, weil die Sache so spaßig ist, sondern auch, weil beim Sprechen eines »i« dieselben Muskeln aktiviert werden wie beim Lächeln. Viel Spaß!

Glückwunsch, Sie haben gewonnen!

Etwas weniger diskret und gewissermaßen eine Weiterentwicklung des bewussten Lächelns ist ein anderer Trick: die Siegerpose. Wenn Sie das nächste Mal dringend mehr Selbstvertrauen benötigen – etwa vor einem Vorstellungsgespräch oder einem Date – kann Ihnen dieser simple Kniff eine große Hilfe sein. Stellen Sie sich dazu aufrecht hin, das Gewicht sollte gleichmäßig auf beide Beine verteilt sein, sodass Sie stabil auf der Erde stehen. Dann recken Sie die Hände nach oben, wie es Leichtathleten machen, die gerade bei den Olympischen Spielen in Rekordzeit ins Ziel gelaufen sind. Strahlen Sie Ihr glücklichstes Lächeln: Ja, Sie sind ein Sieger, eine Siegerin! Stellen Sie sich vor, wie Sie einen Pokal gen Himmel strecken oder eine Medaille küssen. Was Sie genau tun, ist nicht so wichtig, wichtig ist das glorreiche Gefühl, das Gefühl eines Champions mit stolzgeschwellter Brust. Machen Sie, was Ihnen am besten gefällt. Recken Sie sich noch mehr, hüpfen Sie vor Freude und Stolz.

Im ersten Moment fühlt sich das vielleicht albern an und nach einer Minute tun die Arme möglicherweise ein bisschen weh, aber der Effekt dieser Siegerpose ist absolut real. Unser Unterbewusstsein reagiert auf dieses bewusst veranstaltete »Theater« unmittelbar. Es kann nicht unterscheiden, ob da draußen gerade etwas passiert ist, was uns wirklich so mitgerissen hat, und wir tatsächlich absolut begeistert sind, oder ob wir nur so tun, als ob. Beim Unterbewusstsein, Ihrem fleißigen Mitarbeiter, kommt allein an: »Oha, der Chef (oder die Chefin) hat offenbar was gewonnen, der (die) kann stolz auf sich sein, er (sie) richtet sich auf – da schütte ich mal besser vorsichtshalber ein paar Glückshormone aus.«

Auch bei Menschen, die Angst vor Referaten oder Konferenzen haben oder Bammel davor, auf eine Bühne zu treten, wirkt eine solche Übung Wunder. Wenn Sie erschöpft sind und neue

Energie gut gebrauchen können, ist die Siegerpose ebenfalls ein guter Soforthilfe-Tipp. Falls Sie sich dabei doof vorkommen oder sich sorgen, dass Sie jemand für verrückt erklärt, wenn Sie auf offener Straße juchzend umherspringen, können Sie auch heimlich in einer Umkleidekabine ihren »Pokal« in die Höhe recken – Ihrem Unterbewusstsein ist es egal, wo Sie jubeln.

Sie sehen: Der Übergang von einer bewussten Handlung und deren Effekt aufs Unterbewusstsein ist fließend. Darum spricht man in der Hypnose mittlerweile nicht mehr von der Dualität aus Unterbewusstsein und Bewusstsein, sondern sieht beides als eine Einheit. Wie ein lebendiger Organismus, der in ständiger fließender Bewegung ist.

Bevor wir gleich noch tiefer in die Funktionsweise unseres Unbewussten einsteigen, kommen wir aber zu einer wirklich schönen kleinen Übung, die sich noch etwas mehr wie eine »richtige« Hypnoseübung anfühlt – und auch so aussieht.

DIE FINGERMAGNETE

Stell die Füße fest auf die Erde.
Die Hände auf dem Oberschenkel.
Lehn dich ganz entspannt zurück.
Schließ die Augen.
Lass die Augen fest verschlossen.
Nun atme tief durch die Nase ein und durch den Mund aus.
Ein und aus.
Wenn du dich vollständig entspannt fühlst, öffne die Augen.
Streck deine Hände nach vorne.
Verschränke die Finger fest ineinander, die Daumen über Kreuz.
Jetzt winkle die Unterarme an wie zum Gebet.
Streck deine Zeigefinger weit voneinander aus – deine Finger sehen aus wie der Buchstabe V.

Solano

Nun schau auf die Lücke zwischen deinen Zeigefingern.
Stell dir vor, die Spitzen deiner Zeigefinger sind zwei Magnete,
   die sich anziehen.
Mit jedem Wort, das du liest (oder hörst), ziehen sie sich
   immer stärker und stärker an.
Sie ziehen sich an, bis sie sich genau in der Mitte berühren.
Wenn sie sich berühren, dann schließ deine Augen und
   entspanne noch viel mehr.
(Suggestion)
Du gehst tiefer und tiefer.
Tiefer und tiefer.
Du bist vollkommen entspannt.
Eins, zwei, drei.
Augen auf.

Im Gegensatz zu den vorigen Übungen verfolgt diese Übung erst einmal keinen konkreten Zweck außer der Entspannung. Doch sie führt Ihnen vor Augen, wie Ihr Körper alles dafür tut, Ihre inneren Bilder umzusetzen. Ihre Finger strengen sich an, nicht nur Magnete zu »spielen«, sondern wirklich Magnete zu sein. Mit allem, was Ihr Unterbewusstsein im Laufe Ihres Lebens über das Verhalten von Magneten gelernt hat. Diese Selbsthypnose enthält keine konkreten Suggestionen, kann aber später damit ergänzt werden. Die Stelle, an der Sie die Augen schließen, nachdem sich die Finger berührt haben, ist der ideale Zeitpunkt, um eine individuelle Suggestion einzuführen, denn Sie haben gerade gesehen, wie Ihr ganzes System auf das reagiert, was Sie sich vorstellen – also wird auch die Suggestion auf fruchtbaren Boden fallen. Je häufiger Sie Entspannungsübungen wie diese trainieren, umso leichter wird es Ihnen später fallen, sie mit Suggestionen zu kombinieren.

Doch jetzt schauen wir uns erst einmal an, wie unser Unterbewusstsein tickt – denn nur, wenn wir unseren wertvollsten Helfer verstehen, können wir gewinnbringend mit ihm arbeiten.

Kapitel 3

Vergessen? Können Sie vergessen! Warum wir uns an viel mehr erinnern, als wir glauben, aber nie an das, was tatsächlich geschehen ist — und warum das genau richtig so ist

Erinnerung ist eine Form der Begegnung, Vergesslichkeit eine Form der Freiheit.

Khalil Gibran

Besitzen Sie einen Laserpointer? Wenn ja, werfen Sie ihn doch einmal kurz an. Schauen Sie sich diesen winzigen leuchtend roten Punkt an. Das ist unser Bewusstsein. So viel – oder besser gesagt: so wenig – können wir bewusst erfassen und verarbeiten. Alles andere drumherum nehmen wir unterschwellig wahr, es gelangt uns aber nicht zu Bewusstsein. Wissenschaftler gehen heute davon aus, dass wir pro Sekunde etwa 60 Bits bewusst wahrnehmen – dem gegenüber stehen unglaubliche 15 Millionen Bits, die unbewusst in uns hineinsickern. Gerüche, Geräusche, visuelle Wahrnehmungen, Körperempfindungen, Geschmack. Verloren gehen diese Wahrnehmungen nicht, sie fließen in unseren Erfahrungsschatz mit ein.

Schutzengel Unterbewusstsein

Bewusste Erinnerungen sind wie die sichtbare Spitze eines Eisberges. Die unbewussten Erinnerungen sind der unter der Wasseroberfläche verborgene und unendlich viel größere Teil des Eisberges. Wir können uns nicht bewusst entscheiden, einmal ein wenig darin zu stöbern, was nicht heißt, dass dieser Schatz unzugänglich wäre. Im Gegenteil, diese Erinnerungen können bei Bedarf gezielt aktiviert werden, wie folgende Geschichte illustriert:

Der Formel-1-Fahrer Juan Manuel Solano Fangio nahm 1950 am Grand Prix von Monaco teil. Fangio fuhr in der entscheidenden Runde aus einem Tunnel auf eine Gerade hinaus, also auf eine Strecke, auf der man als Rennfahrer normalerweise das Gaspedal durchtritt, um sich einen Vorsprung zu verschaffen. Stattdessen bremste Fangio aber reflexartig ab. Eigentlich war das ein grober Fehler, der einen Rennfahrer den Sieg kosten kann. In diesem Fall bewirkte es jedoch das Gegenteil. Hinter der nächsten Kurve stieß Fangio nämlich auf eine Massenkarambolage, etliche Rennwagen waren ineinandergerast. Hätte er an dieser Stelle das normale Renntempo draufgehabt, wäre er unweigerlich ebenfalls in die anderen Wagen hineingefahren. Doch aufgrund seines nach der Bremsaktion relativ geringen Tempos konnte Fangio nun als einer von wenigen Fahrern ausweichen. Und nicht nur das, er entschied kurz darauf das Rennen für sich.

Was war geschehen?

Fangio hatte intuitiv abgebremst, weil etwas anders gewesen war als sonst. Was genau, das konnte er im ersten Moment nicht erklären. Im Nachhinein rekonstruierte er, dass ihm, wenn er den Tunnel verlässt, die Zuschauer normalerweise ihre Gesichter zuwenden – für ihn stellt sich das als eine helle Kulisse am Fahrbahnrand dar. In seiner unbewussten Erinnerung war dieser helle Rand als normales Szenario abgespeichert. Dieses Mal drehten ihm aber die Zuschauer ihre dunkleren Hinterköpfe zu, weil sie ihre Gesichter dem Unfall hinter der nächsten Kurve zuwandten. Der erfahrene Fahrer Fangio reagierte auf diese winzige Änderung.

Doch wir müssen nicht erst in eine gefährliche Situation geraten, damit uns unser Unterbewusstsein in Form von Intuition zu Hilfe eilt (mehr über diesen faszinierenden Zusammenhang lesen Sie übrigens in meinem Buch »Das Geheimnis der Intuition«). Unbewusste Erinnerungen können auch in ganz und gar ungefährlichen Situationen aktiviert werden. Sagen wir, Sie haben immer ein bestimmtes Parfum benutzt, als Sie 16 waren und mit Ihrer ersten großen Liebe auf Wolke sieben schwebten. Zwanzig Jahre später steigt Ihnen dieser Duft zufällig wieder in die Nase. Sie können darauf wetten, dass in diesem Moment auch die kribbelnden Schmetterlinge im Bauch wieder da sind. Oder Sie verbinden das Geschrei von Möwen mit Urlaub am Meer, mit Entspannung und Spaß – dann werden diese angenehmen Gefühle Sie durchfluten, wenn Sie zufällig eine Möwe krakeelen hören und wenn es nur in einer Vorabendserie ist.

In der Hypnose spielt der Begriff des Ankers eine große Rolle. Das ist ein Signal – etwa ein bewusstes Aufeinanderpressen der Finger – mit dem wünschenswerte Gefühle verankert und willentlich abrufbar gemacht werden. Der Duft und auch das Möwengeschrei fungieren in diesem Fall als natürliche Anker, die die schönen Empfindungen der Vergangenheit ins Jetzt holen.

Wir sollten unsere unbewussten Erinnerungen also genauso wenig unterschätzen wie die bewussten, weil sie in jeder Sekunde großen Einfluss auf unser Leben haben.

DIE SCHATZKISTE DER GLÜCKSANKER

Wie Sie eben gelesen haben, gibt es natürliche Anker, die schöne, entspannte oder glückliche Momente augenblicklich zurückholen können. Jeder hat solche Anker, allerdings nutzen die wenigsten von uns sie bewusst. Stattdessen warten sie darauf, bis sie ihnen zufällig begegnen. Das ist verschenktes Potenzial! Mit diesen Ankern können Sie sich nicht nur ohne Umwege in einen angenehmen Zustand versetzen, sondern jede Selbsthypnose effektiver machen. Damit sind die natürlichen Anker ein wertvolles Werkzeug. Darum nehmen Sie jetzt bitte einmal Papier und Stift zur Hand und überlegen Sie, welches Ihre persönlichen Glücksanker sind. Orientieren Sie sich an den schönen Momenten oder Phasen im Leben, in denen Sie besonders glücklich waren. Fragen Sie sich dann: Welche Sinneseindrücke gingen damit einher? Gibt es eine Möglichkeit, diese Sinneseindrücke zu reproduzieren?

Wenn Sie zum Beispiel in Ihrer Kindheit immer besonders glückliche Ferien in der Provence verlebt haben, könnte damit vielleicht der Duft der südfranzösischen Lavendelfelder verbunden gewesen sein. Dann besorgen Sie sich ätherisches Lavendelöl und träufeln es auf Ihr Handgelenk oder in eine Duftlampe. Überlegen Sie, welches Parfum Sie benutzt haben, als Sie verliebt waren. Gibt es diesen Duft noch? Selbst wenn es sich um ein quietschsüßes Teenagerparfum handelt, das heute nicht mehr Ihrem Stil entspricht: Gönnen Sie sich einen Flakon.

Welche Geräusche rufen angenehme Erinnerungen hervor? Der Schrei eines bestimmten Vogels? Meeresrauschen? Besorgen Sie sich eine Aufnahme. Katapultiert Sie ein bestimmter Song in eine wunderbare Zeit zurück, wenn Sie ihn im Radio hören? Kaufen Sie ihn. Erinnert Sie der Duft von Niveacreme an Ihre geliebte Großmutter, bei der Sie sich immer so geborgen gefühlt haben? Besorgen Sie sich eine Dose davon.

Machen Sie eine Liste mit Ihren Glücksankern. Dann besorgen Sie so viele davon wie möglich, die Sie in einem schönen Karton aufbewahren. Das ist Ihre Schatzkiste der schönen Erinnerungen. Aber Achtung, benutzen Sie sie sparsam. Wenn Sie Ihren »Glücksduft« nämlich nun täglich verwenden, gewöhnt sich Ihre Nase daran und irgendwann bleibt der Effekt aus. Reservieren Sie Momente, in denen Sie sich bewusst entspannen möchten, für Ihre Glücksanker. Nur so behalten diese ihre volle Wirkungskraft.

Der große Pool der Erfahrungen

In unserem unbewussten Erfahrungspool können auch Traumata aufbewahrt sein. Wenn uns irgendwann mal jemand etwas Schlimmes angetan hat, der zum Beispiel – rein zufällig – Ähnlichkeit mit einem bekannten Schauspieler hat, so überkommt uns vermutlich immer ein ungutes Gefühl bis hin zur Panik, wenn wir diesen Schauspieler irgendwo in den Medien sehen. Das passiert auch dann, wenn wir uns an das betreffende Ereignis gar nicht mehr erinnern können – schlimme Erlebnisse spaltet das Bewusstsein oft ab und drückt sie ins Unterbewusstsein. Dieses Abspalten ist ein gesunder Mechanismus, der Opfern von Gewalt, Überlebenden von Unglücken oder Menschen, die einen Krieg miterleben mussten, das Weiterleben ermöglicht. Es würde diese Menschen lähmen, täglich an das Schreckliche in der Vergangenheit denken zu müssen.

Aber so ganz wegdrängen lassen sich emotional aufwühlende Geschehnisse eben doch nicht. Sie blubbern an die Oberfläche, sobald wir in unserem täglichen Leben etwas wahrnehmen, das mit einem Fragment der unbewussten Erinnerung übereinstimmt. Auch das ist ein sinnvoller Mechanismus. Wenn einem früheren Gewaltopfer nämlich sein Peiniger erneut begegnet oder es Gefahr läuft, ein weiteres Mal in eine Situation zu geraten, die der traumatischen ähnelt, muss es reagieren können. Also wacht das Unterbewusstsein im Verborgenen und schlägt bei der kleinsten Ähnlichkeit Alarm. Das kann schon mal ein Fehlalarm sein, wie im Beispiel mit dem Schauspieler. Das Unterbewusstsein tut das, um das einstige Opfer vor erneuter Gefahr zu schützen. Das sind Momente, in denen Betroffene, so sieht das für Außenstehende zumindest aus, völlig überreagieren können. Sie werden panisch, aggressiv, laufen weg, greifen gar an – und wissen oft nicht einmal genau, warum. So können unverarbeitete Traumata ein normales Leben extrem erschweren oder gar die Bewältigung des Alltags unmöglich machen.

Etwas weniger dramatisch ist die Tatsache, dass auch die Begleitumstände schlechter Gewohnheiten im unbewussten Erfahrungsschatz gespeichert sind. Ein Raucher kann etwa mit jeder neuen Zigarette noch einmal das Gefühl von Rebellion und Freiheit abrufen, das ihn durchströmt hat, als er mit 16 seine erste Kippe angesteckt hat – ganz ohne dass er sich überhaupt bewusst an diesen lange zurückliegenden Augenblick erinnern kann. Ein Alkoholiker erinnert sich dagegen vielleicht unbewusst an die angenehme Entspannung und das Verblassen quälender Sorgen, wenn er sich ein Glas einschüttet. Solche unbewussten positiven Assoziationen einer negativen Angewohnheit halten sich hartnäckig im Unterbewusstsein und können selbst angestrengte Versuche, Süchte oder Laster loszuwerden, immer wieder vereiteln.

Erinnerungen: Mind the Gap!

Bei alldem ist es gut zu wissen, dass Erinnerungen nicht unveränderlich sind! Schauen wir uns zunächst die bewussten Erinnerungen an: Mit jedem Mal, wenn wir über etwas sprechen oder an etwas zurückdenken, wird eine Erinnerung ein kleines bisschen abgeändert. Die ursprünglichen neuronalen Netzwerke im Gehirn, die beim eigentlichen Erlebnis entstanden sind, werden beim ersten Erinnern aktiviert.

Allerdings hat jede bewusste Erinnerung Lücken. Das hat zum einen damit zu tun, dass wir, wie wir eben gesehen haben, nur einen winzigen Teil dessen, was um uns herum passiert, verarbeiten können. Die Erinnerung ist also von vornherein fragmentarisch. Außerdem sind die einzelnen Komponenten der Erinnerung an vielen verschiedenen Stellen des Gehirns archiviert. Klang, Aussehen, Geruch, Emotionen und so weiter sind über das ganze Gehirn verteilt. Erinnerte man sich also an etwas und könnte das gleichzeitig in einem Magnetresonanztomographen beobachten, so leuchteten viele verschiedene Areale zusammen auf, die über mehr oder weniger starke neuronale Verknüpfungen miteinander verbunden sind. Wie ein Bild der französischen Pointillisten, die Bilder malten, indem sie viele kleine Punkte nebeneinandersetzten. Wenn man ganz nah ans Bild herangeht, sieht man nur jede Menge Zwischenräume. Erst, wenn man ein wenig wegrückt, wird das Bild ein sinnvolles Ganzes, weil die Punkte miteinander verschmelzen.

Erschwerend kommt hinzu, dass neuronale Verbindungen verblassen, je länger ein Ereignis zurückliegt, ohne aktiviert zu werden. Einzelne Elemente einer Erinnerung gehen dabei eher verloren als andere. Unserem Bewusstsein, das kann man festhalten, geht da einiges durch die Lappen.

Nun haben wir aber die Tendenz, diese Erinnerungslücken auszufüllen, wenn wir zum Beispiel von einem Erlebnis berichten möchten. Unser Bewusstsein ist nämlich immer bestrebt, eine zusammenhängende, sinnvolle und interessante Geschichte zum Besten zu geben. Oft bedienen wir uns bei dieser Lückenfüllerei unseres unbewussten Erfahrungsschatzes. Dieser steuert wie ein fleißiger Requisiteur thematisch passende Inhalte bei, die aber nicht zwingend bei der Gelegenheit entstanden sein müssen, über die wir gerade berichten wollen. Dadurch werden diese Inhalte jedoch mit dem Erlebnis, von dem wir erzählen wollen, verwoben und der Erfahrungsschatz wird ein klein wenig verändert.

Wie kann man sich das konkret vorstellen? Nehmen wir einmal an, Sie wollen davon erzählen, wie Sie kürzlich beim Joggen ein Hund verfolgt hat und fast gebissen hätte. Sie können sich nicht genau erinnern, welche Rasse der Hund hatte, aber er hat – hier spielt der unbewusste Erfahrungsschatz mit rein – Assoziationen an den Hund Ihrer Tante geweckt, der ein Dobermann ist. Plötzlich sieht der Hund in Ihrer Erinnerung aus wie ein Dobermann. Sie sind, um sich zu retten, über einen Zaun gesprungen. Wie genau der Zaun aussah, haben Sie in der Aufregung gar nicht mitbekommen, aber der Zaun, den Sie normalerweise vor Ihrem inneren Auge sehen, wenn Sie das Wort »Zaun« denken, ist ein Jägerzaun. Vielleicht, weil das Grundstück Ihrer Eltern so einen hatte – hier haben wir wieder den unbewussten Erfahrungsschatz. Also hat uns nun plötzlich ein Dobermann bis zu einem Jägerzaun verfolgt. In Wirklichkeit war der Zaun dagegen möglicherweise ein Maschendrahtzaun und der Hund ein Mischling aus einem Riesenschnauzer und einem Rottweiler, doch unsere Erinnerung enthält nun bereits andere Details, ohne dass wir es überhaupt bemerkt hätten. So entsteht eine neue Erinnerungsspur im Gehirn, die die bisherigen neuronalen Verknüpfungen ohne Probleme einbindet. Das Interessante daran: In Zukunft werden Sie überzeugt sein, dass es so gewesen ist.

Das gilt nicht nur, wenn wir selbst eine Geschichte erzählen. Eine Bekannte von mir verdient ihr Geld unter anderem damit, die Lebensgeschichten anderer Menschen in Buchform aufzuschreiben. Bei ihrer biografischen Arbeit muss sie oft Begebenheiten ausschmücken oder auch schon mal einzelne Handlungselemente erfinden, denn es ist ihr Job, die Geschichte flüssig und interessant zu gestalten, ihre Klienten erzählen jedoch selten druckreif. Natürlich müssen die Klienten diese Ergänzungen lesen und bestätigen, dass sie so in Ordnung sind. Das Spannende ist nun, dass die Leute beim Lesen plötzlich der Ansicht sind, dass alles genau so passiert sei. Sie merken oft gar nicht, dass etwas dazuerfunden wurde, und integrieren damit sogar die Früchte einer fremden Fantasie in ihre eigene Biografie.

Oder denken Sie daran, was passiert, wenn Sie einen Roman gelesen haben. Sie haben sich in Ihrem Kopf ein Bild von den Hauptpersonen und den Geschehnissen gemacht. Dann kommt ein Film nach Vorlage des Buches heraus. Sobald Sie den Film gesehen haben, werden Ihre eigenen Vorstellungen von den starken visuellen Eindrücken des Films überschrieben, dagegen kann man sich nur sehr bedingt wehren. Viele Menschen wollen sich darum die Verfilmungen ihrer Lieblingsbücher lieber nicht ansehen – um sich ihre eigene Vorstellung zu bewahren.

Es wird immer gleich ein wenig anders,
wenn man es ausspricht.

Hermann Hesse

Wir gestalten unsere Erinnerungen – ohne es zu merken

Ein anderes Beispiel dafür, wie Erinnerungen ständiger Veränderung unterliegen, sind leichte Übertreibungen, zu denen die meisten von uns tendieren, wenn wir anderen Menschen von unseren Erlebnissen erzählen. Das machen nicht nur die berühmten Angler, bei denen aus einem kleinen Hering ein Fisch vom Format eines Seehechts wird. Ein bisschen zu übertreiben hat nichts mit Lügen zu tun, sondern ist ganz normal.

Wir tun das, um unseren Standpunkt klar zu pointieren und unser Gegenüber unser Erlebnis nachfühlen zu lassen.

Nehmen wir an, Sie sind zum ersten Mal mit einem modernen Reisebus in eine andere Stadt gefahren, um dort einen Freund zu besuchen. Sie fanden diese neu ausprobierte Reisemöglichkeit grundsätzlich prima. Dann erzählen Sie dem Freund vielleicht: »Du, das war ein super Bus, da war eine Klimaanlage drin, ich hatte sogar Wireless LAN – und die Sitze sind absolut komfortabel, sag ich dir. Ich bin wie auf Wolken geschwebt. Das musst du unbedingt auch mal ausprobieren.« In Wirklichkeit war der Bus ein ganz normaler Bus, der von A nach B gefahren ist und ein paar Extras hatte, aber so ganz wie auf Wolken saßen Sie wahrscheinlich doch nicht. Sie haben die negativen Details wie zum Beispiel den viel zu laut in sein Handy quatschenden Fahrgast vor Ihnen weggelassen, weil Sie betonen wollten, wie gut Ihnen diese neue Reisemöglichkeit gefallen hat. Das gilt natürlich auch, wenn Sie ein negatives Erlebnis plastisch illustrieren möchten. Da erzählen Sie dann vielleicht: »Ich habe Ewigkeiten auf den Bus gewartet, bestimmt eine halbe Stunde. Es war arschkalt und der kam und kam nicht. Ich habe mir die Füße abgefroren, nächstes Mal nehme ich wieder das Auto.« In Wirklichkeit hat der Bus vielleicht nur 15 Minuten Verspätung gehabt und Ihre Füße sind offensichtlich auch noch vorhanden. Aber Sie übertreiben, um Ihrem Erlebnis Relevanz zu verleihen und es aus der Beliebigkeit der alltäglichen Ereignisse herauszuheben. Schließlich möchten Sie auch Ihren Entschluss rechtfertigen, in Zukunft wieder das umweltschädlichere Auto zu nehmen. Ab sofort erinnern Sie sich nun aber genauso daran, wie Sie es zuletzt erzählt haben.

Nicht nur das: Wenn Sie das nächste Mal mit dem Bus fahren, ist Ihre Wahrnehmung eine nach Ihrer letzten Erinnerung geformte Schablone. Sie ist bereits darauf gepolt, vorwiegend das Positive wahrzunehmen – oder eben eher das Negative, je nachdem. So wird die einmal eingeschlagene gedankliche Richtung immer wieder verstärkt. Man nennt das »Selektive Wahrnehmung«. Auch diesen Mechanismus kann man sich zunutze machen, um seine Realität bewusst zu gestalten.

Sie sehen: Alle unsere Erinnerungen werden nach und nach geformt und bearbeitet. Wie ein Textdokument, das wir immer wieder aufrufen, um ein klein wenig daran herumzufeilen. Auch die unbewussten Erinnerungen unterliegen ständigen Veränderungen. Zum einen, weil unser Erfahrungsschatz immer weiter anwächst und eine Erinnerung der nächsten hinzugefügt wird. Im Fall des Rennfahrers legt sich die Erfahrung eines Rennens über die nächste. Aber auch, weil Dinge, die wir lesen, im Vorbeigehen hören, träumen, im Fernsehen sehen, erzählt bekommen oder ganz einfach irgendwie am Rande mitbekommen, zu unserer »echten« Erinnerung hinzugefügt werden.

Das Schöne ist: Wir haben genau darum die Möglichkeit, unsere Erinnerungen nach unseren Wünschen zu gestalten – die bewussten wie auch die unbewussten. Zunächst müssen wir uns klarmachen, dass das, was wir als Erinnerung wahrnehmen, nie identisch mit dem irgendwann einmal Erlebten ist, sondern nur Fragmente der ursprünglichen Begebenheit enthält. Wenn wir Selbsthypnose anwenden, nutzen wir den Prozess der Erinnerungsgestaltung und legen selbst die neuronale Spur im Gehirn – genau so, wie wir das möchten. Man muss nur wissen, wie man dabei am besten vorzugehen hat.

Verschieben Sie Ihren Fokus und bestimmen Sie so, was zur Erinnerung wird

Wir gestalten unsere Erinnerung dabei nicht nur im Nachhinein, sondern bereits während wir etwas erleben. Eine Teilnehmerin in einem meiner Seminare hat einmal eine schöne kleine Geschichte erzählt. Eine Bekannte hatte ihr begeistert berichtet, sie bekäme seit einiger Zeit immer einen Parkplatz, weil sie sich bereits vor der Parkplatzsuche intensiv vorstellte, wie sie kurz darauf eine Parklücke entdecken würde. Von dieser Story inspiriert visualisierte die Teilnehmerin meines Seminares wiederum, wie ihre sonst immer sehr schmerzhafte Menstruation ab sofort ohne größere Beschwerden über die Bühne ginge. Und siehe da, es funktionierte: Die Schmerzen waren auf einmal viel erträglicher. Sie war ganz selig.

»Bestellungen beim Universum«- und »The Secret«-Jünger werden solche Erlebnisse vermutlich als Gaben des Universums lobpreisen. Dabei haben die beiden Frauen nichts anderes getan, als ihre Erinnerung und damit ihre Erwartung und ihren Fokus zu verändern.

Früher gab es bei der einen Dame die verallgemeinerte Erinnerung »Ich bekomme nie einen Parkplatz«. Dabei kann man mit ziemlicher Sicherheit davon ausgehen, dass sie auch in der Vergangenheit früher oder später immer einen Parkplatz gefunden hat – sonst würde sie ja auf ewig mit ihrem Auto herumkreisen. Bei ihr lag allerdings der Fokus ihrer Wahrnehmung auf dem Parkplatzmangel, also auf etwas, das schiefgeht. Wenn sie es also zum Beispiel von sieben Malen, die sie zu Hause ankam, zwei Mal schwer hatte, einen Parkplatz zu finden, blieben ihr diese beiden Male besonders in Erinnerung. Die fünf Mal, die sie schnell einen Parkplatz bekommen hatte, rauschten hingegen einfach durch.

Nachdem sie den Fokus aber nun hin zu einer positiven Erwartung verändert hatte, veränderte sich auch ihre Wahrnehmung. In exakt der gleichen Situation wie zuvor – von sieben Malen Parkplatzsuche hat sie fünf Mal auf Anhieb eine Parklücke gefunden, zwei Mal hat es länger gedauert – legt sie nun ihr Augenmerk darauf, dass sie fünf Mal sofort einen Parkplatz gefunden hat. Für die zwei Mal, bei denen es nicht direkt geklappt hat, stehen ihr Erklärungsmodelle zur Rechtfertigung zur Verfügung. Zum Beispiel, dass sie abgelenkt war und sich nicht ausreichend auf die Parkplatzsuche konzentriert hat. Nur eine Ausnahme. Hinzu kommt, dass sie mit der Erwartung »Ich finde gleich einen Parkplatz« auch ihre Wahrnehmung verändert. Eine auftauchende Parklücke, die sie früher als zu klein eingeschätzt hätte, ist nun auf einmal die Erfüllung der Prophezeiung – und statt vorbeizufahren, parkt sie mit ein bisschen Kurbelei ein. In Seitenstraßen erspäht sie plötzlich mit Adlerblick Parklücken, die sie früher übersehen hätte. Viele Faktoren tragen dazu bei, dass sich die Erwartung erfüllt.

So ähnlich ist das auch bei der Frau mit den starken Menstruationsschmerzen. Sie hat früher vermutlich mal eine mehr und mal eine weniger schmerzhafte Regel gehabt, aber in der Erinnerung blieben nur die besonders schmerzhaften hängen. Diese schmerzhaften Erfahrungen wurden so zu einer einzigen Erinnerung – und damit auch einer Erwartung für die Zukunft. So wie viele Leute auch am Wochenende oder im Urlaub um eine bestimmte Uhrzeit hungrig werden, weil dann normalerweise bei der Arbeit die Mittagspause wäre, erwarten Körper und Kopf dieser Frau den Schmerz, wenn sich die Zeit der Menstruation nähert.

Nun verschiebt sie aber plötzlich bewusst den Fokus. Sie bemüht ihre Vorstellungskraft: Wie wäre es, einmal eine weniger schmerzhafte Periode zu erleben?! Sie schafft Raum für die Möglichkeit. Gleichzeitig glaubt sie fest daran, dass sie Erfolg haben wird: Die Bekannte mit den Parkplätzen ist ihr leuchtendes Beispiel. Das hat schon einmal den Effekt, dass sie lockerer auf ihre Menstruation wartet, nicht mehr so ängstlich verkrampft wie bisher. Allein das kann schon bewirken, dass die Schmerzen geringer sind. Hinzu kommt, dass subjektiv immer das als stärker empfunden wird, worauf die Aufmerksamkeit liegt. Anders gesagt: Wer sich auf Schmerzen konzentriert, verstärkt die Empfindung, wer die Aufmerksamkeit davon abzieht, schwächt sie ab. Es ist außerdem nachgewiesen, dass gerade Schmerzen sehr gut auf den Placeboeffekt ansprechen. Das hat nicht nur mit der Aufmerksamkeit zu tun, sondern auch mit körperchemischen Prozessen, die durch die felsenfeste Erwartung, dass ein Medikament, eine Behandlung – oder eben auch eine Visualisierungstechnik – wirkt, aktiviert werden. Das Resultat: Plötzlich tut es weniger weh.

In beiden Fällen haben die Frauen »nur« ihren Fokus etwas verschoben und damit erstaunliche Ergebnisse erzielt. Doch das ist noch nicht alles. Mit jeder neuen, positiven Erfahrung verschiebt sich der Fokus noch mehr zum Positiven: Die neuen positiven Erfahrungen werden zu positiven Erinnerungen und damit zu positiven Erwartungen für die Zukunft. Eine Kettenreaktion.

Das möchten Sie auch? Dann probieren Sie doch gleich einmal, Ihren Fokus bei einem bestimmten Thema zu verschieben. Ein guter Einstieg in die veränderte Denkweise sowie eine gute Vorbereitung für alle weiteren Versuche in diese Richtung ist ein kleines Ritual, das Ihr Unterbewusstsein mit neuen, positiven Erinnerungen füttert – und damit den Boden für zukünftige positive Erfahrungen bereitet.

DAS TAGEBUCH DER GUTEN MOMENTE

Besorgen Sie sich ein schönes Notizbuch, in dem Sie jeden Abend vor dem Schlafengehen die sieben guten Momente des Tages festhalten. Ich sage bewusst »Tagebuch der guten Momente« und nicht »Glückstagebuch«, denn was Sie hier festhalten, das müssen keine überwältigenden Ereignisse sein. Im Gegenteil, jede Kleinigkeit zählt. Schreiben Sie auf, wofür Sie an diesem Tag dankbar sind. Dass Sie kein Knöllchen bekommen haben, obwohl Sie versehentlich im Halteverbot standen. Dass Sie ein köstliches Abendessen genossen haben. Dass Sie mit einem Freund telefoniert haben. Dass es Ihre Familie gibt. Dass Sie gesund sind. Dass Sie mit einer Aufgabe weitergekommen sind. Dass Sie Zeit gefunden haben, zu joggen. Dass die Sonne geschienen hat oder der Regen so gemütlich ans Fenster geprasselt hat. Dass Sie endlich aufgeräumt haben. Wenn Sie erst mal anfangen, nachzudenken, werden Ihnen selbst nach einem auf den ersten Blick völlig unspektakulären Tag unzählige kleine Dinge einfallen, die die vergangenen Stunden zu einem wunderbaren Erlebnis gemacht haben. Dieses positive Grundgefühl nehmen Sie dann mit in den Schlaf und mit diesem positiven Grundgefühl werden Sie mit aller Wahrscheinlichkeit auch in den kommenden Tag starten – insbesondere, wenn Sie sich Ihre Liste vom Vorabend noch einmal kurz durchlesen.

Kapitel 4
Wie Ihr Unterbewusstsein bestimmt, ob Sie sich als unerschrockener Superheld oder ängstliches Mäuschen erleben — und warum es sich lohnt, die Kontrolle zu übernehmen

Bevor wir wissen, was wir tun, müssen wir wissen, was wir denken.

Joseph Beuys

Noch vor ein paar Jahrzehnten war es in vielen Ländern üblich, statt leistungsstarker Maschinen Elefanten einzusetzen, um schwere Gegenstände zu transportieren und zu bewegen. Es gab darum ganze Berufszweige, die sich damit beschäftigten, Elefanten zu trainieren und aufzuziehen. Sobald die kleinen Babyelefanten nicht mehr ständig in der Nähe ihrer Mutter sein mussten, bekamen sie ihren eigenen Auslauf. Der bestand in einem etwa acht Meter langen Seil, dessen eines Ende an einem Fuß des Elefanten befestigt war. Das andere Ende wurde an einem Rad festgebunden, das auf einer Achse vertikal zum Boden angebracht war. Auf diese Weise konnten sich die kleinen Elefanten in einem großen Kreis mit einem Durchmesser von gut sechzehn Metern frei bewegen. In diesem Kreis befanden sich ein schattiger Unterstand, Futter, Wasser und Spielzeug. Die kleinen Elefanten merkten ziemlich schnell, wie weit sie sich bewegen konnten, denn wenn sie das Ende des Seils erreicht hatten, spürten sie einen Zug am Fuß, der sie zurückhielt. Als die Elefanten heranwuchsen und stärker wurden, sollte man meinen, dass nun statt des Seils eine schwere

Kette notwendig geworden wäre, um das Tier am Ausreißen zu hindern. Doch weit gefehlt! Die Elefantentrainer befestigten lediglich ein Metallband am Fuß des Elefanten, da, wo einmal das Seil gesessen hatte. Eine so gerade eben spürbare Erinnerung. Die Elefanten hätten nun alle Möglichkeiten zum Ausbüxen gehabt. Das Unterbewusstsein der Elefanten hatte jedoch ein für alle Mal gelernt: Weiter als bis hierher kannst du sowieso nicht. Die Begrenzung bestand nur noch in der Erinnerung – hatte aber genauso reale Auswirkungen.

Die Begrenzung in der Erinnerung: Wie lang ist Ihr Seil?

Jeder hat solche Begrenzungen, die nur noch im Kopf existieren. Was sind Ihre? Schreiben Sie sie auf. Sie haben jetzt die Chance, sie zu überwinden. Vielleicht hilft Ihnen auch folgende kleine Fantasiereise, die Ihnen enthüllt, welche Lebensbereiche bei Ihnen am ehesten ins Lot gebracht werden sollten. Lesen Sie den Text auf den beiden folgenden Seiten, versuchen Sie, das Szenario zu verinnerlichen. Wenn Sie das Gefühl haben, die kleine Szene wie einen Film vor Ihrem inneren Auge abspulen zu können, legen oder setzen Sie sich bequem hin und schließen die Augen. Konzentrieren Sie sich zunächst einige Minuten auf Ihren Atem, folgen Sie dem Auf und Ab Ihres Brustkorbes, während Sie aufkommende Gedanken einfach weiterziehen lassen. Wenn Sie zur Ruhe gekommen sind, stellen Sie sich alles noch einmal vor. Sie können sich den Text natürlich auch von einem Freund oder Ihrem Partner vorlesen lassen:

DIE PROPHEZEIUNG DER SCHMETTERLINGE (SOLANO)

Du betrittst einen wunderschönen, friedlichen Garten.
Sanft rauscht der Wind in den hohen Bäumen.
Wunderschöne Blüten säumen einen tiefgrünen Rasen.
Der Wind trägt betörenden Duft zu dir hinüber.
Nun spürst du einen zarten Wasserdunst, der sich auf deine Haut legt.
Du drehst dich um und siehst eine Quelle.
Sie sprudelt aus einem kleinen Hügel hervor.
Ihr Wasser sammelt sich in einem Teich.
Dieser Teich liegt in einem mysteriösen, wunderschönen Licht vor dir.
Du weißt plötzlich:
Diese Quelle bringt heilendes Wasser hervor.
Wasser der Wahrheit.
In der Luft über dem Teich flattern sieben Schmetterlinge.
Ein roter Schmetterling ist dabei,
ein orangefarbener,
ein gelber,
ein grüner Schmetterling,
ein himmelblauer,
ein indigofarbener
und ein violetter Schmetterling.
Du betrachtest, wie die sieben Schmetterlinge ausgelassen in der angenehmen Brise über dem Wasser tanzen.
Nun bemerkst du, dass einige der Schmetterlinge sich entfernen.
Sie verschwinden zwischen den Bäumen,
aus deinem Sichtfeld.
Einer nach dem anderen fliegt davon.
Du schaust ihnen nach,
wie sie kleiner werden,

zu Punkten,
bis sie ganz
verschwunden sind.
Doch zwei Schmetterlinge
bleiben zurück.
Sie setzen sich ans Ufer
und beginnen,
sich an dem heilenden Wasser des Teiches
zu laben.
Welche beiden Schmetterlinge bleiben?

Diese beiden Schmetterlinge zeigen Ihnen, auf welche Lebens- und Körperbereiche Sie momentan ein besonderes Augenmerk legen sollten bei den angestrebten Veränderungen in Ihrem Leben. »Ihre« Schmetterlinge können Ihnen helfen, Schwachpunkte eines aktuellen Projekts aufzudecken und den nächsten wichtigen Schritt zu identifizieren.

Kinder (und Tiere) scheitern, ohne bösartig zu werden,
ihr Lebensprinzip ist die problemlose Wiederholung.
Wilhelm Genazino

Der Mensch ist ein Gewohnheitstier

Wenn man das Unterbewusstsein neu programmieren möchte – zum Beispiel mithilfe von Selbsthypnose – ist es zunächst wichtig zu verstehen, wie es arbeitet. An der amerikanischen Duke University in North Carolina hat man in einer Studie festgestellt, dass 40 Prozent aller Dinge, die wir täglich tun, nicht das Resultat bewusster Entscheidungen sind. Sie werden aus dem Unterbewusstsein gesteuert – als Gewohnheiten. Das erleichtert uns das tägliche Leben enorm, denn wenn wir vor jedem Handgriff erst einmal überlegen würden, was wir machen möchten, ob wir da wirklich Lust drauf haben und wie diese Sache genau funktioniert, kämen die meisten von uns erst gar nicht aus dem Bett. Und das meine ich nicht so scherzhaft, wie es vielleicht klingt: Gerade das Aufstehen im oft noch halb schlafenden Zustand würde uns total überfordern, wenn wir vom Schwingen der Beine über die Bettkante über das Öffnen der Schlafzimmertür und den Gang ins Bad bis hin zum Aufgießen des Kaffees jeden kleinen Handlungsschritt erst einmal überdenken müssten. Dann befänden wir uns nämlich in einem Zustand, der dem eines kleinen Kindes ähnelt, das erst noch lernen muss, wie das Leben in all seinen Details funktioniert. Viele Gewohnheiten kommen uns gar nicht mehr zu Bewusstsein, weil sie uns nicht stören, sondern unser Leben als automatische Handlungen erleichtern.

Doch das war nicht immer so. Haben Sie den Führerschein? Dann denken Sie doch einmal daran, wie Sie Autofahren gelernt haben. Daran, wie Sie zum ersten Mal in das Fahrschulauto eingestiegen sind. Wie Sie überlegt haben: »Oha, ich soll jetzt also mit diesem Fuß kuppeln, mit dem anderen Fuß Bremse und Gas bedienen, gleichzeitig schalten und natürlich lenken und auch noch die Fahrbahn im Auge behalten. Wie soll das gehen? Herrje, jetzt will der Fahrlehrer auch noch, dass ich in den Rückspiegel gucke und über die Schulter schaue, während ich schon zum Fahrbahnwechsel ansetze. Das kann ich mir nie und nimmer alles merken und das werde ich niemals lernen!« Ich jedenfalls war nach der ersten Fahrstunde felsenfest davon überzeugt, dass ich der einzige Mensch auf dieser Erde bin, der das niemals schaffen wird. Dass alle anderen das Autofahren lernen können, nur ich nicht.

Doch natürlich wollte ich unbedingt den Führerschein haben. Auto fahren zu können, das war Freiheit. Das war Unabhängigkeit. Die Motivation, trotz der frustrierenden Erlebnisse der ersten Fahrstunde weiterzumachen, war riesig. Natürlich habe ich nicht aufgegeben. In der zweiten Fahrstunde ging es noch nicht wesentlich besser. In der dritten nur ein bisschen. In der vierten habe ich plötzlich nicht mehr an jeder Kreuzung den Wagen abgewürgt. Ab der fünften Stunde fing es tatsächlich an, Spaß zu machen... Und irgendwann hatte sich das Autofahren automatisiert. Die einzelnen Handlungsschritte waren ins Unterbewusstsein gesunken, ich bediente Gaspedal und Kupplung, ohne groß darüber nachzudenken. Und wenn wir über etwas nicht mehr groß nachdenken müssen, haben wir den Kopf frei für anderes.

Unser Gehirn versucht erst einmal, jedes wiederkehrende Verhaltensmuster zu einer Gewohnheit zu machen. Völlig unabhängig davon, ob diese Gewohnheit eine praktische Fertigkeit darstellt, die einem das tägliche Leben erst ermöglicht (grundlegende Dinge wie von A nach B gehen, Türen öffnen, Butterbrote schmieren) oder erleichtert (etwa Autofahren, das Zehn-Finger-System beim Tippen auf der Computertastatur), oder ob sie eine gesunde Angewohnheit (wie Joggen nach dem Aufstehen) oder eine schlechte Angewohnheit ist (wie zum Beispiel selbst für kurze Strecken das Auto statt des Fahrrades zu nehmen, obwohl wir dringend mehr Bewegung brauchen). Bei all diesen gewohnheitsmäßigen Handlungen spielen die Basalganglien eine der Hauptrollen, ein neuronales Zentrum im Gehirn, das von so grundlegender Bedeutung ist, dass nicht nur wir Menschen, sondern sogar Reptilien oder Fische es besitzen. Den Basalganglien ist es egal, ob wir etwas als gut oder schlecht bewerten, ihr Job ist die Planung und Programmierung wiederkehrender motorischer Abfolgen. Bei Menschen mit Parkinson'scher Krankheit sind die Basalganglien in Mitleidenschaft gezogen. Man hat beobachtet, dass die Betroffenen nicht mehr in der Lage sind, neue Handlungsabfolgen zu lernen.

Alle Gewohnheiten haben gemein, dass mit ihnen eine Belohnung einhergeht. Im Fall von komplizierten Lernprozessen wie dem Autofahren kommt die während des Übens direkt aus dem Gehirn. Wenn neue Fähigkeiten mehr und mehr beherrscht werden, schüttet das Gehirn als kleines Schmankerl Dopamin aus, eine körpereigene »Droge«, die chemisch mit Morphium verwandt ist. Schon Babys und kleine Kinder sind Dopamin-Junkies, der beglückende Kick sorgt dafür, dass sie nicht müde werden, neue Dinge immer und immer wieder zu probieren, bis sie sie schließlich beherrschen. Ohne diesen Mechanismus würde wohl kein Kind je Laufen oder Sprechen lernen.

Schlechte Angewohnheiten hingegen müssen selten aufwändig erlernt werden. Im Gegenteil, sie sind meistens mit wenig Mühe verbunden und müssen uns darum nicht erst vom Gehirn schmackhaft gemacht werden. Eine Belohnung bekommen wir allerdings trotzdem – und diese Kombination aus »wenig Aufwand« und »Belohnung« macht sie so besonders hartnäckig. Viele Drogen beeinflussen die Dopaminausschüttung. Doch bei den meisten kleinen Lastern des Alltags spielt eine Belohnung für die Seele erst einmal die größte Rolle. Nehmen wir an, Sie trinken zu viel Kaffee. Dann genießen Sie wahrscheinlich morgens bei der ersten Tasse tatsächlich die Auswirkungen eines Koffeinkicks. Koffein dockt zwar nicht direkt an den Dopaminrezeptoren an, führt aber durch eine Kettenreaktion im Gehirn dazu, dass mehr Dopamin im Körper zirkuliert. Zumindest ist das bei der ersten Dosis der Fall. Danach reagiert der Körper nicht mehr genauso enthusiastisch. Das merken wir zum Beispiel daran, dass die zweite und jede folgende Tasse bei Weitem nicht mehr so wunderbar munden wie die erste. Trotzdem gießen sich viele Leute weiter eine Tasse nach der anderen auf, sogar wenn die Hände anfangen zu schwitzen, die Nerven flattern und der Kaffee eigentlich nur noch bitter schmeckt.

Warum tun die Kaffeeliebhaber das?

Weil mit jeder Tasse Kaffee noch eine weitere psychische

Belohnung einhergeht. Das kann eine kleine und selbst von Chefs als völlig legitim angesehene Pause von der Arbeit sein, während man den Kaffee in der Küche vorbereitet. Dazu kommt das Gefühl von »Ich gönn mir was«, von Selbstbestimmung über die eigene Zeit. Natürlich haben diese Streicheleinheiten für die Seele auch wieder eine physische Dimension, indem sie zum Beispiel in ein Gefühl der Entspannung übersetzt werden. Man geht aber davon aus, dass die seelische Belohnung selbst bei »Süchten« wie dem Rauchen eine weitaus größere Rolle spielt. Die Belohnung für die Seele kann auch hier eine Pause sein. Ein meditativer Moment im Alltagsstress. Dazu kommt oft ein unterschwelliges Gefühl von Lässigkeit, Erwachsensein und Rebellion, das man mit der Kippe verknüpft hat, als man als Teenager mit dem Rauchen begonnen hat.

Eiserne Disziplin – oder (Selbst-)Hypnose

Zu jeder Gewohnheit merkt sich unser Gehirn dann noch mindestens einen Auslösereiz. Bei jemandem, der es nie zum Sport schafft, kann das zum Beispiel ganz einfach der Anblick des heimischen Sofas sein, das zu rufen scheint: »Setz dich, mach's dir bequem, nimm dir die Tüte Chips. Sport ist doch so schrecklich anstrengend...« Beim Kaffee oder dem Rauchen ist der Reiz oft Müdigkeit, Langeweile oder das Gefühl von Überforderung mit der aktuellen Tätigkeit. Alles psychische Zustände, die eine Pause sehr verlockend erscheinen lassen.

Taucht der einmal erlernte Reiz auf, befiehlt das Gehirn die Ausübung der Tätigkeit, die zur Belohnung führt. Wie ferngesteuert verlassen daraufhin Kaffeetrinker das Büro, greifen Raucher zur Zigarettenschachtel und die verhinderten Sportler sinken willenlos aufs weiche Sofa. Die mit der alten Gewohnheit verbundenen neuronalen Verknüpfungen werden so ein weiteres Mal verstärkt. Wenn das schlechte Gewissen auf den Plan tritt, ist alles längst geschehen. Selbst die besten Vorsätze kommen nur sehr schwer gegen fest eingefahrene Verhaltensweisen an.

Das hat mit einem ganz simplen Faktum zu tun: Was wir uns einmal so richtig angewöhnt haben, das kann, davon geht man heute aus, nie mehr gelöscht werden. Die neuronalen Netzwerke können zwar theoretisch verblassen, doch davon kann bei der ständigen reflexartigen Aktivierung keine Rede sein. Das klingt jetzt vermutlich erst einmal frustrierend. Doch keine Sorge. Auch wenn sich schlechte Angewohnheiten nicht mehr eliminieren lassen, so kann man eines sehr wohl tun: Man kann sie umprogrammieren. Das heißt, die alte Gewohnheit, die bisher immer auf den Auslösereiz folgte, wird durch eine neue, bessere, gesündere Gewohnheit ersetzt, die die gleiche oder eine ähnliche Belohnung bringt.

Wie das funktioniert?

Nun ja, entweder braucht man zum Verändern der Gewohnheiten eiserne Willenskraft, die einen so lange eine alte Gewohnheit durch eine neue ersetzen lässt, bis die neuronalen Netzwerke dauerhaft verändert worden sind. Anders ausgedrückt: bis die Erinnerung, die unsere Handlungen steuert, nach unserem Wunsch geformt worden ist.

Die Krux Solano besteht natürlich darin, dass es den meisten Leuten mit schlechten Angewohnheiten genau an dieser eisernen Selbstdisziplin mangelt, sonst hätten sie ihre Probleme nicht. Doch es gibt Rettung – und die heißt Hypnose oder Selbsthypnose. Wenn wir uns in einem hypnotischen Zustand befinden, haben wir es außerdem leichter, den Auslöser einer Handlung zu identifizieren und eine geeignete Ersatzhandlung zu finden, die zum gleichen gewünschten Ergebnis führt – das ist nämlich auch nicht immer ganz einfach. Wie dieses Kunststück, mit dem Sie Ihre kleinen Laster loswerden können, genau funktioniert, werden Sie in Kapitel zwölf noch lernen.

Auch Gedanken können schlechte Angewohnheiten sein – oder gute!

Ich fasse den Begriff der schlechten Angewohnheiten noch deutlich weiter. Ganz ohne äußerlich sichtbare Schwächen wie Nägelkauen, Rauchen oder unkontrollierten Süßigkeitenkonsum machen sich viele Menschen mit gedanklichen Gewohnheiten das Leben schwer. Denken Sie an die vielen Leute, die sich nichts zutrauen, weil ihre Eltern in der Erziehung etwas verbockt haben. Die denken dann: »Ach, das kann ich ja doch nicht.« Oder: »Das brauche ich erst gar nicht zu probieren, mit meinen zwei linken Händen.«

Es ist vielleicht nicht offensichtlich, aber auch in diesem Fall gibt es tatsächlich eine Belohnung. Denn wer sich nichts zutraut, begibt sich niemals in eine Situation, in der er scheitern kann. Dafür wird er mit einem (trügerischen) Gefühl der Sicherheit belohnt. Allerdings bestätigt er dadurch jedes Mal sein schwaches Selbstgefühl, denn er wird auch niemals ein Erfolgserlebnis haben. Die neuronale Schleife »Ich kann nix, ich bin nix« wird immer weiter verstärkt. Eine sich selbst erfüllende Prophezeiung.

Ähnlich liegt der Fall bei Ängsten, etwa einer Flugangst. Auch hier sind es Gedanken, die das Phänomen erst hervorrufen. In den seltensten Fällen haben flugängstliche Menschen tatsächlich einmal etwas erlebt, was die Angst rechtfertigen würde. In den allermeisten Fällen ist sie also komplett irrational. Auch hier ist die Belohnung das subjektive Gefühl der Sicherheit, wenn der Flugängstliche seiner Angst nachgibt und statt des vermeintlich unsicheren Flugzeuges das vermeintlich sichere Auto nimmt.

Doch das ist noch nicht alles.

Auch Menschen, die ständig mit ihrem Gewicht zu kämpfen haben, sind oft Opfer ihrer eigenen schlechten gedanklichen

Angewohnheiten. Paradoxerweise werden diese ganz besonders gefördert, wenn man sie mit aller Macht bekämpfen möchte. Eine Diät mit ihren vielen Verboten ist nämlich ein Angriff auf unsere Selbstbestimmung und macht ungesunde Genüsse so viel verlockender. Das Unterbewusstsein wispert ununterbrochen: »Nun gönn dir doch was!« Wer nicht schon während der Diät heimlich nascht, lässt spätestens hinterher den Festschmaus folgen – und die Pfunde sind sofort wieder drauf. Die Diät selbst ist hier der Auslöser für das kalorienreiche »Sündigen«, denn noch mehr als unser Körper will unsere Psyche nicht darben. Die schmackhafte Belohnung gibt der Seele die entbehrten Streicheleinheiten. Ich kenne mehrere Leute, die plötzlich auf rätselhafte Weise ihr Wunschgewicht erreicht haben – nachdem sie eines Tages frustriert das Abnehmenwollen aufgegeben haben. Warum das so ist und wie Sie das auch schaffen können, lesen Sie im zweiten Teil des Buches, wo ich auf spezifische Probleme noch einmal genauer eingehe.

Du bist, was du denkst – und du schaffst, was du willst

Ängste, Gewichtsprobleme, Aufschieberitis, Stressanfälligkeit, Lernschwierigkeiten, Konzentrationsprobleme, Schlafprobleme oder Beziehungen, in denen der knisternde Funke verloren gegangen scheint – all das und noch mehr hat mit gedanklichen Angewohnheiten zu tun. Gedankliche Gewohnheiten bestimmen auch, ob Sie sich selbst eher als verschrecktes Mäuschen erleben, das nichts auf die Reihe bekommt, oder als ein unerschrockener Held mit unerschütterlichem Selbstbewusstsein, der Herausforderungen annimmt und Erfolge feiert.

Es gibt keine geborenen »Verlierer« oder geborenen »Gewinner«!

Natürlich kommen manche Leute unter besseren Voraussetzungen auf die Welt als andere, das lässt sich leider nicht leugnen. Aber selbst jemand, der mit dem sprichwörtlichen goldenen Löffel im Mund auf die Welt gekommen ist, kann sich als Versager sehen und darum genau diese Realität erleben. Und jemand, der aus armem Elternhaus kommt, kann vor Selbstvertrauen nur so strotzen und in seinem Rahmen eine Wahnsinnskarriere machen. In jedem Teil der Welt, in jedem noch so kleinen Dorf gibt es die, die sich etwas zutrauen. Die Dinge erreichen und sich von Problemen nicht unterkriegen lassen – und eben diejenigen, die das nicht tun.

Was diese beiden Gruppen voneinander unterscheidet, sind ihre Gedanken. Nicht die einmaligen, sondern die wiederkehrenden. Denn gedankliche Gewohnheiten formen Glaubenssätze. Glaubenssätze wiederum formen unser Unterbewusstsein und unser Unterbewusstsein formt unsere Realität.[4]

Damit meine ich jetzt übrigens nicht, dass Sie nur lange genug an Ihr Traumhaus denken müssen, damit es sich eines Tages *irgendwie* materialisiert – wie es Bestseller wie »The Secret« suggerieren. Auch wenn Gedanken eine große Rolle beim Erfüllen von Wünschen spielen, gilt: Ohne Aktion gibt es kein Traumhaus. Selbst wenn Sie ganz fest daran glauben, dass Sie bald im Lotto gewinnen, liegen die Chancen, sechs Richtige zu haben, bei 0,0000064360 Prozent. Im Gegensatz zu Ihrem täglichen Leben haben Sie auf die Ziehung der Lottozahlen mit Ihren Gedanken nämlich keinen Einfluss. Wäre das so, gäbe es unzählige Lottogewinner – und die Höhe der Gewinne wäre so verschwindend gering, dass kein Mensch mehr Lust hätte, Lotto zu spielen. Und da beißt sich die Katze in den Schwanz.

Die gute Nachricht ist: Was Sie auch erreichen möchten, welche Probleme Sie auch in den Griff bekommen wollen –

---
[4] Solano et al.

Selbsthypnose kann Ihnen dabei helfen, Ihre gedanklichen Gewohnheiten, Ihre Erinnerungen und Ihren unbewussten Erfahrungsschatz so zu verändern, dass Sie Ihre Ziele erreichen. Ganz ohne Hilfe vom Universum, aus eigener Kraft. Kommen Sie mit!

DAS FENSTER DER MÖGLICHKEITEN

Besitzen Sie einen alten, nicht mehr benutzten Löffel aus etwas dickerem Metall? Dann können Sie ihn für ein Ritual benutzen, das Ihnen vor Augen führt, wie konzentrierte Achtsamkeit Sie automatisch zum rechten Moment für Veränderung führt.

Sie brauchen nur den Löffel, etwas Ruhe und ein bisschen Zeit. Ihre Aufgabe ist es zunächst, sich mit dem Löffel vertraut zu machen. Wenden Sie ihn in den Händen, fahren Sie mit den Fingern seine Form entlang, wärmen Sie ihn mit Ihren Handflächen. Lassen Sie sich Zeit. Spüren Sie in den Löffeln hinein. Stellen Sie sich vor, wie dort im Inneren Moleküle in Schwingung geraten. Sie werden wissen, wann der Moment gekommen ist, in dem Sie ihn spielend leicht biegen können. Wenn Sie den Impuls verspüren, dann tun Sie es und staunen Sie: Sie halten nun einen Beweis in Händen, was kraft Ihrer Konzentration und Fokussierung möglich ist.

So, wie Sie diesen Löffel verbiegen, können Sie Ihrem ganzen Leben eine neue Wendung geben – wenn Sie Ihre Energie bündeln auf das, was Sie wirklich wollen und erkennen, wann der richtige Moment, das Fenster der Möglichkeiten, gekommen ist.

DIE PROPHEZEIUNG DER SCHMETTERLINGE (AUFLÖSUNG)

Die sieben Schmetterlinge repräsentieren unsere sieben Chakren. Die sieben Chakren stehen jeweils für einen bestimmten Bereich des Körpers, aber auch einen bestimmten Bereich unseres Daseins. Sie müssen nicht an die Chakrenlehre glauben, um aus diesem kleinen Visualisierungs-Experiment Nutzen zu ziehen. Die Vorstellung von Chakren liefert Ihrem Unterbewusstsein Bilder, mit denen es etwas anfangen kann. Farben haben jeweils eine bestimmte Wellenlänge und dass unterschiedliche Wellenlängen unterschiedliche Effekte haben, ist seit den Erkenntnissen des Mediziners Niels Finsen, der 1903 für seine Forschung den Nobelpreis erhielt, unbestritten und wurde seitdem zahlreich in der Forschung belegt.

Die Farben der beiden Schmetterlinge, die sich am heilenden Wasser laben, zeigen Ihnen die beiden Lebensbereiche oder auch physischen Bereiche Ihres Körpers an, in denen noch eine gewisse Spannung herrscht und um die Sie sich in der nächsten Zeit kümmern sollten:

ROT Das Wurzel- oder Grundchakra am unteren Ende des Rückgrats ist assoziiert mit Sicherheit, Vertrauen und dem Überleben. Für die meisten Menschen dreht es sich dabei heute um ihr Zuhause, um Geldangelegenheiten und ihren Beruf. Störungen in diesen Bereichen zeigen sich in Ängsten und Unsicherheit. Wenn sich das Wurzelchakra wieder in Balance befindet, empfindet man Mut, Lebendigkeit und Selbstvertrauen.

ORANGE Orange steht für das Bauch- oder auch Sakralchakra, das im Unterbauch angesiedelt ist. Dieses Chakra verbindet man traditionell mit Nahrung und Sexualität. Störungen in diesem Chakra äußern sich als Kommunikationsprobleme, Schwierigkeiten, auf die Bedürfnisse des Körpers zu hören, aber auch in Süchten und exzessiven Verhaltensweisen, wie etwa übermäßigem Süßigkeitenkonsum. Ein ausgeglichenes Bauchchakra zeigt sich als Glücksgefühl, Vertrauen und kluges Umgehen mit Ressourcen, sowohl der des eigenen Körpers als auch finanzieller Ressourcen oder Ressourcen in Form eines sozialen Netzwerks aus Familie und Freunden.

GELB Das Solarplexus-Chakra befindet sich unterhalb des Brustbeins. Es steht für Gefühle von Macht, Kontrolle und Freiheit. Störungen äußern sich als Stress, Ängste und Mangel an Selbstvertrauen. Ist dieses Chakra ausbalanciert, fühlen Sie sich wohl, wie und wo Sie sind, und wissen genau, was Sie wollen. Sie fühlen große Klarheit und ein ausgeprägtes Selbstwertgefühl.

GRÜN Das Herzchakra ist assoziiert mit Beziehungen und Liebe. Dabei geht es um unsere Familie, um unsere Partner und Kinder, aber auch um enge Freunde. Ein Herzchakra im Lot äußert sich in Gefühlen von Kontrolle über das eigene Leben, Liebe und Ausgeglichenheit.

HIMMELBLAU Das Halschakra steht dafür, sich und seine Bedürfnisse ausdrücken zu können, und für die Fähigkeit, empfangen zu können. Es ist verknüpft mit Weisheit, Bestimmtheit und Gesundheit. Auch künstlerischer Ausdruck fällt unter dieses Chakra. Ein ausbalanciertes Halschakra äußert sich in einem Gefühl von Fülle und Zufriedenheit.

INDIGO Das Stirnchakra oder »Dritte Auge« ist verknüpft mit Spiritualität, dem Unbewussten und unserem inneren Wesen, aber auch mit übersinnlichen Wahrnehmungen. Hier wohnen die Intuition und Empathie. Bei Störungen in diesem Bereich verhalten wir uns wie ferngesteuert und unsere Motivationen bleiben für uns im Dunkeln. Menschen, deren Stirnchakra sich im Einklang befindet, sind intuitiv und einfühlsam.

VIOLETT Das Scheitelchakra steht für Gefühle von Einheit und Trennung. Es ist verbunden mit unserem Verhältnis zum biologischen Vater, das unser Verhältnis zu Autoritäten bestimmt. Wer in seinem Leben eine Trennung von seinem biologischen Vater erlebt, fühlt sich nach der Chakrenlehre oft allein, ausgeschlossen und hat es schwer, Kontakte zu knüpfen. Wenn Sie Ihr Scheitelchakra in Balance gebracht haben, äußert sich das in empfundener Schönheit, Inspiration und Kreativität.

Kapitel 5

Warum sich Mythen im Kollektivbewusstsein halten und wie Sie Suggestionen am Türsteher »Bewusstsein« vorbei ins Unterbewusstsein schleusen

Die Menschen glauben viel leichter eine Lüge,
die sie schon hundert Mal gehört haben,
als eine Wahrheit,
die ihnen völlig neu ist.

Alfred Polgar

Unsere Wirklichkeit – das, was wir als »die Welt« um uns herum erleben – wird in jedem Augenblick neu modelliert. Alles, was wir tun, und alles, was uns begegnet, jede Person, jedes Gespräch, jedes Werbeplakat, jede Fernsehsendung – und so weiter – hinterlässt Spuren in unserer Realität, so unbedeutend diese Dinge auf den ersten Blick erscheinen mögen. Diese Spuren sind erst einmal flüchtig. Lesen wir einen Spruch, hören wir eine Meinung, treffen wir eine Person oder hören wir im Radio einen Song nur jeweils ein einziges Mal, verblassen die Erinnerungen sehr schnell wieder. Etwas, das jedoch wiederholt wird, findet irgendwann Eingang in unser Unterbewusstsein, so unbedeutend das Ganze für uns auf den ersten Blick erscheinen mag. Dinge, die uns wiederholt begegnen, erleben wir als relevant. Bevor Massenmedien erfunden wurden und uns mit allem Möglichen berieseln konnten, was erst mal nichts mit uns zu tun hat, waren Dinge, die uns häufiger begegneten, auch tatsächlich meist relevant: Sie befanden sich in unserem direkten Lebensumfeld. Wiederholung hat eine suggestive Kraft, gegen die man sich nur schwer wehren kann.

Die Legende vom eisenreichen Spinat – und was diese mit Hypnose zu tun hat

Vielleicht gehören Sie auch noch zu denjenigen, denen man als Kindern gepredigt hat, sie müssten viel Spinat essen, weil der so viel Eisen enthalte. Mehr Eisen als Spinat hat höchstens ein Eisenträger, so klang das immer. Dabei hat Spinat überhaupt nicht viel Eisen. 2,6 Milligramm auf 100 Gramm. Das ist im Vergleich mit anderen Gemüsesorten ziemlich wenig und wegen der gleichzeitig enthaltenen Oxalsäure ist das Eisen im Spinat für unseren Körper sogar noch extrem schwer verwertbar.

Die hartnäckige Legende vom hohen Eisengehalt geht offenbar auf den Fehler eines Lebensmittelchemikers in den Neunzigerjahren des 19. Jahrhunderts zurück. Der hatte versehentlich das Komma nach rechts versetzt und damit den Eisengehalt des Spinats mal eben verzehnfacht. Der Fehler wurde viele Jahre nicht bemerkt und darum auch nicht korrigiert. Stattdessen galt Spinat uneingeschränkt als Eisenspender. In den USA erfand man die Comicfigur Popeye, einen Seemann, der durch einen enormen Spinatkonsum zum muskelbepackten Kraftpaket wurde. Immer und immer wieder wurde die Information »Spinat ist eisenreich« weitergegeben, bis wirklich jeder von der Richtigkeit überzeugt war. Millionen Kinder weltweit wurden zum Essen von Spinat animiert und weil die nicht immer begeistert waren, landeten jede Menge grünzeugbeladene Kinderteller an Wänden oder auf Fußböden.

Seit ein paar Jahrzehnten weiß man nun, dass Spinat zwar gesund ist, aber nicht wegen seines Eisengehaltes. Das heißt, *eigentlich* weiß *man* das. Dennoch sind auch heute noch viele Menschen felsenfest davon überzeugt, dass Spinat ein eisenreiches Gemüse ist. Ganz einfach, weil sie es so oft gehört haben, dass die Erinnerung an die Fehlinformation »Spinat ist eisenreich« fest in ihrem Gehirn verankert ist, auch wenn sie nun schon ein paarmal in der Apothekenzeitung oder in einem Kochbuch neueren Datums gelesen haben, dass der Eisenreichtum eine Mär ist. Die neuronalen Netzwerke, mit denen die Fehlinformation gespeichert ist, sind so stabil, dass die Korrektur kaum eine Chance hat. Man könnte das ändern, indem man die Spinateisengläubigen beispielsweise täglich hudertmal schreiben ließe »Spinat ist eisenarm« oder indem man unter Hypnose den Glaubenssatz »Spinat ist eisenreich« durch die korrekte Information »Spinat enthält lächerliche 2,6 Milligramm Eisen« ersetzt. Das macht natürlich niemand, weil die Sache so wichtig nun auch nicht ist. Dadurch, dass ein paar Leute glauben, Spinat sei eisenreich, wird niemand langfristig unglücklich – es werden höchstens noch ein paar Kinderteller mit dem grünen Zeug auf dem Fußboden landen.

Die Suggestionen der Kindheit – Begleiter auf Lebenszeit

Andere Dinge, denen wir wiederholt begegnen, sind da schon folgenreicher. Wer zum Beispiel als Kind eine Mathearbeit verbockt hat und daraufhin von Eltern oder Lehrern immer wieder attestiert bekommt, er mache in seinem Leben besser nichts, bei dem man rechnen muss, glaubt irgendwann selber daran. Und er probiert es auch erst gar nicht mehr – ist ja eh zum Scheitern verurteilt. Daraus kann eine regelrechte Zahlenphobie erwachsen. Besser in Mathe wird das betroffene Kind damit eher nicht, im Gegenteil. Die Chance, aus einem Fehler zu lernen, wird vertan, ein Status quo zementiert. Die

Prophezeiung erfüllt sich und wird zu einem Glaubenssatz, der einem Fluch gleicht: »Ich bin eine Matheniete.« Dabei hatte die einst versaute Mathearbeit vielleicht nur etwas damit zu tun, dass das Kind in der Nacht zuvor schlecht geschlafen hatte. Wäre es von der wiederkehrenden Suggestion – und um nichts anderes handelt es sich hier – »Du bist eine Matheniete« verschont geblieben, wäre es später vielleicht sogar Physiker oder Bauingenieur geworden.

Am besten wäre es in so einem Fall natürlich, wenn man das Kind gezielt förderte. Das bedeutet nicht, dass man ihm nun einfach das Gegenteil predigt, also »Du bist ein Mathegenie«. Da käme sich das Kind nur veräppelt vor – zu Recht. Richtig wäre es, es zum Üben zu ermuntern und dabei nicht zu hohe Erwartungen zu haben. Stattdessen geht es darum, schon kleine Fortschritte anzuerkennen und das Kind mit positiven Sätzen wie »Du kannst das« psychisch zu stärken. Leider will heute niemand mehr wahrhaben, dass Dinge Zeit brauchen. Wir leben in der Ära von Castingshows, in denen über Nacht Menschen in die Sphäre der Stars katapultiert werden. Dort »verbrennen« viele, weil sie nicht die Chance bekommen, ihr Talent zum Können zu entwickeln. Wahr ist, dass man auch ganz ohne angeborenes Talent – zum Beispiel für Mathematik – vieles trotzdem erreichen kann. Dann nämlich, wenn man dranbleibt, es in Ruhe macht und einen Schritt nach dem anderen tut.

Viele Probleme, die Erwachsene haben, rühren aus Erlebnissen in der Kindheit her. Überhaupt hat die Einschätzung, als was für ein Mensch wir uns als Erwachsener fühlen, viel damit zu tun, was wir als Kind oder Jugendlicher zu hören bekommen haben. Wenn Sie selbst Kinder haben, sollten Sie sich gut überlegen, welche Suggestionen Sie Ihrem Nachwuchs mit auf den Weg geben.

Übrigens können auch Leute, die als Kind von ihren Eltern viel Lob bekommen haben, unter Spätfolgen ihrer Erziehung leiden. Menschen, die nämlich unter sehr autoritären und fordernden Eltern gelitten haben, möchten ihren eigenen Kindern das oft ersparen – und schlagen ins andere Extrem um. Sie loben dann ihre Kinder schon für geringste Kleinigkeiten in den Himmel – da ist das eilig hingekritzelte Bild gleich ein »Meisterwerk«. Wer aber den Praemium Imperiale, die höchste Kunstauszeichnung der Welt, bereits für seine Drei-Minuten-Bilder bekommt und wem niemand vermittelt, dass Malen auch ganz ohne schnelles Ergebnis Spaß macht, wird nie ein Dreißig-Minuten-Bild oder gar ein Drei-Wochen-Bild malen. Außerdem merken Kinder ab einem gewissen Alter, wenn ein Lob unangemessen ist, weil sie genau wissen, womit sie sich Mühe gegeben haben und womit nicht. Sie bekommen irgendwann das Gefühl, dass es den Eltern ohnehin egal ist, was sie machen. Oder, schlimmer noch, dass sie so unfähig sind, dass die Eltern ihnen nichts mehr zutrauen. Oder, am allerschlimmsten, dass sie nicht geliebt werden, weil es den Eltern offenbar so schnuppe ist, was sie tun. Wenn dem Kind dann noch alles, was irgendwie Anstrengung erfordert, abgenommen wird, um es nicht zu frustrieren, wird der Schaden noch vergrößert, weil man ihm damit jede Möglichkeit auf Erfolgserlebnisse nimmt. Das Resultat ist – paradoxerweise genau wie bei extrem autoritären Eltern, denen die Kinder nichts recht machen können – geringes Selbstvertrauen.

Die negative Programmierung hört aber nicht mit der Erziehung auf. Dumme Sprüche, die fast jeder als Teenager zu hören bekommt, können sensible Naturen das ganze Leben verfolgen. Und das, was uns in der Gesellschaft und den Medien ständig begegnet, hat ebenso gravierende Auswirkungen. Es ist zum Beispiel nachgewiesen, dass Frauen, die viel in Frauenzeitschriften lesen, sich unbewusst mit den Models dort vergleichen, die alle mehr oder weniger dem gleichen Typ entsprechen: sehr groß, sehr schlank, sehr jung. Dass fast nur solche Models abgebildet werden, ist ebenfalls eine Art der ständigen Berieselung. Die unausgesprochene Botschaft, die zugrunde liegende Suggestion, lautet: »Das hier ist schön – und nichts anderes (denn sonst würden wir das ja zeigen).« Entsprechend fühlen sich die Leserinnen nach der Lektüre unattraktiver als zuvor. Dass die Models zunächst von Profis gestylt und die Fotos später digital bearbeitet werden, ist den meisten zwar sehr wohl bekannt, aber diese intellektuelle Erkenntnis kommt nicht gegen die Macht der Bilder an. Denn die sind von Werbepsychologen so inszeniert, dass sie die Emotionen und damit direkt das Unbewusste ansprechen. Das, was wir sehen, empfinden wir als wahrhaftig. Einer Solano-Studie der Uni Mainz zufolge leiden regelmäßige Leserinnen von Frauen- oder Fitnesszeitschriften häufiger unter Magersucht und Bulimie. Eine ziemlich ernste Folge der leichten Lektüre.

Überall lauern sie also, die negativen Selbstsuggestionen, und sie sind so alltäglich, dass sie uns gar nicht mehr auffallen. Ich bin zu dick, ich bin zu dünn, ich bin zu dumm, keiner mag mich, ich halte nichts durch, ich bin Grobmotoriker, ich kann nicht einparken, ich bin unattraktiv, das schaffe ich nie, ich bin zu alt, ich bin zu ungeschickt – die Liste lässt sich beliebig fortsetzen.

Fast niemand ist frei von solchen Selbstanklagen. Vermutlich haben auch Sie so einen fiesen Gedanken, der besonders gern zuschlägt, wenn Sie sich gerade ohnehin schlecht fühlen. Dann wirbeln die negativen Gedanken in einer Endlosschleife im Kopf und tun ihr zerstörerisches Werk. Zeit, dass damit Schluss ist. Zeit, Ihre Psyche nur noch mit Suggestionen zu füttern, die ihr guttun.

Ruhe im Kopf: Der wichtige erste Schritt auf dem Weg zur gelungenen Selbsthypnose

Das ist allerdings oft leichter beschlossen, als umgesetzt. Wenn man von Kindesbeinen an innerlich mit sich selbst geschimpft hat, ist das eine solide antrainierte schlechte Angewohnheit. Wenn wir uns nun permanent sagen: »Ich bin geschickt« oder »Das kann ich« – wie man Suggestionen so formuliert, dass das Unterbewusstsein sie leicht »verdaut«, dazu kommen wir noch –, nehmen wir uns selbst die neue »Wahrheit« nicht ab. Denken Sie an die Legende vom Eisen im Spinat. Dafür sind die negativen Gedankengewohnheiten zu eingefahren, die neuronalen Pfade im Gehirn sind sozusagen gut ausgebaute Autobahnen, die automatisch angesteuert werden. Darum zeige ich Ihnen jetzt verschiedene Möglichkeiten, wie Sie verhindern, dass Ihre Gedanken automatisch die alte Route einschlagen. Um das effektiv zu tun, müssen Sie zunächst einmal lernen, an gar nichts zu denken – dazu gibt es zum Glück wunderbare kleine Rituale, die schon für sich genommen guttun. Wenn Sie zum ersten Mal die erholsame Stille im Kopf erleben, ist das schon an sich wie ein kleiner Urlaub vom stressigen Alltag. Die neuronalen Netzwerke sind zwar noch da, aber sie werden vorübergehend einfach nicht benutzt – Sie können ausruhen.

ICH DENKE, ALSO BIN ICH – STIMMT'S?

Vielleicht gehören Sie zu den Menschen, die einen gewissen Widerwillen spüren, wenn sie die Gedanken anhalten sollen. Gerade sogenannte Kopfarbeiter wie Wissenschaftler, Autoren, Künstler, Planer oder Juristen sind der Ansicht, dass ihre Gedanken sie ausmachen. Viele Leute haben da Descartes' berühmtes Motto *Cogito ergo sum* – »Ich denke, also bin ich« – im Sinn.

Aber ist das im Alltag wirklich so?

In der Zeitung »Die Zeit« gibt es immer eine Rubrik, die »Stimmt's?« heißt und in der Alltagsmythen auf ihren Wahrheitsgehalt geprüft werden. Nach diesem Muster mache ich in meinen Selbsthypnose-Seminaren gerne ein kleines Experiment:

Die Teilnehmer sollen fünf Minuten lang jeden einzelnen Gedanken aussprechen, der ihnen in den Sinn kommt. Jeden. Ausnahmslos. Da kommen dann so Sachen raus wie »Oh, das sieht aber grau aus da draußen« oder »Mich juckt es am Zeh, wie blöd, dass ich mich durch den Schuh nicht kratzen kann« oder »Langsam werde ich aber hungrig«.

Wirklich substanzielle Gedanken werden bei dieser Übung fast nie zutage gefördert. Was natürlich nicht heißt, dass wir dazu nicht befähigt wären, ganz im Gegenteil. Gedanken, die uns weiterbringen, erfordern aber Konzentration. In mindestens 90 Prozent der Zeit denken wir Dinge, auf die wir getrost eine Weile verzichten können. Das sind zum Beispiel völlige Banalitäten wie Gedanken über das Wetter oder eine Fluse auf dem Pulli. Dazu kommen Sorgen und Grübeleien über Angelegenheiten, die man im Augenblick nicht ändern kann. Ärger über Kollegen, Familienmitglieder, Nachbarn und Chefs. Spekulationen oder Urteile über andere Menschen. Der Einkaufszettel für morgen. Gedanken zu Körperempfindungen wie Müdigkeit, Schwitzen oder Frieren. Und so weiter und so fort. Der ganz alltägliche Gedankenstrom eben. Die meisten dieser Gedanken haben wir nicht eingeladen. Sie kommen einfach in unser Bewusstsein geweht, wie Blätter im Herbst durch ein offenes Fenster. Aber statt die Blätter zu ignorieren oder zusammenzukehren und sich dann wieder Wichtigerem zu widmen, nehmen wir sie einzeln in die Hand und lassen unsere Aufmerksamkeit im wahrsten Sinne fangen.

Dieses Experiment führt den Teilnehmern schnell vor Augen, dass es vielleicht tatsächlich mal ganz guttäte, eine

Pause von diesem ständigen Geschwätz im Kopf zu haben. So zerstreut und unzusammenhängend all diese Gedankenfetzen sind, so unruhig fühlen wir uns auch. Stattdessen lohnt es sich, das Zepter in die Hand zu nehmen und in Zukunft nur die Gedanken hereinzulassen, die wir selbst bestimmen. Das Anhalten des Gedankenstroms ist dafür eine wichtige Grundvoraussetzung.

Wenn Sie für Ruhe in Ihrem Kopf sorgen können, haben neue, positive Suggestionen die Möglichkeit, schnell Wurzeln in Ihrem Unterbewusstsein zu schlagen und die alten, negativen Glaubenssätze zügig zu überschreiben. Stellen Sie sich einmal eine laute Bahnhofshalle vor, in der ständig scheppernde Durchsagen gemacht werden. Auf den Gleisen fahren Züge ein und aus. Reisende ziehen geräuschvoll Rollkoffer hinter sich her, von draußen hört man Taxis hupen und Busse vorbeibrummen und noch jede Menge anderer Lärm erfüllt die Luft. Stellen Sie sich dann vor, jemand am anderen Ende der Bahnhofshalle sagt etwas zu Ihnen. Sosehr Sie sich auch anstrengen, Sie haben keine Chance zu verstehen, was diese Person Ihnen sagen möchte. Ihre ständigen Gedanken – nicht nur die negativen Selbstanklagen, sondern auch die ganz alltäglichen Überlegungen, die sich um den nächsten Einkauf, das Abendessen, den Job, den Straßenverkehr oder das Wetter drehen – sind wie die wimmelnde, laute Bahnhofshalle. Sie übertönen alles andere. Die Person, die etwas zu Ihnen sagen möchte, will Ihnen vielleicht ein Kompliment machen, eine positive Suggestion vermitteln. Aber mit dem Krach im Kopf haben Sie keine Chance, sie zu hören. Also, sorgen Sie für Ruhe.

Der wichtige erste Schritt einer jeden Hypnose, auch der Selbsthypnose, ist die Entspannung. Zunächst die im Kopf, darauf folgt dann automatisch die körperliche Entspannung.

Vielleicht haben Sie schon mal eine Show von mir oder einem anderen Hypnotiseur besucht. Vielleicht haben Sie sich gefragt, warum ein Hypnotiseur die Zuschauer, die er auf die Bühne bittet, bei vielen Nummern erst einmal auffordert, die Augen zu schließen und sich auf ihren Atem zu konzentrieren. Das klingt banal. In gewisser Weise ist es das auch. Aber gleichzeitig enorm wirkungsvoll. Wenn wir die Augen schließen, wechseln unsere Gehirnwellen automatisch vom Aktivzustand der Betawellen in einen entspannten Alphawellenzustand – zumindest, wenn wir das nicht mit stressigen Gedanken verhindern. Gegen die stressigen Gedanken wirkt nun aber die Konzentration auf den Atem. Jemand, der bewusst seinem Atem folgt, kann sich keine Sorgen machen um Lampenfieber und darum, ob sein Auto im Halteverbot steht. Jemand, der sich auf seinen Atem konzentriert, denkt an seinen Atem, an sonst nichts. Denkt er doch an etwas anderes, ist er nicht auf seinen Atem konzentriert, so einfach ist das. Probieren Sie es einmal aus. Schließen Sie die Augen.

DER ATEMZIRKEL

Atme ruhig und entspannt.
Ein und aus.
Ein und aus.
Stell dir nun vor, wie du durch die Nase positive Energie einatmest.
Die positive Energie fließt hinab in die Vorderseite deines Körpers.
Fließt dann auf der Vorderseite deines Körpers nach unten.
Erfüllt deinen Brustkorb.
Deine Arme.
Deinen Bauch.
Deine Beine.
Bis in deine Fußspitzen fühlst du die positive Energie.

Beim Ausatmen steigt die positive Energie auf der Rückseite deines Körpers nach oben.
Über die Fersen in die Waden.
Die Rückseite der Oberschenkel.
Den Po.
Den Rücken hinauf.
Bis die positive Energie deinen Kopf ausfüllt.
Atme nun wieder ein.
…

Und, haben Sie etwas Negatives gedacht? Haben Sie überhaupt an etwas gedacht, außer daran, wie Ihr Atem Sie durchströmt? Selbst wenn Sie diese einfachste aller Meditationen – denn darum handelt es sich hier – nur eine einzige Minute durchführen, werden Sie merken, wie sich Ihr Inneres beruhigt und auch Ihre Muskeln weicher werden. Sie können diese kleine Meditation je nach Lust und zur Verfügung stehender Zeit beliebig erweitern, indem Sie zum Beispiel Ihren Atem in alle Ihre Körperteile schicken. Sie schaffen so einen entspannten und angenehmen inneren Raum, in den Sie nun, wenn Sie wollten, eine neue Suggestion einführen könnten. Die Meditation ist der Selbsthypnose sehr nah. Der Unterschied zwischen einer Selbsthypnose und einer Meditation sind die Suggestionen, die in der Selbsthypnose zum Einsatz kommen. In der Meditation geht es darum, sich leer zu machen. In der Hypnose wird dieser leere Zustand genutzt, um den Fokus zu verschieben, hin zu einer wünschenswerten Änderung im Leben. Wer sich schon mit Meditation beschäftigt hat, wird sehr viele Parallelen finden und es sehr einfach haben, sie zur Selbsthypnose aufzubauen.

Der harte Türsteher »Bewusstsein« und wie man an ihm vorbeikommt

Die wenigsten halten allerdings so eine Atemmeditation auf Anhieb länger als ein, zwei Minuten durch. Wir sind es meist nicht mehr gewohnt, still zu sitzen. Schnell bricht sich die Unruhe Bahn. Dagegen hilft nur, es immer wieder zu probieren. Dieses Training hat auch noch einen weiteren Effekt, der sehr wichtig für den späteren Erfolg der unter Hypnose gesetzten Suggestionen ist.

Ich hatte ja schon erwähnt, wie wichtig es ist, an seine Suggestionen zu glauben. Also darauf zu vertrauen, dass das, was in der Suggestion behauptet wird, tatsächlich eintreffen wird. Wenn wir eine simple Übung wie den Atemzirkel machen, passiert dabei etwas ungeheuer Spannendes, das den Boden für die späteren Suggestionen bereitet: Eine solch simple Übung stärkt nämlich unseren Glauben. Nicht den Glauben an Gott oder irgendeine andere Größe, sondern den Glauben daran, dass wir selbst es sind, die hier bestimmen. Und damit auch den Glauben an eventuell gesetzte Suggestionen. Dieser Glaube ist sehr wichtig für den letztlichen Erfolg der Hypnose.

Das Ganze funktioniert wie folgt:

Der Körper atmet ein und atmet aus, das ist, wie wir alle wissen, ein automatischer und völlig normaler körperlicher Prozess. Nun ist da aber unser bewusster, kritischer Geist, der sich diese neue Sache mit der Hypnose mal angucken will. Wenn wir noch nie Hypnose erlebt haben, ist er umso skeptischer. »Na, ob das was ist? Ist das nicht eine esoterische Spinnerei? Machen das nicht nur völlig entrückte Hippies, die auch rechtsdrehendes Wasser bei Neumond trinken?«, fragt unser Bewusstsein. Das ist auch erst mal gut so, unser Bewusstsein will uns davor bewahren, irgendeinem Unsinn aufzusitzen. Ein ganz natürlicher und gesunder Schutzmechanismus.

Damit Hypnose überhaupt Erfolg haben kann, müssen wir unser kritisches Bewusstsein nun zunächst einmal zumindest davon überzeugen, dass das, was wir da tun, sinnvoll ist und keine Zeitverschwendung. Wenn wir das nicht schaffen, wird unser Bewusstsein nämlich alles daransetzen, die Hypnose zu verhindern, weil es die Kontrolle behalten möchte.

Schauen wir uns darum mal an, was wir im Atemzirkel sagen.

Wir sagen: Ich atme und fühle positive Energie, die meinen Brustkorb erfüllt. Atmen ist nun aber *immer* positive Energie, ohne zu atmen, würden wir schließlich sterben. Der Atem fließt auch immer erst in unseren Brustkorb, weil sich dort unsere Lungen befinden. Dort geht der aufgenommene Sauerstoff in unser Blut über und erfüllt so den restlichen Körper bis in die Zehenspitzen. Dann fließt das Blut über die Venen wieder zurück. Es geschieht also genau das, was wir im Atemzirkel beschreiben. Wir formulieren es zwar auf etwas poetischere Weise, als es in einem Biologiebuch stehen würde, aber wir beschreiben zweifellos einen tatsächlich gerade stattfindenden Prozess.

Das Ganze guckt sich also unser Bewusstsein kritisch an, dazu ist es da. Es prüft, ob es irgendetwas Unglaubwürdiges finden kann. Aber gegen »Ich atme und fühle positive Energie« kann es nichts sagen, das ist nun mal die Wahrheit. Das Bewusstsein stellt also fest: »Das stimmt, was da gesagt wird. Diese Hypnose-Geschichte scheint ja ganz vertrauenswürdig zu sein.« Beim nächsten Mal, wenn Sie eine hypnotische Übung machen, wird Ihr Bewusstsein anfangs vermutlich noch einmal kontrollieren, ob alles mit rechten Dingen zugeht. Stellt es dann erneut fest, dass das, was gesagt wird, der Wahrheit entspricht, steigt das Wohlwollen gegenüber der Hypnose. Je häufiger Sie üben, umso weniger kritisch wird Ihr Bewusstsein und umso weniger wird es Ihrem Hypnoseerfolg Steine in den Weg legen, indem es sich zum Beispiel wehrt.

Auch hier wirkt die Macht der Wiederholung.

Bestimmt erinnern Sie sich noch an die Suggestionsübung aus Kapitel zwei, in der Sie sich warme Hände erdacht haben. Dort haben Sie noch zusätzlich mit einem Trick gearbeitet und die Hände tatsächlich an eine Wärmequelle gehalten, während Sie die Suggestionen »wärmer und wärmer« gedacht oder gesagt haben. So hat das Unterbewusstsein sofort gelernt, was es bei der Suggestion tun soll. Aber auch das kritische Bewusstsein hat etwas gelernt: dass die Hände wirklich wärmer werden, wenn Sie »wärmer und wärmer« sagen. Das, was Sie da behaupten, tritt also tatsächlich ein, der Sache darf in Zukunft vertraut werden.

Hat das Bewusstsein einmal gelernt, dass Hypnose etwas Gutes ist, stellt es allem, was später folgt, einen Passierschein ins Unterbewusstsein aus mit dem offiziellen Stempel »Glaubwürdig, darf rein« – und danach guckt es dann nicht mehr so genau hin. Wenn wir unser Bewusstsein erst mal mit möglichst einfachen Übungen und Suggestionen davon überzeugt haben, dass Hypnose eine vertrauenswürdige Technik ist, können wir uns immer verwegenere Suggestionen setzen, die dann schnell ins Unterbewusstsein Eingang finden.

Sie können sich das vorstellen wie einen Türsteher, der für seine harte Einlasspolitik bekannt ist. Erst einmal schaut er sich jeden Gast extrem kritisch an. Wer nicht auf Anhieb die Einlasskriterien erfüllt, wird nicht reingelassen. Ist man aber erst einmal Stammgast, wird man eingelassen, selbst wenn das momentane Outfit vielleicht nicht dem Dresscode des Clubs entspricht. Man hat mit dem Vertrauen, ein zuverlässiger Gast zu sein, der keinen Ärger macht, auch Freiheiten gewonnen. Man darf eines Tages sogar Freunde mitbringen, die unter normalen Umständen niemals eingelassen worden wären, weil sie solche Paradiesvögel sind.

Genau darum beginnt Hypnose fast immer mit der Fokussierung auf den Atem und auf andere automatisch ablaufende

Prozesse. Nehmen wir mal an, Sie haben Einschlafprobleme. Wenn Sie gleich mit einer für Sie gewagten Suggestion anfangen würden im Stil von »Ich schlafe nach dem Hinlegen in zwei Sekunden ein«, würde Ihr Bewusstsein – zu Recht – protestieren: »Verarschen kann ich mich selber, so ein Quatsch! Das hat doch noch nie funktioniert, wieso sollte es das jetzt tun?« Nachdem Sie aber zunächst dem Bewusstsein klargemacht haben, dass das, was Sie da machen, absolut der Wahrheit entspricht, wird so eine Suggestion ganz anders an- und viel tiefer aufgenommen. Merken Sie sich das einfach schon einmal. Es wird wichtig, wenn wir zur Arbeit mit den Suggestionen kommen.

Das Schöne ist, dass man für eine kleine Übung wie den Atemzirkel keine Hilfsmittel braucht und auch keinen besonderen Ort. Es muss nicht mal unbedingt leise sein – das ist zwar von Vorteil und erhöht den Effekt, ist aber eben nicht zwingend notwendig. Sie lässt sich also wirklich überall durchführen. Wenn Sie auf das Schließen der Augen verzichten, können Sie die Übung sogar am Arbeitsplatz oder in der Uni im Hörsaal oder Seminarraum machen. Immer wenn Sie das Gefühl haben, dass Ihnen alles über den Kopf wächst, konzentrieren Sie sich einfach auf Ihren Atem. Oder wenn Ihre Gedanken sich verselbstständigt haben – weil Sie sich zum Beispiel nachts um drei in irgendeiner Sorge verbissen haben – und Sie am Einschlafen hindern. Ihren Atem haben Sie immer dabei – lassen Sie sich von ihm mitnehmen.

Kapitel 6

Ich bin dann mal weg: Wie Sie mit Ihren Augen, Ihrer Stimme und einer lustigen Turnübung die Stopp-Taste im Gedankenkarussell drücken — und das Glück einladen

Alles, was fasziniert und die Aufmerksamkeit eines Menschen festhält oder absorbiert,
könnte als hypnotisch bezeichnet werden.
                              Milton H. Erickson/Ernest L. Rossi

Wenn Sie das Wort »Hypnose« lesen, denken Sie vielleicht als Erstes an einen geheimnisvollen, schwarz gekleideten Mann, der sein Gegenüber bittet, ihm tief in die Augen zu schauen. Oder Sie sehen im Geiste jemanden, der ein Pendel schwingt und denjenigen, den er hypnotisieren möchte, auffordert, dem Pendel mit den Augen zu folgen.

Beides sind natürlich Klischees. Aber, wie das so ist mit Klischees, ist in ihnen immer auch eine Wahrheit enthalten. Es handelt sich tatsächlich um funktionierende Methoden, die man anwenden kann, um eine Hypnose vorzubereiten. Das hat mehrere praktische Gründe. Zum einen ist der Konzentrationseffekt in diesen beiden Fällen genauso gegeben wie beim Atemzirkel von vorhin. Man konzentriert sich lediglich statt auf den Atem auf die Augenbewegung. Aber es gibt darüber hinaus noch eine sehr interessante Auswirkung: Die Augenbewegung ist nämlich eng gekoppelt an unsere gedankliche Bewegung.

Gedanken, mit dem Blick fixiert

Probieren Sie es einmal aus: Fixieren Sie einen Punkt an der Wand Ihnen gegenüber (oder, wenn Sie draußen im Garten sitzen, suchen Sie sich einen Punkt, der sich nicht plötzlich bewegt – die Nachbarskatze ist darum nicht so gut geeignet). Machen Sie das eine Weile. Starren Sie den Punkt an, weiter nichts. Nun versuchen Sie, an etwas anderes zu denken. Ja, versuchen Sie, den Punkt weiter bewusst zu fixieren und gleichzeitig dem Fluss Ihrer Gedanken zu folgen.

Und? Haben Sie es gemerkt? Genau, da ist kein Fluss der Gedanken! Ihr Gedankenstrom steht auf »Stopp«, er ist mit dem Blick angehalten. Das Gleiche passiert übrigens beim wachsenden Finger aus Kapitel eins. Wenn Sie sich voll auf Ihren Finger konzentrieren und dabei Ihren Blick darauf festheften, kommt alles andere zur Ruhe.

Dieser Effekt ist seit Jahrtausenden bekannt. Im Buddhismus nutzt man sogenannte Mandalas, um die Gedanken anzuhalten. Mandalas sind wunderschöne, um einen Mittelpunkt angeordnete Bilder. Meistens sind diese Bilder abstrakt aussehende Muster, aber sie zeigen auch schon einmal Motive hinduistischer Gottheiten. Die Mandalas symbolisieren ursprünglich religiöse Zusammenhänge, werden aber im Buddhismus als Meditationshilfe verwendet. Um schnell und effektiv in einen meditativen Zustand zu sinken, selbst wenn rundherum Lärm und Unruhe herrschen, setzt man sich dem Mandala in aufrechter und bequemer Körperhaltung gegenüber und schaut in dessen Mitte. Der Effekt ist der gleiche wie bei dem fixierten Punkt an der Wand – nur ist das Gegenüber hübscher gestaltet. Je öfter man ein bestimmtes Mandala zur Entspannung benutzt, umso besser und schneller klappt es übrigens. Das Unterbewusstsein lernt nämlich, dass das Mandala mit der Entspannung verknüpft ist, und beeilt sich, den meditativen

Zustand herzustellen, sobald die Augen den Blick darauf richten.

Sorge dich nicht, summe!

Von den Buddhisten kann man sich in puncto Gedankenstopp noch einiges mehr abschauen. Zum Beispiel nutzt man dort Summen zur Meditation. Nicht das Summen eines Liedes, sondern das monotone Summen auf einem Ton. Dabei ist dieses Summen meistens eingebunden in bestimmte, mehr oder weniger komplizierte Rituale. Einen Effekt der Entspannung hat es aber auch bereits ohne viel Drumherum. Das können Sie ebenfalls ganz einfach testen. Suchen Sie sich einen Ton, den Sie als angenehm für Ihre Stimmlage empfinden – tendenziell funktionieren etwas tiefere Töne besser als sehr hohe, weil sie offener sind und mehr Resonanz haben. Summen Sie diesen Ton. Für ein bisschen Abwechslung können Sie langsam auf und ab modulieren, das spielt keine Rolle, solange es Ihnen angenehm ist.

Der klassisch meditative Summ-Laut ist natürlich das Om, dem in Indien besondere Kräfte zugeschrieben werden. Es gibt sogar eine sogenannte Om-Heilung. Es heißt, das Om versetze den Körper in heilsame Schwingungen. Tatsächlich hat das »Om« offensichtlich einen größeren Entspannungseffekt auf das Gehirn als beispielsweise das Summen eines »Ssss«-Lautes. In einer – natürlich – indischen Studie hat man herausgefunden, dass das Summen des Om-Lautes den Vagusnerv stimuliert, der mit dem Sympathikus das vegetative Nervensystem bildet. Der Vagusnerv ist der nachtaktive Gegenspieler des tagaktiven Sympathikus. Er beruhigt Blutdruck, Herzschlag und Atem. Die bewusste Aktivierung des Vagusnervs wird unter anderem im Rahmen der Therapie gegen Depressionen und Epilepsie eingesetzt. Durch die Stimulation dieses Nervs fährt das ganze Gehirn messbar in einen erholsamen Ruhezustand herunter. Genau das passiert also beim »Om«-Summen. Der Gedankenstopp wird sozusagen auf physischer Ebene breit unterstützt.

Damit sind die positiven Auswirkungen des Summens aber noch nicht vollständig aufgezählt. Summen synchronisiert außerdem die Aktivität der Gehirnareale, steigert damit also sowohl die Kreativität als auch die Konzentration. Für Leute mit häufigen Erkältungen ist bestimmt interessant, was man in einer medizinischen Studie aus Schweden herausgefunden hat: Summen öffnet die Nasennebenhöhlen und sorgt dort für eine bessere Luftzirkulation. Das hilft nicht nur gegen den unangenehmen Druck bei einer verstopften Nase und verstopften Nebenhöhlen, sondern es entsteht auch Stickstoffmonoxid. Stickstoffmonoxid ist zwar in größeren Mengen giftig, in den kleinen, gezielt vom Körper selbst produzierten Mengen ist es aber sehr heilsam, weil es überschießende Entzündungen hemmt. Tägliches Summen hilft also nicht nur bei Nasennebenhöhlenentzündungen, es beugt diesen auch vor.

Es gibt demnach ziemlich viel, was für eine regelmäßige Summ-Einlage spricht. Um die entspannende Wirkung zu erhöhen und Ihr Unterbewusstsein mit einem Bild zu füttern, können Sie das Summen noch mit einer Visualisierung verbinden. Stellen Sie sich vor, Sie summen in eine Schale hinein, die sich mit den Schwingungen Ihres Summens füllt.

Sie müssen nichts denken, was Sie nicht denken wollen

Kürzlich habe ich gelesen, welchen Trick der US-amerikanische Psychotherapeut und Autor Wayne Dyer anwendet, wenn ihn unerwünschte Gedanken oder Sorgen plagen. Er sagt dann zu dem Gedanken: »Weiter!«, als sei der eine aufdringliche

Person. Ich finde das genial – genial einfach. Der Gedanke wird weggeschickt wie ein Verkäufer, der einem etwas andrehen möchte, für das man keine Verwendung hat. Wenn Sie sich in einem Fotoprogramm eine digitale Diashow anschauen, dann klicken Sie ja auch die Bilder, die Sie gerade nicht sehen möchten, einfach weg. Sie überspringen sie. So lange, bis Sie etwas finden, was Sie wirklich anschauen möchten. Zu den unerwünschten Bildern sagen Sie mit Ihrem Klick auch »Weiter!« und die Bilder gehorchen sofort. Weg sind sie. Mit Gedanken funktioniert das ebenfalls.

Für mich selbst hat sich ein kleines Ritual bewährt, das den bewussten Atem, die Macht der Wiederholung und die Übung des bewussten Lächelns, die Sie bereits aus dem zweiten Kapitel kennen, kombiniert:

GEDANKEN UMKREMPELN

- Wenn ich merke, dass sich negative Gedanken eingeschlichen haben, denke ich an ein großes rotes Stoppschild.
- Ich wiederhole innerlich mindestens drei Mal das Wort »Löschen«.
- Ich konzentriere mich auf meinen Atem.
- Ich gebe dem negativen Gedanken eine positive Wendung.

Achtung, dabei machen Sie nun bitte *nicht* ganz simpel aus »Ich kann dies oder jenes nicht« ein »Ich kann dies oder jenes«. Das werden Sie sich selbst vermutlich nicht abnehmen. Machen Sie sich bewusst, dass man zu jedem Ziel einen Weg zu gehen hat – in kleinen Schritten.

Das heißt, wenn Ihr negativer Gedanke war: »Ich werde nie den Marathon laufen können, weil ich schon bei sechs Kilometern beinahe zusammenbreche«, dann denken Sie besser: »Ich probiere es! Jede Woche laufe ich ein bisschen mehr!« Wenn Sie den Marathon dann schaffen, umso besser. Wenn nicht, haben Sie es wenigstens probiert und sich nichts vorzuwerfen. Aus »Ich will, verdammt noch mal, jetzt keinen Schnupfen haben« wird »Auch der Schnupfen wird vorübergehen«. Aus »Ich kann nicht schlafen« wird »Mein Körper holt sich den Schlaf, den er braucht«. Damit geben Sie die Verantwortung fürs Einschlafen an Ihren Körper ab, brauchen sich nicht mehr aktiv zu bemühen – und schlummern sehr wahrscheinlich bald ein.

- Den Satz mit der positiven Wendung sage ich mir nun innerlich mindestens 20 Mal vor.
- Danach konzentriere ich mich wieder auf meinen Atem.
- Ich lächele. Mindestens eine halbe Minute, besser aber ganze zwei Minuten.

Die Entspannung durch die Konzentration auf den Atem und die positive Stimmung, in die das Lächeln mich automatisch versetzt, sorgen nicht nur für Entspannung, sondern auch dafür, dass mein Unterbewusstsein die Tür öffnet für die neue, positive Botschaft.

Kompliziertes entspannt besser

Wenn Sie Sport treiben, kennen Sie das Phänomen vermutlich: Sah vor dem Training die Welt noch düster aus, sodass Sie sich kaum aufraffen konnten, das Sofa zu verlassen, wirkt hinterher alles halb so wild. Auch schlechte Laune löst sich durch Sport fast immer in Luft auf. Körperliche Aktivität macht gelassen.

Mit einigen Ausnahmen. Wer generell schlecht abschalten kann, wird wahrscheinlich sogar noch beim Joggen weitergrübeln – das monotone Traben erfordert so gut wie keine Konzentration, der Gedankenstrom kann ungehindert fließen. Ähnliches gilt für die meisten Ausdauersportarten. Natürlich wird durch die tiefe Atmung und die Wärmung der Muskulatur die Entspannung gefördert, aber wer keine längeren Distanzen läuft, wird wohl eher nicht in den Genuss des *Runner's High* kommen, das dann auch die letzten Grübeleien hinwegwischt.

Fernöstliche Bewegungsformen wie das Qigong oder das darauf basierende Tai Chi Chuan – ursprünglich eine stilisierte Kampfkunst – sind aus Entspannungsperspektive eher zu empfehlen. Sie sind bekannt für ihren besonders beruhigenden und konzentrationsfördernden Effekt. Die langsam ausgeführten Bewegungsabfolgen sind dabei zum Teil sehr kompliziert und erfordern höchste Konzentration. Das Gleiche gilt für die meisten Kampfsportarten wie Judo, Karate oder auch Aikido. Bei all diesen Sportarten wärmen und lockern sich nicht nur die Muskeln, sondern es beruhigt sich ebenso das Geschnatter im Kopf. Für etwas anderes als den Fokus auf die Bewegungsfolgen ist kein Platz – das Geheimnis dieser Bewegungsarten ist also die Kompliziertheit. Sie ist es, die die Sportler beim Training in einen meditativen Zustand versetzt.

Aber keine Sorge, wenn Sie eher unsportlich sind oder kein Fan fernöstlicher Kampfkunst – es gibt auch andere Möglichkeiten, unseren Geist zur Ruhe zu bringen. Ich setze in meinen Selbsthypnoseseminaren eine Übung ein, die wirklich jeden in einen fließenden Zustand der Bewegungsmeditation versetzt – und zwar aus dem Stand, ganz ohne jahrelanges Training.

DAS FLOW-ABC

- Schreiben Sie groß und mit dickem Stift (sodass Sie Ihre Schrift auch mit einem oder zwei Meter Abstand gut lesen können) ein Alphabet in Großbuchstaben auf ein leeres

Blatt Papier. Allerdings nicht neben-, sondern untereinander.
- Hinter jeden Buchstaben setzen Sie nun nach dem Zufallsprinzip mal ein kleines »l« (für »links«) und mal ein kleines »r« (für »rechts«). Dahinter setzen Sie, ebenfalls nach dem Zufallsprinzip, ein großes »A« (für »Arm heben«) oder ein großes »B« (für »Bein heben«). AlB bedeutet also »linkes Bein heben« an der ersten Position des Alphabets, ZrA bedeutet »rechten Arm heben« an der letzten.
- Hängen Sie das so vorbereitete Blatt in Augenhöhe an die gegenüberliegende Wand oder befestigen Sie es an einer Stuhllehne.
- Nun lesen Sie laut den jeweiligen Buchstaben des Alphabets und dabei führen Sie die angegebenen Bewegungen hintereinander aus – bis Sie bei Z angekommen sind. Und dann noch mal von vorn. Und noch mal.
- Dann machen Sie die Sache noch einen Tick schwieriger. Nehmen Sie den Zettel nochmals zur Hand und fügen Sie Überkreuz-Bewegungen hinzu. AlB (A: linkes Bein) wird nun zu AlBrA (A: linkes Bein, rechter Arm), aus ZrA (Z: rechter Arm) wird ZrAlB (Z: rechter Arm, linkes Bein).
- Turnen Sie auch diese Folge mehrmals durch.

Merken Sie was? Sie schalten ab. Wenn der Körper in die Bewegung hineinkommt, ziehen unsere Gedanken mit. Natürlich dauert es eine Weile, bis die Sache einigermaßen reibungslos klappt, aber nach ein paar Minuten werden Sie feststellen: Es geht immer leichter und fließt irgendwann wie von allein. Gleichzeitig hat nicht der winzigste andere Gedanke eine Chance, sich einzuschmuggeln. Das ist Trance. Sie können es auch Flow nennen, so nannte der unaussprechliche Psychologe Mihaly Csikszentmihalyi diesen Zustand. Csikszentmihalyi sieht Flow als den Ursprung des Glücks an. Glück kann es also nur geben, wenn es uns gelingt, uns auf eine Sache voll zu konzentrieren – und da haben wir wieder James Braids »Monoideism«, die Fokussierung auf nur eine Idee.

Andersherum ausgedrückt: Wer nie lernt, den Weg statt des Zieles zu schätzen und sich auf das Tun zu konzentrieren, der hat nicht einfach nur ein Konzentrationsproblem – dem entgeht tatsächlich Lebensglück. Flow, Trance, Meditation, es ist egal, wie man es nennt. Die Wege sind unterschiedlich, das Ergebnis ist das Gleiche, nämlich ein prähypnotischer, Glück bringender Zustand. Man kann diesen Zustand einfach so genießen. Man kann ihn aber auch noch weiter nutzen, indem man eine Suggestion oder eine Visualisierung – was nichts anderes ist als eine bildliche Suggestion – einführt. Im Flow sind wir alle hochsuggestibel, die Tür zum Unterbewusstsein steht weit offen und wir reagieren auf das, was wir uns vorstellen, als sei es real.

Die Leinwand im Kopf

Eine gedankliche Variante des fixierten Blicks ist das Fixieren der Gedanken auf ein Wort – man nennt ein zu diesem Zweck verwendetes Wort Mantra. Das geht sowohl mit offenen, als auch mit geschlossenen Augen. Im Grunde ist es egal, um welches Wort es sich handelt, Ihr Mantra kann auch ein selbst erdachtes Nonsens-Wort sein. Wenn Sie allerdings zum Gedankenstopp noch eine angenehme Nebenwirkung haben möchten, empfehle ich starke emotionale Wörter, die zusätzlich eine erwünschte Suggestion setzen (oder benutzen Sie einfach Ihr eigenes »inneres Mantra« – was das ist und wie Sie es finden, erkläre ich im Anschluss an diesen Abschnitt).

Wörter, die eine Entspannung vertiefen, sind zum Beispiel »Stille« oder »Ruhe«. Wenn Sie gerade Ihrer Müdigkeit entgegenwirken möchten, können Sie auch Wörter wie »Energie« oder »Kraft« denken. Möchten Sie sich allgemein positiv stimmen, denken Sie »Liebe« oder »Glück«.

Stellen Sie sich Ihr Wort riesengroß auf eine Leinwand projiziert vor und lassen Sie die Buchstaben ihre Wirkung entfalten. Spüren Sie, wie sich in Ihrem Körper und in Ihrem Geist etwas verschiebt, heller und klarer wird.

Sie können diese Übung noch unterstützen, indem Sie sich die Kraft der Farben zunutze machen. Stellen Sie sich das Wort in Ihrer Lieblingsfarbe leuchtend vor. Beachten Sie dabei aber, dass unterschiedliche Farben auch unterschiedliche Wirkungen auf unsere Psyche haben – das ist wissenschaftlich nachgewiesen. Wer auf eine rosafarbene Fläche schaut, der wird sanft und ruhig, allerdings verliert er auch Kraft – in manchen Gefängnissen nutzt man rosa Zellen, um aggressive Häftlinge zu besänftigen. Darum sollten Sie sich Ihr Wort lieber nicht rosa leuchtend vorstellen, wenn Sie danach noch mehr vorhaben, als sich zur Ruhe zu betten. Blau wirkt besonders wahrhaftig und gibt Kraft. Rot ist die Farbe mit der größten anregenden Energie, kann aber auch angriffslustig machen und ist schlecht vor dem Schlafengehen. Orange und Sonnengelb wecken gute

Laune und Appetit. Lila wirkt hingegen appetitzügelnd und geistig anregend. Grün entspannt augenblicklich und macht kreativ.

Natürlich können Sie auch auf das Wort verzichten und gleich nur die Farbe nehmen, wenn Ihnen das besser gefällt. Stellen Sie sich in diesem Fall vor, wie die gewählte Farbe die Leinwand vollständig ausfüllt. Probieren Sie es einmal aus. Es kann allerdings passieren, dass Ihrer Psyche die Farbe allein nicht ausreicht, um sich daran festzuhalten und die Gedanken zu stoppen. Dann fügen Sie einfach wieder ein Wort hinzu oder machen in Ruhe eine der anderen Übungen aus diesem Kapitel.

DAS INNERE MANTRA

Schließen Sie die Augen. In Kürze wird ein Wort vor Ihrem inneren Auge auftauchen. Dieses Wort ist Ihr eigenes inneres Mantra. Mein Mantra ist zum Beispiel »Falke«, das meiner Frau lautet »Baum«. Wann immer Sie dieses Mantra wiederholen, wird es eine Heilkraft entfalten, die Ihnen Kraft und Energie gibt. Es kann Sie antreiben, es kann Sie zur Ruhe bringen, es kann Ihnen Durchhaltevermögen verleihen – was immer Sie möchten, denn es ist Ihr Mantra – und Sie tragen es immer bei sich und es ist da, wann immer Sie es benötigen.

In jeder Bewegung ist die Richtung wichtiger als die Schnelligkeit!
Henry Miller

»Das Kind lernt laufen!« oder »Mitmachen!«

In meinen Seminaren habe ich immer wieder Leute, die erklären, sie würden bei mir gerne Tricks lernen, wie sie ihre Ziele *mühelos* und *sofort* erreichen. Da handelt es sich um ein Missverständnis. Selbsthypnose kann dabei helfen, Ziele zügig zu erreichen. Sie kann dabei unterstützen, mehr Selbstvertrauen zu erlangen, Ängste loszuwerden, Stress zu reduzieren, effektiver zu lernen, mehr zu schaffen, besser zu schlafen, wieder mehr Lebensfreude zu bekommen und und und. All das kann man mit Hypnose und Selbsthypnose tatsächlich meist deutlich schneller umsetzen als mit anderen Methoden.

Selbsthypnose ist aber kein Zaubertrick, der von einem Moment auf den anderen aus einem schüchternen Häschen einen vor Selbstvertrauen strotzenden Vamp macht oder aus einem von Schlaflosigkeit geplagten Menschen in Sekunden ein echtes Murmeltier. Ich halte nicht meine Hand über jeden Teilnehmer, sage »Simsalabim« und schwupp, hat sich dessen Problem für immer in Wohlgefallen aufgelöst. Dann wäre ich kein Hypnosetrainer, sondern Wunderheiler. Selbsthypnose »kann« man nicht von jetzt auf gleich, denn Selbsthypnose ist ein Lernprozess. Lernen braucht aber Zeit, immer schon. Das hat sich nicht geändert, nur weil wir heute ungeduldiger denn je sind.

Wenn Sie also wirklich etwas in Ihrem Leben verändern möchten, kommen Sie nicht drumherum, sich mit den Dingen aktiv auseinanderzusetzen. Sachen auszuprobieren und, ja, zu lernen. Die Frage ist dabei immer: Wie bewerten Sie etwas? Statt zu sagen: »Ach Gott, das ist aber anstrengend, da habe ich keinen Bock drauf!« schaffen Sie eine andere Bewertung. Sagen Sie: »Jeder Schritt, den ich tue, macht mir Spaß! Jeder Schritt bedeutet Lernen und ich lasse mir dabei Zeit.«

Alles, was Sie in diesem Kapitel ausprobieren, ist bereits

hypnotisch wirksam. Später können Sie dann persönliche Suggestionen integrieren, die Sie auf dem Weg zu Ihrem Vorhaben unterstützen. Warum wir die Übungen erst einmal »ohne Einlage« machen? Weil unser Unterbewusstsein sich erst daran gewöhnen muss, dass wir mit ihm reden – und dass wir ihm vor allem auch zuhören. Das haben viele von uns sich nämlich als vermeintlich irrational abgewöhnt. Wie oft hat Ihnen Ihr Unterbewusstsein zum Beispiel schon signalisiert, dass es Zeit ist, ins Bett zu gehen, weil Ihr Körper erschöpft ist, aber Ihr Bewusstsein hat das ignoriert, weil es den spannenden Film zu Ende schauen möchte? Wie oft haben Sie ein intuitiv ungutes Gefühl beiseitegeschoben, das Sie vor bestimmten Menschen, Geschäften oder Aktionen gewarnt hat – um später festzustellen, dass Sie besser auf es gehört hätten? Das Unterbewusstsein merkt sich, wenn wir es ignorieren und verkriecht sich.

Um es wieder hervorzulocken und mit ihm zu arbeiten, ist Zeit ein wichtiger Faktor – und damit auch eine Sache, die ein bisschen aus der Mode gekommen ist: Geduld. Es klappt nicht immer alles beim ersten Versuch. Stellen Sie sich ein Kind vor, das Laufen lernt. Wir alle freuen uns mit, wenn wir ein Kind sehen, das zum ersten Mal auf seinen Füßen steht und darüber in Begeisterung ausbricht. Doch dann macht es seinen ersten Schritt und – plumps – fällt es auf die Nase. Was machen wir in so einem Moment als Erwachsene? Genau, wir sagen: »Komm, ich helf dir hoch, das schaffst du! Mach einfach den nächsten Schritt, komm, noch einen Schritt.« Das Kind wackelt so vor uns her, fällt wieder hin und wir sagen erneut: »Los, steh auf!« Und wir freuen uns wirklich jedes Mal von Neuem, wenn das Kind uns entgegenwackelt kommt. Denn wir wissen: Es sieht zwar mühsam aus, aber auf diese Weise wird das Kind in nicht allzu langer Zeit laufen können.

Kein Erwachsener würde zu einem Baby, das zum ersten Mal auf den Beinen steht und nach den ersten Schritten wieder auf dem Hosenboden sitzt, sagen: »Ach, bleib am besten da unten, das schaffst du eh nicht. Weißt du, Laufen ist doch so gefährlich, du könntest auf die Straße geraten, da wirst du überfahren. Bleib einfach sitzen. Nein, leg dich am besten hin, da hast du mehr von.« Ganz bestimmt sagen wir das nicht zu einem Kind! Nun überlegen Sie mal, wie Sie manchmal mit sich selbst reden. Wir Erwachsene haben oft die Tendenz, mit uns selbst ungeduldig zu sein. Wenn etwas nicht auf Anhieb klappt, scheint da eine gehässige innere Stimme zu sein, die nölt: »Bleib lieber im Sessel sitzen, das schaffst du eh nicht, brauchst gar nicht erst anzufangen.« Tappen Sie bitte nicht in diese Falle. Egal, was Sie neu lernen, egal, was Sie sonst im Leben machen, reden Sie mit sich wie mit einem Kind, das Laufen lernt.

Merken Sie sich diesen Satz: Das Kind lernt laufen! Sie werden dafür belohnt werden. Mit spannenden neuen Erfahrungen und irgendwann auch neuen Fertigkeiten.

Die Zeit, die Sie für die Übungen in diesem Buch aufwenden, ist nicht verloren. Denn sie sind spannend. Sie stellen unmittelbar ein Wohlgefühl her und bereiten unser Unterbewusstsein auf die Hypnose vor. Darauf kommt es an. Sie sind Schritte auf dem Weg zu einem weiter entfernten Ziel, aber jeder einzelne Schritt ist schon eine tolle Erfahrung. Jedes einzelne Ritual hat einen Soforteffekt auf Ihren Körper und Ihre Seele. Nebenbei lernen Sie sich selbst besser kennen – Sie betrachten Ihre innere Landschaft, wenn Sie so wollen. Wenn Sie aus diesem Buch den größtmöglichen Nutzen ziehen möchten: Machen Sie mit!

Testen Sie, welche Visualisationen zu Ihnen passen und mit welchen Übungen Sie am besten Ihr Gedankenkarussell anhalten können. Lesen Sie nicht einfach die Kapitel durch. Spielen Sie mit dem Buch. Erleben Sie, wozu Ihre Vorstellungskraft fähig ist. Probieren Sie alles tatsächlich aus. Wenn Sie wenig Zeit haben, nutzen Sie Momente im Stau, in der U-Bahn, morgens nach dem Aufwachen. Finden Sie die Methoden, die am besten zu Ihnen passen, und üben Sie Ihre Favoriten täglich. Haben Sie Geduld mit sich. Bald werden Sie Ihre Gedanken willentlich stoppen können. Dann ist der Weg frei – für Ihre Suggestionen.

Kapitel 7

Die faszinierende Welt der Suggestionen: Vom blinden Passagier in Ihrem Unterbewusstsein bis zur guten Fee der Wunscherfüllung

Eins oft wiederholen! Unglaublich ist's, was die öftere Wiederholung eines Dinges vermag.

Wolfgang Ratke

Um mit Suggestionen erfolgreich arbeiten zu können, ist es von Vorteil, erst einmal nicht nur zu verstehen, sondern tatsächlich zu erleben, wie sie funktionieren. Da habe ich wieder einen kleinen Test für Sie. Stellen Sie sich vor, Sie haben Gäste eingeladen und wollen etwas Italienisches kochen. Als Sie schon beim Gemüseschnippeln sind, fällt Ihnen plötzlich auf, dass Ihnen das Olivenöl ausgegangen ist – die wichtigste Zutat. Sie eilen schnell in den Supermarkt ums Eck. Statt Ihrer gewohnten Marke stehen dort drei Ihnen unbekannte Produkte zum gleichen Preis im Regal. Sie haben es sehr eilig und müssen sich sofort entscheiden. Die drei zur Auswahl stehenden Marken heißen:

- BIBANA MIA
- OLIO DI SOLANO
- GALONI

Nach welchem Olivenöl greifen Sie spontan? Notieren oder merken Sie sich Ihre Antwort, wir werden gleich darauf zurückkommen.

Doch zunächst möchte ich von Ihnen wissen, was Sie denken, wenn Sie das Wort

SUGGESTION

lesen. Denken Sie an Manipulation, an Beeinflussung von außen? Dann sind Sie ziemlich nah am Ursprung des Wortes. Suggestion leitet sich vom lateinischen *suggerere* ab und das bedeutet tatsächlich »unterschieben«. In der Tat gibt es jede Menge Suggestionen in unserem Alltag, auf die das zutrifft. Vor allem, wenn wir dazu bewegt werden sollen, etwas zu kaufen – sprich: in der Sprache der Werbung –, wimmelt es nur so von Suggestionen in Wort und Bild. Da macht man sich unsere Träume zunutze und übersetzt sie in übersteigerte, schöne Bilder von idealen Stränden, Familien, Beziehungen. Bilder, die alleine schon starke Emotionen hervorrufen – ob wir wollen oder nicht. Diese Bilder verknüpft man mit einem Produkt. Der Wunsch wird dann auf das Produkt übertragen, das ist, heruntergekocht auf einen Satz, die Psychologie der Reklame. Und sie funktioniert.

Die Invasion des Unbekannten

Wir müssen ein Werbeplakat oder einen Spot nur oft genug sehen, schon entfaltet die Macht der Wiederholung zusammen mit der Macht der schönen Bilder ihre subtile Wirkung. Selbst wenn wir gar nicht richtig hinschauen oder nicht hinhören und während der Werbepause in der Programmzeitschrift blättern oder uns mit unserem Partner unterhalten. Denken Sie der Einfachheit halber noch einmal an Olivenöl. Nehmen wir an, im Fernsehen läuft ein Werbespot für ein bestimmtes Olivenöl. Ihr Unterbewusstsein saugt alles auf wie ein Schwamm und legt eine flüchtige Erinnerungsspur an. In der nächsten Werbepause kommt der Spot noch einmal. Die Spur wird vertieft. Ein paar Tage später fahren wir an einer Plakatwand vorbei, auf der das Olivenöl mit einem köstlich aussehenden Salat beworben wird, neben dem die Flasche steht. Wir sehen die Plakatwand nur im Augenwinkel und denken an etwas völlig anderes. Trotzdem wird unsere Erinnerungsspur weiter ausgebaut.

Wir merken nichts von der geheimen Invasion des uns bisher völlig unbekannten Olivenöls in unser Innerstes. Aber wenn wir eines Tages Olivenöl brauchen und einkaufen gehen, wird es offenbar: Da stehen mehrere Marken im Regal, von denen wir noch nie eine probiert haben. Aber eines der Olivenöle ist zufällig das, dessen Namen wir aus der Werbung kennen. Die Wahrscheinlichkeit ist groß, dass wir zu diesem Produkt greifen. Allein der bekannte Name *suggeriert* nun Qualität. Dabei ist überhaupt nicht gesagt, dass dieses Olivenöl das Beste von allen ist.

Nun kommen wir noch einmal zum Olivenöl, das Sie eben spontan für mich »eingekauft« haben. Die Wahrscheinlichkeit ist groß, dass Sie Möglichkeit Nummer zwei gewählt haben. Na, stimmt's?

Wie ich das wissen kann? Ganz einfach: Wenn Sie das Buch bis hierher gelesen haben, wird Ihnen der Name »Solano« immer wieder begegnet sein. In Fußnoten, unter Illustrationen, eingeschmuggelt in einen Namen. Eine Suggestion! Sie haben, ohne es zu merken, eine Erinnerungsspur angelegt. Als Sie sich nun schnell für eine Alternative entscheiden sollten, hat Ihr Unterbewusstsein diejenige gewählt, die ihm am bekanntesten vorkam.

Es gibt auch noch viel subtilere Methoden als nur Fernseh- oder Printwerbung, über die wir, immer unter Verwendung von Suggestionen, zum Kaufen bestimmter Waren bewegt werden – Techniken im Verkaufsgespräch, Lautsprecherdurchsagen, gezielt platzierte Aufsteller, raffiniertes Lichtdesign, Platzierung von Produktnamen in privaten Blogs. Wir entscheiden oft nicht selbst, wofür wir unser Geld ausgeben, sondern wir werden bis zu einem gewissen Grad tatsächlich ferngesteuert.[5]

Doch zurück zur Eingangsfrage. Vielleicht denken Sie beim Wort »Suggestion« auch an den englischen oder den französischen Begriff *suggestion*. In beiden Sprachen bedeutet das Wort »Vorschlag«. Das ist die Auffassung von Suggestion, wie ich sie in meinen Selbsthypnose-Seminaren verwende und die ich auch meinen Hypnoseshows auf der Bühne zugrunde lege. Jemand, der etwas vorschlägt, bietet etwas an. Dieses Angebot kann das Gegenüber annehmen oder ausschlagen – ein Vorschlag ist bekanntlich kein Zwang, das Annehmen ist freiwillig.

Dieser Punkt ist mir sehr wichtig.

Während nun in der Fremdhypnose – durch einen Hypnotiseur, in diesem Fall durch mich – das Gegenüber entscheidet, ob es die Suggestion annimmt oder sich dagegen wehrt, entwickeln Sie in der Selbsthypnose Ihre Suggestionen selbst. So ist die Suggestion für Sie und Ihre Situation maßgeschneidert. Damit stellen Sie sicher, dass Sie die bestmöglichen Ergebnisse erzielen. Das hat den Vorteil, dass der innere Widerstand, den

---

[5] Wenn Sie sich dafür interessieren, wie raffiniert Sie zum Beispiel im Supermarkt oder beim Kauf von Kleidung manipuliert werden – und wie Sie sich vor der Manipulation von außen schützen können –, lege ich Ihnen mein Buch »Du wirst tun, was ich will« ans Herz. Darin lesen Sie unter anderem von einem Experiment, in dem ich selbst einen Supermarkt präpariert habe, um Versuchspersonen zum Kaufen bestimmter Produkte zu animieren.

manche Menschen bei einer Fremdhypnose verspüren, in der Regel nicht vorhanden ist.

Allerdings ist es auch bei der Selbsthypnose ungeheuer wichtig, *wie* wir etwas ausdrücken. Eine ungeschickte Formulierung kann dazu führen, dass wir immer um Haaresbreite von unserem Ziel entfernt bleiben. Doch dazu in Kürze mehr.

Machen Sie sich zunächst einmal bewusst, dass alles, was Sie intern zu sich sagen – ob mit dem Ziel einer Selbsthypnose oder einfach so bei Ihrem täglichen inneren Selbstgespräch –, eine Suggestion ist und eine Wirkung hat. Wenn Sie Angst vorm Zahnarzt haben und sich vorher einreden, dass Sie bestimmt die schlimmsten Schmerzen Ihres Lebens haben werden, dann werden Sie wahrscheinlich recht behalten. Emotionen verstärken Suggestionen und Angst ist eine so starke Suggestion, dass die Schmerzerwartung solide in Ihrem Unterbewusstsein verankert wird. Das setzt dann beflissen alles daran, die Prophezeiung zu erfüllen.

Immerhin, der Zahnarztbesuch ist ja irgendwann überstanden. Manchmal kann der Schuss aber auch nach hinten losgehen und einem das Leben richtiggehend versauen: Es gibt einen amerikanischen Showhypnotiseur, der eine gemeine Nummer im Programm hat. Der Hypnotiseur suggeriert einer Frau aus dem Publikum einen »Handschlagorgasmus«. Die unter Hypnose gesetzte Suggestion lautet: »Jedes Mal, wenn ich dir die Hand gebe, hast du den schönsten Orgasmus, den du überhaupt erleben kannst.« Und das klappt auch, die Frau flippt vor dem Publikum völlig aus. Das ist eine Nummer, die ich niemals auf die Bühne bringen würde. Nicht nur, weil man hier einen Menschen beim Erleben eines intimen Momentes vorführt, der auch intim bleiben sollte. Denn das größte Problem ist nicht unbedingt, dass alle im Saal jetzt dabei zuschauen, wie die Frau den Orgasmus erlebt – das kennt man ja immerhin seit »Harry und Sally«. Das größte Problem ist, dass der

Hypnotiseur sagt: »Du wirst den schönsten Orgasmus *deines Lebens* haben, wenn *ich* dir *die Hand* gebe.« Wenn diese Frau nun hochsuggestibel ist, schläft sie nach der Show wieder mit ihrem Mann oder Freund, aber sie wird nie wieder einen solchen Orgasmus erleben können. Denn den schönsten Orgasmus hat der Hypnotiseur ja für alle Zeiten mit *seinem* Handschlag verknüpft. Das ist die Kraft, die eine Suggestion haben kann – im Positiven wie im Negativen. Machen Sie sich das immer bewusst.

Suggestibilität – oder warum die Reklame aus Ihrer Kindheit so einen nostalgischen Schimmer hat

Gerade eben fiel der wichtige Begriff der Suggestibilität. Darunter versteht man, wie empfänglich jemand für Suggestionen ist. Wenn man sich selbst hypnotisieren will, ist es wichtig zu wissen, wie man diesen Zustand willentlich herbeiführt.

Es gibt Menschen, die ein sehr großes Kontrollbedürfnis haben und sich nicht gut fallen lassen können. Diese Leute sind meistens nur schlecht von anderen zu hypnotisieren, weil sie sich, oft ohne es zu wollen, wehren – besser funktioniert es, wenn sie von jemandem hypnotisiert werden, dem sie zu einhundert Prozent blind vertrauen. Das sind in der Regel Sie selbst. Das zeigt, dass die Suggestibilität für ein und dieselbe Person unterschiedlich sein kann, je nachdem, wer die Suggestionen setzt. Vor Beeinflussung durch subtile Werbesuggestionen sind allerdings auch Skeptiker nicht gefeit, denn die unterlaufen jeden Radar.

Dann gibt es Leute, die grundsätzlich suggestibler sind als andere. Hochsuggestible haben eine lebhafte Fantasie, starke bildhafte Vorstellungskraft, sind begeisterungsfähig und haben großes Vertrauen in andere. Das alles trifft zum Beispiel auf viele Kinder zu, sie sind besonders suggestibel. Sie müssen so offen sein, denn Kinder lernen in nur ein paar Jahren von der Pike auf, wie die Welt funktioniert. Leider zielt Werbung darum oft mit auf die Kleinsten ab. Wenn die einmal angebissen haben, sind sie nämlich nicht nur potenziell ein Kunde auf Lebenszeit, sondern bringen erst mal ihre Eltern dazu, ein bestimmtes Produkt zu kaufen: diese spezielle Nussnougatcreme oder diese besondere Limonade. Bei Familienanschaffungen wie einem Auto werden sie oft zum Zünglein an der Waage, welche Marke es denn sein soll.

Überlegen Sie mal: Sie können sich bestimmt noch mit einem wohligen nostalgischen Schauer an jede Menge Werbesprüche aus Ihrer Kindheit erinnern, richtig? Wenn es Ihnen geht wie den meisten, hegen Sie für die zugehörigen Produkte auch immer noch eine große Sympathie. Sie haben sie in einer hoch suggestiblen Phase Ihres Lebens kennengelernt und nun versetzt Sie der Gedanke an diese Dinge – und an deren Besitz – in die Geborgenheit Ihrer Kindheit zurück. Die Produkte und ihre Namen sind zu Ankern des Wohlgefühls geworden. Das ist der Grund, weshalb viele Unternehmen Produkte, die sie eigentlich schon vom Markt genommen hatten, plötzlich in Retroversionen wieder herausbringen oder mit dem Etikett »Classic« neu auflegen. Für mich ist die hohe Suggestibilität von Kindern übrigens ein Grund, sie eben *nicht* zu coachen. Das Wertesystem von Kindern ist noch nicht gefestigt und damit können sie auch noch nicht selbst entscheiden, was sie an Beeinflussung zulassen möchten und was nicht. Die Voraussetzung der Freiwilligkeit ist darum nicht gegeben.

Unsere Suggestibilität schwankt außerdem mit unserem Zustand. Die Faustregel lautet: Je wohler wir uns fühlen, umso suggestibler sind wir. Liegen wir wohlig ausgestreckt in der Badewanne, fallen positive innere Selbstgespräche auf fruchtbareren Boden, als wenn wir eingepfercht in einem übervollen

U-Bahn-Waggon versuchen, nicht vom Regenschirm des Nachbarpassagiers aufgespießt zu werden.

Je mehr gedankliche Kapazitäten außerdem gebunden sind, umso geringer ist in diesem Moment die Suggestibilität. Das heißt, wenn wir gestresst im Job von einem Termin zum nächsten hetzen und dabei alle To-do-Listen durchgehen, bekommen wir einen Tunnelblick und machen alle Schotten dicht. Und wenn unser Kopf vor lauter Sorgen und Grübeleien nachts um drei heißläuft, haben positive Suggestionen wenig Chancen, sich dazwischenzudrängen und Gehör zu verschaffen.

In Gegenwart von Personen, die uns sympathisch sind und denen wir vertrauen, werden wir ebenfalls suggestibler. Von ihnen nehmen wir gern Ratschläge und Tipps an oder übernehmen sogar unbesehen Meinungen – denn auch das sind Suggestionen. Von unseren »Freunden« auf Facebook lassen wir uns zum Beispiel eher beeinflussen als von völlig Fremden (auch wenn wir oft keine Ahnung haben, woher die Informationen eigentlich stammen, die sie uns in ihrer Timeline präsentieren, meistens stammen die nämlich wiederum von deren Freunden). Autoritäten, die wir auf einem bestimmten Gebiet als kompetent einschätzen, machen uns empfänglich für Suggestionen, die dieses Gebiet betreffen. Das erklärt, warum der Placeboeffekt stärker ist, wenn ein Arzt persönlich eine bestimmte Arznei lobt, als wenn man sie zum Beispiel im Internet bestellt. Auch was Menschen äußern, die wir als charismatisch empfinden, wird eher akzeptiert. Das hat eine Schattenseite: Diktatoren werden (oder wurden) von ihren Zeitgenossen oft als charismatisch beschrieben. Wenn sie dann auch noch ein paar Strippen ziehen und so dafür sorgen, dass es der breiten Masse besser geht als zuvor, finden selbst die abwegigsten Ideen breite Akzeptanz. Nach dem Motto: Wer uns Gutes tut, hat recht. Kommt dann noch eine ausgeklügelte Propagandamaschinerie hinzu, die das Gesetz der Wiederholung nutzt und alle Lebensbereiche durchsetzt, bis in die Lehrpläne der Schulen, kann man schon von einer geschickten Massenhypnose sprechen. Ohne diese psychologischen Mechanismen hätte Hitler wohl nicht so leichtes Spiel gehabt.

Du schaffst, was du willst – aber (was) willst du eigentlich wirklich?

Eine der effektivsten Methoden zur gezielten Erhöhung der Suggestibilität ist der Gedankenstopp aus dem vorigen Kapitel. Denn dabei schlagen Sie mehrere Fliegen mit einer Klappe: Sie versetzen sich in einen entspannten, angenehmen Zustand und halten die Gedankenspirale an. Und je besser Sie dazu in der Lage sind, umso einfacher haben es Suggestionen, den Weg in Ihr Unterbewusstsein zurückzulegen und dort ihre Wirkung zu entfalten. Darum ist es gut, wenn Sie den Gedankenstopp üben, sooft Sie dazu Zeit finden. So lange, bis Sie Ihre Gedanken in fast jeder Situation anhalten können. Der wichtigste Vorteil dabei ist, dass Sie selbst entscheiden, welche Suggestionen Sie in die entstehende Gedankenlücke fließen lassen. Kein Werbepsychologe kann sich in diesem Fall mit seinen Slogans heimlich einschleichen.

Aber wie findet man nun Suggestionen, die einen weiterbringen? Was müssen Suggestionen überhaupt leisten? Und wie formuliert man sie?

Bewusst gesetzte Suggestionen haben (meistens) die Aufgabe, uns dabei zu unterstützen, eine neue Gewohnheit in unserem Leben zu etablieren, indem sie unser Unterbewusstsein neu programmieren. Sie legen eine Erinnerungsspur an. Das tun Sie, indem Sie immer wieder ein positives Bild der neuen Gewohnheit zeichnen. Dieses Bild wird dann durch die darauffolgenden tatsächlichen Erfahrungen verstärkt.

So eine neue Gewohnheit kann zum Beispiel darin bestehen, endlich morgens eine Stunde früher aufzustehen, um an einem Buch zu arbeiten, das man schon seit Jahren schreiben möchte, für das man aber nie Zeit gefunden hat.

Die ideale Suggestion ist eine mit positiven Gefühlen aufgeladene Vision

Oft geht es aber nicht allein um eine neue Routine. Leute, die kleine Laster loswerden möchten, brauchen eine neue wünschenswerte Gewohnheit, um eine alte, ungünstige – Rauchen, zu viele Süßigkeiten essen und so weiter – zu »überschreiben«. Da liegt zunächst noch der Schwerpunkt auf dem Loswerden der alten schlechten Gewohnheit. Dieser Fokus erschwert die Sache etwas, darum gehe ich auf die Besonderheit dieser Fälle auch noch einmal später extra ein.

Dann gibt es natürlich noch Ziele, die durch eine Vielzahl von aufeinanderfolgenden verschiedenen Tätigkeiten erreicht werden. Etwa, wenn man sich mit einem eigenen Laden selbstständig machen möchte. Hier besteht die Gewohnheit darin, regelmäßig etwas in Angriff zu nehmen, mit dem man sich stetig auf dieses Fernziel zubewegt.

Außerdem gibt es nicht nur Angewohnheiten, bei denen man sicht- und fühlbar etwas tut, sondern auch gedankliche Gewohnheiten. Das wäre zum Beispiel der Fall bei Ängsten oder bei der Eigenart vieler Menschen, sich in Gedanken so klein zu machen, dass sie keinen Mut mehr haben, überhaupt etwas anzugehen. Statt ihr Leben in die Hand zu nehmen, fühlen sie sich wie von unsichtbarer Hand gelenkt.

Die ideale Suggestion liefert unserem Unterbewusstsein eine mit positiven Emotionen aufgeladene Vision, an der es sich orientieren kann. Mit dieser Vision kann es das, was wir uns wünschen, in unser Leben bringen. Gleichzeitig soll das, was wir nicht mehr möchten, sang- und klanglos aus unserem Leben verschwinden.

Die Menschen, die in meine Seminare und in meine Praxis kommen, haben natürlich eine gewisse Vorstellung davon, was sie mit Hypnose oder Selbsthypnose erreichen möchten. Besser schlafen, keine Angst mehr haben, das Rauchen aufgeben, sich nur noch gesund ernähren, mehr Sport treiben, selbstbewusster werden und so weiter. Manche möchten sich auch selbstständig machen oder ein Studium beginnen. Das ist schon mal viel wertvoller, als wenn man sein Leben nur generell blöd findet und »irgendwie« zum Besseren wenden möchte. Allerdings haben diese konkreten Wünsche zunächst oft trotzdem den Charakter eines vagen Neujahrsvorsatzes. Wie viele Menschen machen sich zum Jahreswechsel eine Liste mit guten Vorsätzen, müssen aber schon nach der ersten Woche feststellen, dass sie trotzdem nahtlos weitergemacht haben wie bisher?

Um nicht in eine solche Falle zu tappen, kann uns unser Unterbewusstsein helfen, und zwar wenn es zuvor gezielt mit Suggestionen und damit verbundenen Bildern gefüttert wurde. Wenn ich von meinem Unterbewusstsein spreche, sehe ich übrigens immer einen fleißigen kleinen Mann vor mir, meinen »Inneren Bibliothekar«. Der setzt alles daran, das wahr zu machen, was ich ihm auftrage. Dazu klaubt er in meiner Erfahrungsbibliothek die erforderlichen Informationen zusammen, schlägt Alarm, wenn sich in meinem Umfeld etwas befindet, das mich beim Erreichen meines Zieles unterstützen kann und erinnert mich vor allem daran, in Aktion zu treten, um mein Ziel zu erreichen.

Wie das geht – und wie nicht –, dazu kommen wir jetzt gleich.

Zur Einstimmung habe ich noch ein kleines Ritual für Sie, das Ihnen bewusst macht, welche unglaubliche Kraft in einer Suggestion stecken kann. Sie können das Ritual an eine Gedankenstopp-Übung anschließen, aber es funktioniert auch so. Ich habe es schon in den unterschiedlichsten Situationen ausprobiert, es hat immer einen verblüffenden Effekt. Sie können den Text einfach einige Male lesen oder ihn sich vorlesen lassen.

Stellen Sie sich alles so bildlich vor, so intensiv, wie es nur geht. Für den kleinen Test am Ende des Rituals brauchen Sie die Hilfe eines Partners.

DIE KRAFT MEINES NAMENS

Setze beide Füße fest auf die Erde.
Fühle, wie sie stabil dort stehen.
Fühle, wie du dich mit der Kraft der Erde verbindest.
Denke nun an einen wunderschönen Moment in deinem Leben.
Einen Moment, in dem du dich stark und unbesiegbar gefühlt hast.
Spüre das Gefühl, das du in diesem wunderschönen Moment gespürt hast.
Du spürst, wie das wunderbare Gefühl dich durchflutet.
Jede Zelle wird von diesem Gefühl ausgefüllt, bis in die Zehenspitzen.
Du bist stark und unbesiegbar.
Jedes Mal, wenn du von nun an deinen Vornamen sagst, fühlst du dieses Gefühl wieder.
Diese wundervolle, unglaubliche Stärke.
Dein Vorname trägt diese unglaubliche Stärke in sich.
Jedes Mal, wenn du deinen Vornamen sagst, spürst du diese Stärke.
Jedes Mal, wenn du deinen Vornamen liest, spürst du diese wundervolle Kraft.
Jedes Mal, wenn du deinen Vornamen hörst, bist du so stark wie in diesem ewigen Moment.
Jedes Mal, wenn du deinen Vornamen denkst, durchströmt dich diese unglaubliche Energie.
Du atmest langsam ein und aus.
Ganz tief ein und aus und denkst an dieses Gefühl.
Du spürst noch einmal, wie sich das wundervolle Gefühl unendlicher Kraft an deinen Namen heftet.

Nun kommt der Partner ins Spiel. Stellen Sie sich hin, beide Arme zur Seite. Stellen Sie sich vor, Sie sind ein Baum, die Arme sind Äste, ganz steif und fest. Heben Sie dann ein Bein an, bringen Sie sich also bewusst in eine möglichst instabile Position. Ihr Partner soll nun auf Ihren Arm drücken. Sie werden sehen, dass Sie sich ganz leicht aus der Balance bringen lassen, Sie müssen das zweite Bein wieder aufstellen, um nicht umzukippen.

Dann sagen Sie Ihren Namen.
Zehn Mal hintereinander.
Bringen Sie sich wieder in die gleiche wacklige Position.
Denken Sie ganz fest an Ihren Namen.
Sagen Sie Ihren Namen.
Nun soll Ihr Partner erneut versuchen, Sie aus dem Gleichgewicht zu bringen.
Faszinierend, nicht wahr?

Kapitel 8
Die Sache mit der Motivation: Wie Emotionen unser Unterbewusstsein beflügeln und warum der Weg *nicht* das Ziel ist

Beginne mit dem Notwendigen, dann tue das Mögliche –
und plötzlich wirst du das Unmögliche tun.

Franz von Assisi

Nehmen wir einmal an, ich habe den Vorsatz gefasst, mehr Sport zu machen – kann ja nicht schaden. Nehmen wir weiter an, ich halte meine Gedanken an, verstärke die Trance noch zusätzlich mit einer Vertiefungssuggestion und verankere dann die Suggestion »Ich will mehr Sport machen«. Nehmen wir an, ich mache das täglich. Trotzdem passiert nichts. Ich finde mein Sofa weiterhin viel attraktiver, als rauszugehen und mich zu bewegen.

Wie kann das sein?

Um diese Frage zu beantworten, schauen wir mal, was bei meinem Unterbewusstsein angekommen ist: Mein »Innerer Bibliothekar« – alias mein Unterbewusstsein – hat einen Zettel reingereicht bekommen, auf dem steht: »Der Chef möchte mehr Sport machen.« Dann hat er sich ratlos am Kopf gekratzt. Erst einmal steht da nicht, *wann* ich mehr Sport machen möchte. Jetzt? In einem Monat? Nächstes Jahr? Irgendwann in diesem Leben? Der nächste knifflige Punkt: Was bedeutet »mehr Sport machen« überhaupt? In Zukunft zu Fuß zum Supermarkt gehen, statt mit dem Auto zu fahren? Drei Mal die

Woche für eine Stunde im Fitnessclub trainieren? Täglich eine Stunde morgens und eine abends Gewichte stemmen? Mein Innerer Bibliothekar kann diese Fragen nicht für mich beantworten, dazu ist er nicht befugt. Darum wird er vermutlich die Schultern zucken und den Zettel auf den Stapel mit der Aufschrift »genauere Instruktionen abwarten« legen. Dort vergisst er ihn dann – wenn nicht tatsächlich genauere Instruktionen folgen.

Warum Neujahrsvorsätze selten länger als bis Ende Januar halten

»Mehr Sport machen« ist also keine Erfolg versprechende Suggestion. Wenn wir Vorsätze so vage formulieren, dass unser Unterbewusstsein nichts mit ihnen anfangen kann, hat das oft einen einfachen Grund: Wir wollen gar nicht wirklich. Vielleicht hat mir mein Arzt geraten, mehr Sport zu machen, weil ich zu hohen Blutdruck habe (das ist übrigens nur ein Beispiel, mein Arzt ist mit mir eigentlich immer ganz zufrieden). Ich habe natürlich keine Lust, ernsthaft krank zu werden, also habe ich pflichtschuldig »Sport« auf die Liste meiner guten Vorsätze gesetzt. Dann ist mein Wunsch aber nicht »mehr Sport machen«, sondern »gesund bleiben«. Daraus leitet sich – wenn überhaupt – eine Motivation ab, nicht aus dem Sport selbst.

Schauen wir uns die Sache mit der Motivation darum mal genauer an. Es gibt grundsätzlich zwei Motivationsgründe:

- Die Aussicht auf ein Wohlgefühl
- Schmerz – oder anderes Unbehagen – und seine Vermeidung

Eine dieser beiden Motivationen muss ich haben, um aktiv zu werden, sonst liefere ich meinem Unterbewusstsein schlicht und einfach keinen ausreichenden Grund für den ersten Schritt. Der Treibstoff unseres Unterbewusstseins sind Emotionen. Ohne Gefühle geht nichts.

Wenn ich Schmerz empfinde, ist das eine starke Empfindung und damit auch eine starke Motivation – ich will den Schmerz natürlich loswerden. Das treibt mich an und lässt mich schnell aktiv werden. Ähnliches gilt, wenn ich zum Beispiel Flugangst habe, die mich bei der Ausübung meines Berufes massiv behindert und mich vielleicht sogar den Job kosten kann, wenn ich sie nicht in den Griff bekomme.[6] So etwas nennt man Leidensdruck.

In meinem Beispiel tut mir aber nichts weh. Der Arzt hat nur gesagt, dass ich langfristig *vielleicht* gesundheitliche Probleme bekommen kann, wenn ich nicht mein Verhalten ändere. Diabetes, Herzinfarkt und solche Dinge. Es besteht damit nur eine sehr vage Aussicht auf krankheitsbedingte Probleme, falls ich mein Verhalten nicht ändere – in unserem Beispiel also mehr Sport treibe. Allerdings kann ich auch Glück haben und bekomme nichts. Die Empfehlung des Arztes ist für meine Psyche, mein Unterbewusstsein, nicht greifbar. Ich bin in einer ähnlichen Situation wie ein Raucher, der wie alle Raucher natürlich sehr wohl weiß, dass Rauchen ungesund ist und auch weiß, dass er eigentlich aufhören sollte. Aber es gefällt ihm nun mal zu rauchen und solange prominente Menschen wie Helmut Schmidt trotz Rauchens richtig alt werden und dabei sogar gesund bleiben, besiegt die Hoffnung, dass es einen schon nicht treffen wird, bei jeder Zigarette die Sorge. Auf dieselbe Art ist der Blutdruckwert, den der Arzt gemessen hat, für mich erst mal eine abstrakte Größe, die mich emotional kaltlässt.

---

[6] Ängste sind eine besondere Form der gedanklichen Gewohnheit, mehr dazu, wie Sie sie loswerden, lesen Sie in Kapitel 14.

Nehmen wir nun aber an, ein Freund von mir hat ebenfalls zu hohen Blutdruck und hat kürzlich aus heiterem Himmel einen Herzinfarkt erlitten. Den hat er mit viel Glück überlebt, es hätte allerdings auch schiefgehen können. Ein Schock. Plötzlich verschiebt sich mein Fokus. Auf einmal handelt es sich um eine völlig andere Sache. Ich habe es nicht mehr mit irgendwelchen Zahlen in der Krankenstatistik zu tun, sondern ein warnendes Beispiel hat es sozusagen bis vor meine Haustür geschafft. Ein solches Ereignis ganz in meiner Nähe zeigt mir, dass die Bedrohung real ist und etwas mit mir zu tun haben könnte. Es wühlt mich auf – und die bisher fehlende Emotion ist da. Mit der Emotion ist auf einmal auch eine Motivation vorhanden: die Sorge, dass auch mir so etwas passieren könnte. Das macht aus einem Sportmuffel zwar keinen Sportfan, aber kann für den initialen Kick entscheidend sein.

Nun habe ich die Motivation. Das ist schon mal gut, auch wenn es sich um eine negative Motivation handelt, also eine Motivation aus Kategorie zwei. Das Ziel solcher Motivationen ist immer die Vermeidung von etwas. In diesem Fall ist dieses Etwas obendrein noch eine Sache, die ich bisher nicht am eigenen Leib erfahren habe und mir darum nur schlecht vorstellen kann. Deutlich nachhaltiger wäre eine Motivation der ersten Kategorie. Also eine Motivation, die anspornt, weil ich für mein Handeln etwas Schönes, Angenehmes, Großartiges bekomme, auf das ich mich freuen kann. Langfristig muss es mir darum gelingen, die negative Motivation in eine positive umzuwandeln, wenn es mir ernst ist, also wenn ich dranbleiben und wirklich eine neue Gewohnheit hin zu einem gesünderen, sportlicheren Leben etablieren möchte.

Ob Sie in Ihrem Leben aus freien Stücken etwas ändern möchten oder aus dem Gefühl heraus, Sie müssten – weil »nur« Ihr gesunder Menschenverstand, Ihr Arzt oder Ihr Partner Ihnen sagt, dass Ihr Lebensstil Ihnen nicht gut tut, das ist ein großer Unterschied. Bei dem folgenden Ritual merken Sie schnell, wie ernst es Ihnen ist. Es kann auch dabei helfen, ehrlichen Enthusiasmus zu entwickeln, wenn Ihre Motivation bislang noch etwas kippelig ist. Nicht zuletzt kommen Ihnen dabei sicher ein paar Ideen, wie Sie Ihr Vorhaben umsetzen können. Sie brauchen für dieses Ritual die Unterstützung eines Partners. Der muss nicht zwingend Ihr Lebenspartner sein, mit einem Freund oder einer Freundin klappt die Sache auch ganz wunderbar.

DAS HERZ-AUFS-HERZ-RITUAL

Setzen Sie sich Ihrem Partner gegenüber, sodass Sie sich gegenseitig in die Augen schauen können. Ihre Aufgabe ist es nun, Ihrem Gegenüber Ihr Vorhaben zu erläutern. Ziel ist es, ihm glaubhaft Ihren Ernst an der Sache zu vermitteln. Erzählen Sie Ihrem Gegenüber, was Sie verändern möchten und warum Sie das unbedingt wollen. Erklären Sie, warum Sie sich darauf freuen, endlich diese tolle neue Gewohnheit in Ihrem Leben zu haben und wie sich Ihr Leben zum Besseren wenden wird. Halten Sie ein emotionales Plädoyer.

Ihr Übungspartner soll Ihnen aber nicht nur in die Augen schauen. Er soll in sich hineinspüren, ob er Ihnen Ihren Wunsch nach Veränderung abnimmt. Erst wenn er sich sicher ist, dass Sie wirklich motiviert sind und tatsächlich die beschriebene Veränderung anstreben, soll er aufstehen und Sie mit der sogenannten Herzumarmung in die Arme schließen. Dabei umarmen Sie sich nicht wie gewöhnlich, sondern bringen Ihre Herzen bei der Umarmung aufeinander. Sie werden den energetischen Unterschied sofort spüren!

Die Herzumarmung kommt ursprünglich aus dem Tantra und kann Liebespaare harmonisieren und aufeinander einschwingen. In dieser Übung wirkt sie wie ein sanfter, hypnotisch wirksamer Schwur: Indem Sie Ihr Herz auf das Herz Ihres Partners bringen, legen Sie in diese Geste das Versprechen, Ihr Vorhaben auch wirklich wahr zu machen. Eine Prophezeiung, die ihre subtile Wirkung entfalten wird, darauf können Sie sich verlassen!

Entscheidend ist, sich zu entscheiden

Zurück zu meinem Sportbeispiel: Erst einmal taugt die negative Motivation, die Angst vor dem gleichen Schicksal, wie es mein Kumpel erlitten hat, vermutlich dazu, mich tatsächlich in Aktion zu versetzen. Trotzdem brauche ich immer noch einen genaueren Plan, damit mein Unterbewusstsein meine Anweisungen verstehen kann!

»Sport« ist ein weiter Begriff. Hier sollte ich überlegen, was ich eigentlich machen möchte. Schwimmen oder Karate? Joggen oder Fußball? Yoga oder Walking? Wenn ich jetzt sage: »Och, finde ich alles ganz reizvoll«, blockiere ich meine Aktion schon wieder, bevor ich überhaupt mit irgendetwas angefangen habe. Wer sich nicht entscheidet, tut nichts, so einfach ist das. Wenn sich tatsächlich alles gleichwertig anfühlt, kann ich alles auf Papierschnipsel schreiben und einen davon ziehen. Wenn dabei »Yoga« rauskommt und ich merke, dass ich das eigentlich doch nicht so gern machen möchte, bin ich schon einen Schritt weiter, weil ich dann woanders suchen muss. Auch das folgende kleine Orakel kann Ihnen immer dann auf spielerische Weise auf die Sprünge helfen, wenn Sie unentschlossen sind:

DAS SPRECHENDE SCHMUCKSTÜCK

Können Sie sich generell nur schlecht zu etwas entschließen? Vielleicht besitzen Sie ein schönes altes Schmuckstück, das Sie von jemandem geerbt oder geschenkt bekommen haben. Einen Ring, einen Anhänger oder einen Manschettenknopf. Dann können Sie die Person, von der das Schmuckstück stammt, ganz einfach nach einem kleinen Tipp fragen, sogar wenn diese bereits gestorben ist.

Befestigen Sie dazu das Schmuckstück an einer Kordel und stellen Sie so ein einfaches Pendel her. Legen Sie fest, welche Drehrichtung »ja« und welche Drehrichtung »nein« bedeutet. Halten Sie dann das Pendel mit Ihrer aktiven Hand – Rechtshänder rechts, Linkshänder links – locker zwischen Daumen und Zeigefinger. Setzen Sie sich entspannt an einen Tisch, beide Füße auf dem Boden, der Rücken gerade. Stützen Sie nun die Ellenbogen auf den Tisch und beugen Sie sich leicht nach vorn. Stellen Sie jetzt Ihre Frage (zum Beispiel: »Tante Elisabeth, werde ich mit Yoga glücklich werden?«) und warten Sie, bis das Pendel zunächst zu schwingen und dann zu kreisen beginnt.

Sollten Sie keine ererbten Preziosen besitzen, macht das gar nichts. Sie können auch einen Ring aus dem Kaugummiautomaten verwenden, Ihr Unterbewusstsein wird Ihnen trotzdem antworten. Und falls Ihnen die Antwort nicht gefällt? Dann wissen Sie doch, was Sie wollen! So haben Sie Ihre Entscheidung ebenfalls gefällt – und Ihr Unterbewusstsein hat diesen Weg gewählt, um Ihnen seine Meinung mitzuteilen. Sie müssen der »Entscheidung« des Pendels nicht Folge leisten.

Probiere etwas, was du noch nie gemacht hast, drei Mal.
Das erste Mal, um die Angst davor zu überwinden.
Ein zweites Mal, um zu lernen, wie es geht.
Und ein drittes Mal, um herauszufinden, ob du es magst oder nicht.

Virgil Garnett Thomson

Versuch macht kluch

Eine Alternative zum Orakel ist die Probe aufs Exempel. Das heißt, wenn ich mir im Fall unseres Sportbeispiels immer noch unsicher bin, teste ich sämtliche infrage kommenden Sportarten durch. Das dauert vielleicht ein paar Wochen, aber das macht Spaß und verpflichtet zu nichts. Ich fange einfach irgendwo an. Es ist immer besser, sich erst mal für irgendwas zu entscheiden als für gar nichts. Das Schöne ist: Ich habe die Lizenz, mich zu irren, ich kann mich jederzeit umentscheiden und bin niemandem Rechenschaft schuldig. So komme ich dem für mich perfekten Sport übers Ausschlussverfahren immer näher und ganz nebenbei setze ich mein Vorhaben, mehr Sport zu treiben, bereits um. Mit meinen Erfahrungen in den Probetrainings lässt sich auch später für meine Suggestionen ein präzises mentales Bild entwickeln. Ich weiß ja schon, wie sich die Sache anfühlt, wie das Studio aussieht, wie die Stimme des Kursleiters klingt und so weiter.

Gehen wir einfach mal davon aus, dass ich mich schlussendlich für Yoga entscheide (auch hier handelt es sich selbstverständlich wieder nur um ein Beispiel). Als Ergebnis der Probestunden komme ich zum Schluss, dass ich nirgendwohin fahren will, sondern zu Hause Yogaübungen machen möchte, die ich schon kenne. So nimmt nun ein konkreter Plan Gestalt an.[7]

Sie sehen: Es gibt oft erst mal jede Menge zu tun, bevor überhaupt eine Suggestion ins Spiel kommt.

Wann das so weit ist?

Ganz einfach: Sobald Sie wissen, was Sie *genau* tun möch-

---

[7] Wie Sie intuitiv immer die für Sie beste Entscheidung treffen und warum Entscheidungen glücklich machen, lesen Sie in meinem Buch »Das Geheimnis der Intuition«.

ten. Die beste Suggestion ist immer die, mit der ich klipp und klar sage, was ich will.

Always look on the bright side – finden Sie Ihre positive Motivation

Ich will also eine neue Gewohnheit etablieren. Eine Gewohnheit entwickelt sich nur, wenn man etwas regelmäßig tut, mit nicht zu großen Zeitabständen dazwischen. Nur dann bildet sich eine haltbare Erinnerungsspur im Gehirn. Wenn dieses neuronale Netzwerk einmal steht, kann ich immer wieder darauf zurückkommen. Oder um es anders zu sagen: Dann bin ich »drauf«. Umgekehrt gilt: Einmal ist keinmal.

Um in Gang zu kommen, hilft mir in unserem Beispiel die Motivation, nicht wie der Freund mit einem Herzinfarkt im Krankenhaus landen zu wollen. Langfristig ist das allerdings zu wenig. Nur wenn man etwas tut, was eine echte Belohnung für die Psyche enthält, und zwar jedes Mal, macht man weiter. So sind wir Menschen angelegt. Weil viele Leute solch eine positive Motivation nicht rechtzeitig entwickeln können, sind Fitnesscenter im Januar proppenvoll, im Februar schon wieder deutlich leerer und bereits im März trifft man nur die üblichen Verdächtigen an.

Ganz unabhängig davon, was Sie erreichen wollen, lautet also die wichtigste Aufgabe, noch bevor Sie sich eine wirksame Suggestion zimmern können: Finden Sie Ihre positive Motivation! Oder besser: Finden Sie gleich mehrere!

Fragen Sie sich: Was ist die emotionale Belohnung, die ich direkt erwarten kann?

Nehmen Sie einen Zettel, einen Stift, der angenehm in der Hand liegt, und machen Sie sich eine Liste mit den positiven Aspekten. Ja, handschriftlich. Mit der Hand zu schreiben, ist eine sinnliche Angelegenheit. Es ist nachgewiesen, dass sich handschriftlich Geschriebenes viel stärker im Gehirn verfestigt, als wenn Sie etwas am Computer verfassen.

Eine solche Belohnung könnte in meinem Sportbeispiel darin bestehen, dass ich ganz einfach Spaß am Yoga entwickele. Ich stelle fest, dass ich Fortschritte mache, feiere Lernerfolge.

Erinnern Sie sich: Lernen belohnt unser Gehirn von Kindesbeinen an mit Dopaminausschüttung, also mit Hochgefühlen. Aber auch wohlige Entspannung nach dem Training und ein angenehm trainiertes Körpergefühl sind solche unmittelbaren Belohnungen. Nicht zu vergessen: Der Erfolgskick, endlich den inneren Schweinehund überwunden und etwas angefangen zu haben.

Zu Hilfe! Vom Nehmen zum Geben

Eine nicht zu unterschätzende Motivation ist es, wenn man mit seinem Vorhaben anderen hilft oder das Leben anderer verbessern kann! Helfen macht nämlich glücklich. Wenn man weiß, dass man mit seinem Handeln anderen Freude bereitet, bleibt man außerdem eher bei der Stange, denn das Glück und das Wohlergehen der Mitmenschen verschaffen eine große Portion Extra-Rückenwind. Das ist einmal wieder biologisch bedingt: Etliche Studien haben gezeigt, dass Helfen das Immunsystem stärkt und außerdem das Belohnungszentrum im Gehirn aktiviert – wir Menschen sind nun mal soziale Wesen.

Doch das ist noch nicht alles. Das Vorhaben darauf auszurichten, anderen etwas zu geben, damit sie etwas Schönes erleben, kann auch einen manchmal hartnäckigen Bremsklotz entfernen, der oft verhindert, dass Träume in die Tat umgesetzt werden: die Sorge, egoistisch zu sein, wenn man seine Herzenswünsche verfolgt. Gerade vermeintlich »gut erzogene«

Menschen, darunter überproportional häufig Frauen, schieben ihre Pläne aus diesem Grund unbewusst auf die lange Bank.

Eine Teilnehmerin in einem meiner Seminare träumte davon, in ihrer kleinen Stadt ein Buchcafé zu eröffnen. Ein richtig gemütliches Café sollte es sein, in dem man lesen, sich treffen und Kuchen essen konnte. Aber irgendwie fehlte ihr der entscheidende Zündfunke, endlich aktiv zu werden.

Darum riet ich ihr intuitiv, den Fokus vom Nehmen aufs Geben zu verlagern. Statt »Ich will ...« sollte sie ihren Wunsch anders formulieren: »Ich gebe den Bewohnern meiner Stadt ... mit meinem Büchercafé.«

Plötzlich hellte sich ihr Gesicht auf, offenbar hatte mein Hinweis den letzten Anstoß gegeben. Die Ideen, wie sie das Projekt »Büchercafé« angehen und gestalten würde, sprudelten jetzt nur so aus ihr heraus. Das Café sollte mehrere Räume für unterschiedliche Interessen haben, vormittags sollte es Kinder-Specials mit Betreuung und abends Jazz geben, es sollten Benefizveranstaltungen dort stattfinden und und und...

Sie hatte ihre Perspektive gewechselt und erspürte nun die Bedürfnisse ihrer zukünftigen Kunden, statt nur ihre eigenen Wünsche zugrunde zu legen – für das Gelingen einer Geschäftsidee ein sehr wichtiger Punkt. Und das »nur«, weil sie etwas geben und nicht bloß nehmen wollte. Das Schöne dabei ist: Geben ist nie nur einseitig, wir bekommen immer auch etwas zurück. Das ist der Zauber des Schenkens.

WAS WIR WIRKLICH BRAUCHEN

Liegen Ihre Ziele und Vorhaben ganz oder zum Teil auch im materiellen Bereich? Haben Sie manchmal das Gefühl, wenn Sie mehr von diesem und jenem hätten, wären Sie glücklicher? Eine größere Wohnung oder ein Haus vielleicht, ein geräumigeres Auto, ein Segelschiff, die tollste Küchenausrüstung oder immer den neuesten Computer? Aber sind Sie sich eigentlich sicher, dass Sie diese Dinge wirklich wollen und brauchen? Dass diese Dinge tatsächlich Ziele sind, die Sie glücklich machen?

Kürzlich habe ich von einer jungen Frau gelesen, die sehr erfolgreich ein Reiseblog betreibt. Sie reist durch die Welt und führt ein sehr erfülltes, glückliches Leben. Sie reist mit Rucksack und den nimmt sie immer als Handgepäck mit an Bord, wenn sie fliegen muss. Um das gewährleisten zu können, richtet sie sich nach der Regel, möglichst nicht mehr als einhundert Dinge zu besitzen. Kauft sie sich ein neues T-Shirt, muss das alte gehen. Das Gleiche gilt für Schuhe, Bücher, für jeden einzelnen Gegenstand. Braucht sie irgendwo eine spezielle Ausrüstung, zum Beispiel zum Wandern, leiht oder kauft sie die vor Ort und verkauft oder spendet sie anschließend gleich wieder.

Natürlich sollen Sie nun nicht Ihren ganzen Besitz weggeben, diese Möglichkeit zu leben, ist nur eine von vielen. Aber sie führt vor Augen, dass Besitz immer auch eine mehr oder weniger große Last ist. Er macht buchstäblich langsamer und schwerfälliger: Hätte die Reisebloggerin mehr Gepäck, dauerte das Packen länger, außerdem müsste sie Stunden früher am Flughafen sein, um einzuchecken. Am Ziel könnte Sie nicht direkt weiterreisen, sondern müsste erst warten, bis ihre Koffer auf dem Gepäckband ankämen. In Bussen und Bahnen wäre das Gepäck im Weg und natürlich müsste es auch geschleppt werden...

In meinen Seminaren mache ich häufig eine Übung, bei der ich mich mit den Seminarteilnehmern im Kreis aufstelle. Dabei lasse ich mein Handy von einem zum nächsten wandern und erkläre: Solange wir hier in der Gruppe sind, braucht nicht jeder ein eigenes Handy. Ein einziges würde eigentlich genügen, damit wir mit der Außenwelt kommunizieren könnten.

Das ist natürlich nur ein Beispiel.

Im täglichen Leben lässt sich heutzutage kaum noch auf ein Handy verzichten. Dennoch lassen sich viele Dinge leihen oder teilen. Zum Beispiel brauchen viele Menschen kein eigenes Auto. Es gibt inzwischen in vielen Städten sehr gute Carsharing-Angebote – damit erspart man sich Kosten, Parkplatzsuche und Stress. Und im Grunde trifft das auf vieles zu, das man nur ab und zu benötigt. Aber viele Menschen besitzen lieber, als zu teilen.

Nachdem ich das Handy habe herumgehen lassen, wähle ich darum immer nach dem Zufallsprinzip einen Teilnehmer aus, dem ich nicht nur das Handy in die Hand drücke, sondern alles, was ich im Raum finde. Schals, Jacken, Taschen, Bücher, weitere Handys... Schließlich steht der arme Kerl da und hat Mühe, alles zu halten. Dann sage ich: »Stell dir vor, du besitzt nun all das und hältst es gut fest. Doch was passiert, wenn du Durst bekommst und ein Glas Wasser trinken möchtest?«

Kapitel 9
Die Macht der Worte: Wie Sie beflügelnde Suggestionen in Ihr Leben einbauen, der Regisseur Ihres eigenen Films werden und an Zielen dranbleiben, wenn es doch mal hakt

*Wer die Macht der Wörter nicht kennt,
kann auch die Menschen nicht kennen.*

Konfuzius

Sie wissen nun, was Sie tun wollen. Was Sie erreichen, verändern, loswerden oder neu in Ihr Leben integrieren möchten – und scharren wahrscheinlich schon mit den Hufen. Sie möchten endlich Ihre ganz persönlichen Suggestionen entwickeln, mit denen Sie sicher und mit Spaß an Ihr Ziel gelangen. Dazu kommen wir jetzt. Hier ist eine kleine Checkliste, die Ihnen bei der Formulierung hilft. Schreiben Sie die Suggestionen auf ein Blatt Papier. Damit können Sie später arbeiten.

Die sechs goldenen Regeln der Suggestionsformulierung

- **Bleiben Sie im Jetzt.** Formulieren Sie Ihre Suggestionen immer in der 1. Person Präsens und beschreiben Sie jeweils eine Aktion. Also »Ich mache XY…«, »Ich trainiere heute XY« oder »Ich fühle XY«. Wenn Sie stattdessen mit »Ich werde« anfangen, befindet sich Ihr Vorhaben auf ewig in

der Zukunft – und es besteht das Risiko, dass Ihr Unterbewusstsein Sie beim Wort nimmt.
- **Beschreiben Sie eine Aktion.** Ihre Worte sollten ein Bild vor Ihrem inneren Auge entstehen lassen. Beschreiben Sie darum konkret die neue Aktion. Also in unserem Beispiel aus dem vorherigen Kapitel nicht vage »Ich übe Yoga«, sondern besser »Ich mache morgens den Sonnengruß«.

Falls das Erreichen Ihres Zieles viele verschiedene Aktionen umfasst, weil Sie zum Beispiel einen Laden eröffnen möchten, ist das ein Spezialfall.

Dann sollten Sie diese Tätigkeiten zunächst identifizieren und in eine sinnvolle Reihenfolge bringen. Also zum Beispiel mithilfe eines Steuerberaters einen Businessplan aufstellen, einen Buchhaltungskurs belegen, die Finanzierung regeln, ein geeignetes Lokal suchen, Lieferanten finden und so weiter.

Anschließend formulieren Sie eine Supersuggestion, die alle diese Tätigkeiten unter sich vereint. Zum Beispiel: »Ich erkenne, welcher Schritt heute richtig ist, um mich meinem Ziel XY näherzubringen.« Und weiter: »Ich tue diesen Schritt jetzt mit Genuss und Vorfreude.« Diese Formulierung führt mich direkt zum nächsten Punkt.
- **Locken Sie Wohlgefühl mit Worten.** Bauen Sie Worte in Ihre Suggestion ein, die Sie mit einem schönen, angenehmen Gefühl verbinden. Etwa »wunderbar«, »ich genieße«, »Energie« oder »Glück«. Zum Beispiel: »Ich genieße es, jeden Morgen den Sonnengruß zu machen« oder »Wenn ich morgens den Sonnengruß vollführe, durchströmt eine wunderbare Energie meinen Körper«. Probieren Sie ein paar positive Worte durch und spüren Sie in Ihrem Körper nach, welche die größte gefühlsmäßige Resonanz in Ihnen hervorrufen. Geben Sie diesen Worten den Vorzug.
- **Bleiben Sie einfach, aber genau.** Seien Sie bei Ihrer Formulierung detailliert, aber nicht kompliziert. Sie haben pro

Suggestion einen Satz zur Verfügung. Stellen Sie sich vor, Sie müssten Ihr Vorhaben einem Kind erklären. Verschachtelte Bandwurmsätze, bei denen man am Ende den Anfang vergessen hat, sind tabu.
- **Schaffen Sie Abwechslung.** Formulieren Sie nicht nur eine Suggestion, sondern mehrere für die gleiche Sache. Nicht jede Suggestion funktioniert bei jedem jederzeit gleich gut. Variieren Sie Ihre Wortwahl. Ergänzend können Sie hier auch allgemeinere Formulierungen ausprobieren. So verstärken Sie die neuronalen Netzwerke in verschiedene Richtungen. Zum Beispiel: »Ich genieße es, jeden Morgen den Sonnengruß zu machen«, »Mein Morgenyoga gibt mir Energie« und – frei nach Coué – »Jeden Tag genieße ich meinen morgendlichen Sonnengruß mehr und mehr« oder auch »Jeden Tag bewege ich mich kontinuierlich auf mein Ziel XY zu«. Benutzen Sie mal die eine, mal die andere Suggestion oder auch alle hintereinander.
- **Bleiben Sie positiv.** Auch wenn Sie Ihre Wortwahl variieren: Vermeiden Sie negative Formulierungen. Bei »Ich liege nicht mehr faul im Bett« sehen Sie sofort Ihr gemütliches Bett lockend vor Ihrem inneren Auge.

Übrigens: Gänzlich verboten sind verneinende Formulierungen nicht. Es heißt zwar oft, das Unterbewusstsein könne »nicht« und »kein« nicht verstehen, das ist aber nicht ganz richtig, sondern gilt nur in Verbindung mit einem starken Bild. Wenn ich sage: »Denken Sie nicht an einen alten Schamanen« sehen Sie vermutlich augenblicklich einen weisen Alten im Wolfsfell vor sich. Wenn Sie in Zukunft etwas nicht mehr tun wollen, sollten Sie deshalb die Nennung der unerwünschten Tätigkeit in Ihrer Suggestion vermeiden. Bei »Ich trinke keinen Rotwein mehr« haben Sie logischerweise sofort ein leckeres Glas Rotwein vor Augen.

Andererseits verwenden Hypnotiseure ständig Verneinungen. Etwa »Du kannst deine Augen nicht öffnen« oder »Du kannst deinen Arm nicht beugen«. Oder denken Sie an die Suggestion, mit der sich viele Menschen selbst behindern: »Ich kann nicht ...« Solche Verneinungen versteht das Unterbewusstsein ohne Probleme. Aber: Auch wenn die generelle Verteufelung von Verneinungen nicht angebracht ist, sollten Sie sich angewöhnen, eine Sache positiv zu formulieren. Ganz einfach, weil das mehr motiviert.

Suggestionen in den Alltag einbauen

So, jetzt haben Sie also Ihr erstes Kit mit Suggestionen. Im zweiten Teil des Buches werde ich noch auf Besonderheiten häufiger Vorhaben und bestimmter Lebensbereiche eingehen. Dort werde ich etwa erklären, was Sie beachten sollten, wenn Sie zum Beispiel abnehmen wollen oder unter Ängsten leiden, und wie Sie Ihr Vorhaben noch weiter unterstützen können.

Sie sollten aber jetzt bereits loslegen. Ich empfehle Ihnen, dass Sie direkt damit beginnen, Ihre Suggestionen auszuprobieren. Je mehr Sie Ihre gedanklichen Gewohnheiten trainieren, je variierter Sie Ihre Suggestionen anwenden, umso schneller und nachhaltiger wird der Erfolg sein.

Sehr effektiv ist es bereits, wenn Sie zunächst eins der Rituale zum Gedankenstopp aus Kapitel sechs machen. Sobald Sie den meditativen Zustand der Abwesenheit von störenden Alltagsgedanken erreicht haben, setzen Sie dann Ihre Suggestionen. Das heißt, Sie sagen sie sich innerlich vor und malen sich die in der jeweiligen Suggestion beschriebene Situation plastisch aus. Das ist bereits eine sehr wirkungsvolle Technik, auch wenn wir noch lernen werden, wie Sie den Zustand der Gedankenfreiheit gezielt ausweiten und verstärken können, sowohl in der zeitlichen Ausdehnung als auch in der Tiefe des hypnotischen Zustands. So können Sie einerseits den Effekt der Suggestionen vervielfachen, andererseits aber noch einige weitere positive Nebenwirkungen erleben.

So werden Sie umwerfend — und bekommen ein intuitiveres Gehirn

Je mehr Sie üben, umso schneller werden Sie Effekte feststellen. Außerdem fällt Ihnen die Selbsthypnose mit jedem Mal leichter. Das wird mit großer Wahrscheinlichkeit sogar tiefgreifende Wirkung auf Ihr Gehirn und damit langfristig auf Ihre intuitiven Fähigkeiten haben. Dass bestimmte Gehirnareale wachsen, wenn man sich zeitlebens mit Dingen wie Hypnose, Gedankenlesen und, ja, Wundern befasst, dafür bin ich sicher das beste Beispiel. Für die Sendung »Terra X« hatten mich die Journalisten nach Groningen eingeladen, ins sogenannte »Social Brain Lab« des Hirnforschers Marc Thioux. Dort wurde ich in einen Magnetresonanztomographen geschoben, wo mir verschiedene Aufgaben gestellt wurden. Zum Beispiel sollte ich bestimmen, ob Versuchspersonen einen kleinen oder großen Ball aus einer Kiste herausnehmen. Dabei sah ich nicht die Bälle, sondern nur die Versuchsperson und die Kiste von vorne. Ich lag in allen Fällen richtig. Dabei maß man meine Gehirnaktivität. Es stellte sich heraus, dass der Bereich meiner Spiegelneuronen durchs jahrelange Training stark vergrößert ist. Sich in andere einzufühlen und Hypnose kann man also üben – das ist doch der beste Ansporn für Sie.

Professor Thioux hat mich im Anschluss außerdem gebeten, ihm doch einmal meine vermeintlich besonderen Kräfte zu zeigen. Darum habe ich einen energetischen Trick mit ihm ausprobiert: Ich habe ihn mit meiner per Gedankenkraft energetisierten Hand umgestoßen, und zwar ohne ihn zu berühren. Das Gelingen dieses Experiments, bei dem die Hand allein über Worte und die dadurch entstehende bildliche Vorstellung mit Energie aufgeladen wird, erstaunt mich selbst vermutlich immer am meisten. Sie können es selbst ausprobieren. Am Anfang werden Sie vermutlich noch niemanden umwerfen können, aber die Energie ist für einen Partner deutlich als Hitze, Kälte oder magnetische Kraft spürbar. Mit der Zeit werden Sie aber auch hier Übung entwickeln – bis Sie Ihr Gegenüber genauso leicht umwerfen können wie ich. Zur Sicherheit sollte Ihr Partner sich aber dennoch vor ein weiches Bett oder ein Sofa stellen – es kann sein, dass Sie ein Naturtalent sind und das Umwerfen auf Anhieb klappt.

DIE ENERGETISCHE HAND

Schließ die Augen.
Atme drei Mal tief ein.
Und wieder aus.
Öffne die Augen.
Strecke deine rechte Hand nach vorne.
Stell dir vor, wie dein ganzer Körper von einer hellen Energie umgeben ist.
Diese Energie fließt durch deinen Kopf in den Körper hinein.
Durch den Oberarm in den Unterarm
und von dort in die Handfläche,
wo sich die Energie in der Mitte der Handfläche in einem Punkt sammelt.
Spüre die Energie in deiner Hand.
Verstärke sie.
Noch mehr.
Nun bewege die Hand auf den Solarplexus deines Partners zu und sieh, was passiert.

Lesen hilft – Schreiben noch mehr

Suggestionen entfalten bereits eine Wirkung, wenn Sie sie »nur« lesen – das ist die einfachste Anwendung. Legen Sie sich einen Zettel mit Ihren Suggestionen ans Bett und lesen Sie diese jeden Abend vor dem Einschlafen und jeden Morgen nach dem Aufwachen. Damit nutzen Sie die Pforte zum Unterbewusstsein, die sich öffnet, sobald Sie in den Schlaf gleiten. Wenn Sie einschlafen, wechseln Ihre Gehirnwellen zunächst vom Beta-Zustand des aktiven Wachseins in den entspannten Alpha-Zustand und schließlich in den Theta-Zustand, in dem wir mit Leichtigkeit lernen. Wenn Ihnen Ihre Suggestionen noch frisch in Erinnerung sind, weil Sie sie gerade eben erst gelesen haben, gleiten diese ins Unterbewusstsein – der alte Trick der Schulkinder, die ihre Hefte vor der Klassenarbeit unters Kopfkissen legen, nachdem sie den Stoff noch einmal durchgegangen sind. So zeichnen die Suggestionen sofort eine noch nachhaltigere Erinnerungsspur, als wenn Sie sie zum Beispiel in Ihrer Frühstückspause bei der Arbeit tagsüber lesen (was aber zusätzlich durchaus zu empfehlen ist, Sie können sich Ihre Suggestionen gar nicht oft genug zu Gemüte führen).

Wenn Sie sich nach dem Aufwachen direkt wieder den Suggestionen zuwenden, bevor Sie von irgendetwas anderem abgelenkt werden, vertiefen Sie diese Spur und erinnern sich sofort wieder an Ihr Vorhaben. So haben Sie erst gar keine Chance zu vergessen, dass Sie ja in Ihrem Leben etwas ändern wollten. Diese Routine hat außerdem den Vorteil, dass Sie Ihre Suggestionen nach und nach auswendig lernen und sie auch mit geschlossenen Augen problemlos anwenden können. Eine gute Voraussetzung, sie zum Beispiel in Fantasiereisen oder zusammen mit kleinen »Filmsequenzen«, die die Trance noch vertiefen, anzuwenden, wie ich sie Ihnen im nächsten Kapitel zeigen werde.

DAS JOURNAL

Falls Sie abends noch nicht zu müde sind, können Sie Ihre Suggestionen auch noch einmal abschreiben. Möglichst mit einem schönen Füller und in geschwungener Schreibschrift und natürlich nicht rein mechanisch, sondern mit Fokus auf dem Inhalt. Wie bereits angedeutet, gibt es zahlreiche wissenschaftliche Hinweise darauf, dass das Schreiben von Hand den Inhalt des Geschriebenen in verschiedenen Gehirnarealen verankert. Wer auf einer Computertastatur oder dem iPhone tippt, hat diesen Effekt nicht. Ein guter Grund, sich zur Feier des Tages einmal wieder ein altmodisches Notizbuch und einen schönen, alten Füller zu schenken!

Alltägliche Handgriffe zu hypnotischen Ritualen machen

Sie können Ihre Suggestion auch wunderbar mit einem alltäglichen Trigger verbinden, also mit einer Routine, die Sie täglich sowieso ausführen. Kleben Sie einen Post-it-Zettel mit Ihren Suggestionen an den Badezimmerspiegel und visualisieren Sie jeweils eine dieser Suggestionen beim Händewaschen oder beim Zähneputzen. Wenn Sie das ein paarmal gemacht haben, kommen die Suggestion und die damit verbundenen Bilder automatisch zu Bewusstsein, wenn Sie nur die Seife zur Hand oder die Zahnbürste aus dem Becher nehmen. Männer können auch das Rasieren zur hypnotischen Übung umfunktionieren. Genauso gut geeignet sind Haushaltstätigkeiten wie die Spülmaschine auszuräumen, den Müll rauszubringen, das Katzenklo zu säubern, Kaffee aufzugießen und so weiter.

Besonders schön ist es, wenn Sie jede dieser Tätigkeiten mit einer kleinen Variation Ihres Suggestionsgrundthemas belegen, die zur jeweiligen Tätigkeit passt. An der Kaffeemaschine, aus der der morgendliche Wachmacher tröpfelt, denken Sie zum Beispiel: »Ich spüre die wachsende Energie in mir, wenn ich…«. Beim Müllrausbringen sagen Sie sich innerlich: »Ich räume alles aus dem Weg, was mich an… hindern könnte«, und wenn Sie die Fenster putzen, könnte die Suggestion lauten: »Ich sehe mein Ziel… klar vor Augen und bewege mich Schritt für Schritt darauf zu«, und so fort. Ihrer Fantasie sind keine Grenzen gesetzt.

MACHEN SIE SICH EIN BILD

Sie können noch einen Schritt weitergehen in der Anwendung Ihrer Suggestionen: Entwickeln Sie aus Ihren Suggestionen ein Symbol. Die Sprache des Unterbewusstseins besteht aus Bildern. Suggestionen funktionieren nur darum, weil Sie sich dazu etwas bildlich vorstellen, die Buchstaben an sich sind neutral, sie sind nur die Boten. Wenn Sie zum Beispiel sagen: »Ich genieße es, jeden Tag eine halbe Stunde an meinem Buch zu schreiben«, sehen Sie sich vermutlich mit einer Tasse Kaffee am Schreibtisch sitzen, vielleicht frühmorgens, bevor Ihre Familie aufwacht und der stressige Tag beginnt. Dieses Bild können Sie mit einem Symbol verknüpfen.

Überlegen Sie: Gibt es einen Gegenstand, den Sie mit der Tätigkeit, dem Schreiben, verbinden? Eine altmodische Schreibmaschine vielleicht? Vielleicht sogar eine, die Sie früher einmal benutzt haben? Dann stellen Sie diese Schreibmaschine in Ihrer Vorstellung davon, wie Sie dort sitzen und an Ihrem Buch tippen, doch mal mit auf den Schreibtisch. Sie müssen nicht darauf schreiben, stellen Sie sie einfach neben Ihren Computer. Stellen Sie sich nun vor, wie sich die Situation und das Symbol – die Schreibmaschine – verbinden. Die Situation fließt sozusagen in die Schreibmaschine hinein, sie saugt sie auf. Die Schreibmaschine bekommt daraufhin eine ganz besondere Aura, sie leuchtet von innen. Wann immer Sie in Zukunft an die Schreibmaschine denken, poppt in Ihrer Vorstellung das friedliche Bild auf, wie Sie ganz in Ruhe und ungestört morgens am Schreibtisch arbeiten. Am besten funktioniert diese Verknüpfung, nachdem Sie eins der Gedankenstopp-Rituale ausgeführt haben, aber oft reicht es bereits, sich die Fusion von Symbol und Situation im ganz normalen Wachzustand vorzustellen. Die bildliche Kraft ist so stark, dass Sie sofort mit dem Symbol arbeiten können.

Was ist Ihr Symbol?

Das Fernziel immer im Blick behalten

Genauso wichtig wie der erste Antrieb, der uns überhaupt in Aktion bringt, ist die langfristige Motivation, denn die hält uns bei der Stange und lässt uns nicht nur den ersten Schritt, sondern auch alle folgenden Schritte gehen.

Überlegen Sie: Was werden Sie auf Dauer für Ihr neues Verhalten bekommen? Was ist Ihr Fernziel? Finden Sie leidenschaftliche Gründe. Gründe, die Sie mit Vorfreude erfüllen, wenn Sie sich ausmalen, wie es sein wird, wenn Sie Ihr Ziel erreicht haben. Ein zum Nichtraucher gewordener Raucher könnte zum Beispiel damit belohnt werden, dass er sich vitaler und nicht mehr kurzatmig fühlt. Dass seine Haut und Zähne nicht mehr gelb aussehen, sondern er Komplimente für sein gesundes Aussehen bekommt. Dass seine Wohnung nicht mehr riecht wie ein Aschenbecher. Dass er jeden Monat ein paar Hundert Euro mehr auf dem Konto übrig hat. Dass sein Patenkind sich nicht mehr angewidert wegdreht mit den Worten: »Iiih, du stinkst nach Rauch!«.

Ein angehender Marathonläufer könnte sich vorstellen, wie ihm die Menschen zujubeln, wenn er durchs Ziel läuft. Wie ihm seine Freunde gratulieren. Wie er die Teilnahmeurkunde an die Wand hängt. Wie er beim Training jedes Mal das *Runner's High* auskostet. Wie er plötzlich fünf Kilo leichter und viel beweglicher ist.

Jemand, der seine Flugangst loswerden möchte, kann sich vorstellen, wie er ferne Länder besucht, die er mit dem Auto oder Zug niemals erreicht hätte. Wie er die Verwandten in Australien endlich kennenlernt.

Egal, was Sie vorhaben, stellen Sie sich vor, Sie haben Ihr Ziel bereits erreicht. Tragen Sie alles zusammen, was daran wunderbar ist, und schreiben Sie dies ebenfalls auf. Lassen Sie sich Zeit, vermerken Sie auch den kleinsten Vorteil, der Ihnen in den Sinn kommt. Und schreiben Sie auf, wie großartig Sie sich dabei fühlen.

Aus diesen langfristigen Pluspunkten lassen sich tolle Visualisierungen entwickeln, die Sie auf dem Weg zu Ihrem Ziel beflügeln. Ich habe im Folgenden zwei Varianten für Sie. Suchen Sie sich die aus, die Ihnen mehr zusagt, oder wechseln Sie sie ab. Bei der Vorbereitung für beide Visualisierungen helfen Ihnen sowohl Ihre Liste mit den langfristigen Belohnungen für Ihr neues Verhalten als auch die Liste mit den Belohnungen, in deren Genuss Sie jedes Mal kommen.

Lesen Sie zunächst Punkt für Punkt Ihre Liste mit all den wunderbaren Dingen, in deren Genuss Sie kommen, wenn Sie Ihr Ziel erreicht haben. Lesen Sie sie mehrmals. Stellen Sie sich jeden Punkt in Ruhe bildlich vor.

Lesen Sie dann Ihre Liste mit den unmittelbaren Belohnungen, die Sie jedes Mal erleben, wenn Sie Ihren Vorsatz in die

Tat umsetzen. Stellen Sie sich auch diese Punkte nacheinander vor.

Lesen Sie anschließend das folgende Skript mindestens zwei, besser drei Mal. Sie können den Text auch aufnehmen und laut abspielen oder von einer Person vorlesen lassen, die Ihr Vertrauen genießt.

Wenden Sie nun eine der Methoden zum Gedankenstopp an, zum Beispiel das Flow-ABC (101 f.) oder auch ganz einfach den Atemzirkel (S. 89 f.).

Dann folgen Sie dem Skript.

FEENSTAUB WEIST DIR DEN WEG

Schließ die Augen.
Stell dir vor, du hast dein Ziel erreicht.
Wie fühlt es sich an?
Was tust du?
Wie siehst du aus?
Wer ist mit dir dort?
Erlebe die Situation mit all deinen Sinnen.
Jedes Detail.
Fühle die Freude, die dich erfüllt.
Das großartige Gefühl von Erfolg.
Das Glück, den Weg hierher gegangen zu sein.
Du hältst etwas in deiner Hand.
Magischen Feenstaub.
Öffne die Hand, sieh ihn dir an.
Der Feenstaub glitzert und beginnt leicht über deiner Hand zu schweben.
Wirf den Feenstaub nun hinter dich, über deine Schulter.
Dreh dich um.
Vor dir glitzert der Weg.
Alle Schritte, die du bis zum Ziel gegangen bist, werden sichtbar.
Jeder einzelne.

Du kannst genau verfolgen, was du in jedem Schritt getan hast.
Du siehst den Weg, der dich hergeführt hat, an dein Ziel.
Siehst dich ganz am Anfang stehen und losgehen.
Voller Vertrauen.
Du siehst, wie du Fortschritte machst.
Wie du dich freust.
Wie du immer weiterkommst.
Du weißt nun ganz sicher, der Weg führt tatsächlich ans Ziel.
Du weißt, du kommst an.
Du schaffst, was du willst.
Atme tief ein und aus.
Öffne die Augen.
Fühle das Glück.

Die nächste Übung ist nicht ganz so märchenhaft, funktioniert aber nach dem gleichen Prinzip. Sie ist nicht weniger magisch in ihrer Wirkung.

ZURÜCK IN DIE ZUKUNFT: DER FILM DEINES ERFOLGS

In dieser Übung gestalten Sie Ihr eigenes Drehbuch. Das Besondere dabei: Ihr Kinofilm beginnt mit dem Erreichen Ihres Ziels und spult sich dann rückwärts ab bis zu dem Punkt, an dem Sie momentan stehen, also ganz an den Anfang Ihres Vorhabens.

Falls Ihr Ziel das Laufen eines Marathons ist, könnte der Film damit beginnen, wie Sie tatsächlich durchs Ziel laufen und trotz der Erschöpfung nach 42 Kilometern jubelnd die Arme hochreißen. Ihre Freunde fallen Ihnen um den Hals. Am Anfang – der in diesem Fall das Ende des Films ist – sehen Sie sich, wie Sie im Sportgeschäft Ihre ersten richtig professionellen Laufschuhe kaufen.

Ihre Aufgabe ist es nun zu überlegen, welche Handlung dazwischenliegt. Welche Meilensteine gilt es zu erreichen? Welche Dinge zu tun? Eine Szene könnte sich zum Beispiel darum drehen, wie Sie sich eine Laufgruppe suchen oder wie Sie einen Personal Trainer engagieren. Sie könnten sich sehen, wie Sie immer neue, immer längere Trainingsstrecken testen, durch den Wald, an einem See entlang. Wie Sie sich das nächste Paar Schuhe kaufen, nachdem die ersten durch sind. Wie Sie Dehnungsübungen und Intervalltraining machen. Wie Sie nach jedem Training glücklich und ohne jedes schlechte Gewissen einen Berg köstlicher Pasta verdrücken. Und so weiter. Im ersten Moment erscheint Ihnen diese Übung vielleicht schwierig, aber je mehr sie darüber nachdenken, umso mehr Szenen werden Ihnen einfallen.

Wenn Sie unter Vortragsangst leiden, halten Sie am Ziel einen eloquenten Vortrag vor großem Publikum. So locker, dass Sie nicht mal einen Spickzettel brauchen und zu Scherzen aufgelegt sind. Die Zuhörer applaudieren, Sie werden vielleicht vom Professor zu Ihrem tollen Referat beglückwünscht. In den einzelnen Schritten zuvor sehen Sie, wie Sie sich zu Hause auf Ihre Vorträge gründlich vorbereiten. Wie Sie Karteikarten mit Texten beschriften. Wie Sie Ihrem Partner einen Vortrag halten, nachdem Sie erst mit Ihrem Teddy geübt haben. Sie können sich auch von außen bei der Selbsthypnose mit Ihren persönlichen Suggestionen sehen. Eine Szene am Anfang könnte sein, wie Sie dieses Buch lesen und den Gedankenstopp üben. Wie Sie die Siegerpose aus Kapitel zwei üben, um sich Selbstvertrauen einzuflößen. Alles, was Sie tun, um Ihr Ziel zu erreichen, ist relevant.

Wenn Sie Ihren Film fertig gestaltet haben, machen Sie eine der Übungen zum Gedankenstopp. Dann visualisieren Sie Ihren Film. Viel Spaß!

Glück bedeutet: Immer schön in Bewegung bleiben

Wenn Sie diese Übungen regelmäßig machen, werden Sie merken, wie Ihr Vorhaben einen regelrechten Kickstart bekommt. Es ist tatsächlich so: Ihr Gehirn kann nicht zwischen Vorstellung und Wirklichkeit unterscheiden. Forscher der Washington University haben gemessen, dass beim Lesen und intensiven Nachempfinden einer Geschichte dieselben Gehirnareale aktiv sind wie beim echten Erleben. Sie etablieren also Ihre Gewohnheit schon allein durch gedankliches Training. Die Realität folgt dann von ganz allein.

Die Filmübung und die Feenstaub-Visualisierung haben noch einen weiteren Vorteil. Sie beugen einem Problem vor, das manchmal entsteht, wenn man immer ausschließlich das Ziel visualisiert, wie es ja leider oft empfohlen wird. Dabei kann es nämlich sein, dass das Unterbewusstsein die Hände in den Schoß legt, weil es keine Notwendigkeit sieht, in Aktion zu treten. Wozu auch? Man hat ihm ja glaubhaft vermittelt, dass man bereits am Ziel angekommen ist.

Es ist darum enorm wichtig, den zurückzulegenden Weg mitzudenken. Oder besser gesagt: uns einen Weg zu erlauben und in unserer Vorstellung einen Platz dafür freizuhalten. Wir müssen uns auf das Ziel zubewegen, das Ziel kommt nicht zu uns. Der tatsächlich zurückgelegte Weg sieht dann hinterher möglicherweise anders aus, als wir ihn uns im ersten Moment vorgestellt haben, aber entscheidend ist: Wir sind ihn gegangen. Ohne das Zurücklegen einer Wegstrecke ist kein Ziel je erreicht worden. Da können Ihnen irgendwelche Positiv-Denken-Gurus noch so oft erzählen, dass Sie nur intensiv genug an Ihr Traumauto oder den idealen Partner denken müssen, um beides »anzuziehen«. Das funktioniert nur, wenn Sie auch in Aktion kommen. Sonst ist die Sache genauso unrealistisch wie die Idee, sich einen Lottogewinn herbeizuvisualisieren.

Machen Sie sich auf die Reise, denn der Weg ist nicht das Ziel — er ist das Leben

Das klingt jetzt im ersten Moment vielleicht unbequem nach Arbeit, aber so funktioniert das Leben. Ich wiederhole es noch mal: Um ein Ziel zu erreichen, müssen wir uns auf den Weg machen. Aber wissen Sie was? Das ist doch gerade der Spaß! Ein Freund von mir ist Multimilliardär. Er besaß bereits alles, was er sich je an Besitz erträumt hat. Sogar ein Schloss hat er sich gekauft – wie im Märchen. Doch vor ein paar Jahren geriet er in eine Krise und fühlte sich plötzlich deprimiert und antriebslos. Er hat mir das so beschrieben:

»Jan, ich sitze auf der Spitze des Berges. Genau dort, wo ich immer hinwollte. Wie so ein König in seiner Burg. Aber plötzlich geht es auf allen Seiten nur noch runter. Jetzt kann ich natürlich hier oben sitzen bleiben und nichts mehr tun – das ist aber total langweilig. Alternativ muss ich wieder ins Tal, ich muss zurück auf Los oder etwas anderes anfangen.«

Sein Problem bestand darin, dass sein Leben ins Stocken geraten war. Er musste sich nicht mehr anstrengen und damit hatte er keine Motivation mehr. Das Ziel war futsch und damit war auch der Weg verschwunden. Ihm ging es so lange gut, wie er noch etwas zu tun hatte, um sein Ziel zu erreichen. Wer in so einer Situation ist, muss sich tatsächlich wieder an einen Punkt begeben, an dem er neu anfängt. Mit irgendetwas. Genau da fängt Lebensfreude an. Der Weg ist nämlich nicht das Ziel, er ist das Leben. Wer lebt, ist in Bewegung. Bewegung bedeutet Glück, Spannung und Spaß.

Mein Freund hat nach einer Weile genau das getan: Er hat wieder von vorn angefangen und sich sogar richtig physisch auf den Weg gemacht. Er hat sein Schloss Freunden zur Verfügung gestellt, sich ein Wohnmobil gekauft und ist losgefahren.

Seine Etappenziele waren die besten Bäcker der Welt. Er hatte sich auf einmal daran erinnert, dass er mal den Traum gehabt hatte, ein Café mit Bäckerei zu eröffnen. Eine, in der es die leckersten Brote der Welt zu kaufen gibt. Sein Ziel war es, überall so viel übers Brotbacken zu lernen wie nur möglich und dann mit neuen Fertigkeiten dieses Café zu eröffnen. Das hat Jahre gedauert und war ziemlich mühsam. Er musste ständig mitten in der Nacht aufstehen, wie das bei Bäckern eben so ist. Aber er war plötzlich wieder glücklich! Er hatte eine Vision und für die lebte er.

Die Sache war unheimlich spannend: Er hat jede Menge Landstriche kennengelernt, war in Frankreich, um das Backen des perfekten Baguettes zu lernen. In Schweden, wo er Knäckebrote in den Ofen geschoben hat. Er hat neue Leute getroffen, Freunde gewonnen. Ganz zum Schluss hat er dann das Café schließlich eröffnet, aber das war eigentlich gar nicht mehr so wichtig.

Aus der Geschichte meines Kumpels lässt sich eine wichtige Erkenntnis ziehen: Nehmen Sie den Weg immer wieder mit in Ihre Suggestionen auf. Genau darum steht auch unter Punkt eins der goldenen Regeln zur Formulierung einer Suggestion, dass es wichtig ist, eine Aktion zu beschreiben. Bewegung ist das A und O. Fühlen Sie einmal in die Formulierungen »Ich habe...« oder »Ich besitze...« hinein. Fühlen Sie den Stillstand? Die Schwere, die Sie nach unten zieht? Genau das ist das Problem.

Dranbleiben, wenn es doch mal hakt

Sie haben vermutlich mit viel Enthusiasmus begonnen – und eines Tages merken Sie, dass Sie heute nun wirklich keine Lust haben, Ihre neu gewonnene tägliche Routine fortzusetzen. Sie haben keinen Bock auf Ihre Suggestionen. Sie haben keinen

Bock auf irgendwas. Der Vortrag, den Sie angstfrei halten wollten, fühlt sich aus heiterem Himmel wieder so bedrohlich an, dass Sie ihn am liebsten sofort absagen würden. »Warum tu ich das eigentlich?«, fragen Sie sich vielleicht. So viel Arbeit, so unbequem. Sie hatten es sich im alten Status quo doch eigentlich ganz gemütlich eingerichtet. Wer braucht schon einen Marathon oder zwanzig Kilo weniger? Wozu überhaupt Vorträge halten? Wozu Flugangst besiegen, wenn man mit der Bahn fahren kann?

Dazu gesagt: So was ist normal. Sie können nicht jeden Tag die gleiche Motivation aufbringen, das geht nicht. An manchen Tagen steht jeder mal mit dem falschen Fuß zuerst auf. Dann ist es verlockend, sich in alte Gewohnheiten fallen zu lassen wie in einen bequemen Sessel. Dann drängen sich negative Suggestionen zwischen Sie und Ihr Fernziel. Wenn Sie jetzt nicht aufpassen, machen Sie nicht nur einen Tag Pause, sondern einen nach dem anderen und stellen Ihrem Vorhaben ein Bein.

DURCHHALTEN IN DREI SPALTEN

Für solche Fälle mache ich mit den Teilnehmern in meinen Seminaren immer eine kleine Selbstreflektionsübung. Dafür braucht man ein Blatt Papier, das man in drei Spalten aufteilt. Bleiben wir dafür noch einmal bei dem Marathonbeispiel.

Sie trainieren also für einen Marathon, es ist Ihr Traum, endlich einmal diese Distanz zu schaffen. Ihre normale Kernsuggestion lautet vielleicht ungefähr so: »Ich genieße jeden Schritt meines Trainings.« Diese Suggestion und die damit verbundene Filmsequenz in Ihrer Vorstellung haben Sie sogar in ein Symbol gegossen: ein Paar Laufschuhe. Aber heute funktioniert das Symbol nicht. Sie schauen aus dem Fenster, es stürmt und nieselt und Sie denken: »Nein, heute kann ich einfach nicht trainieren, schon gar nicht mit Genuss, das ist mir einfach zu kalt und nass draußen. Morgen wieder.«

In der ersten Spalte wird nun dieser im Moment nicht förderliche Gedanke notiert. In die mittlere Spalte schreiben Sie die Auswirkung dieses Gedankens. Dabei ist es wichtig, ganz ehrlich zu sein und neutral zu bewerten. Zum Beispiel: »Wenn ich heute nicht trainiere, kann es sein, dass mir die Kraft beim Marathon fehlt.« In der letzten Spalte wird es interessant. Da nehmen Sie den ersten negativen Satz und krempeln ihn so um, dass Ihnen das Mittlere nicht passiert. Dieser Satz lautet dann: »Ich gehe heute laufen, weil ich die Kraft beim Marathon brauche.«

Das ist Ihre Durchhaltesuggestion.

Sagen Sie diese Suggestion immer und immer wieder auf. Sofort wird es einfacher rauszugehen und zu laufen, weil die Kälte überhaupt keine Rolle mehr spielt. Wenn Sie dann nach der Hälfte der Trainingsdistanz entscheiden, dass es doch zu unwirtlich fürs Weiterlaufen ist, ist das nicht schlimm. Schließlich haben Sie immerhin trainiert. Sie haben Ihren eigenen Widerstand überwunden und das ist ein toller Erfolg. Sie dürfen sich natürlich auch sagen: »Ich gehe mal raus und schaue, wie es sich anfühlt. Wenn es gar nicht geht, höre ich eben wieder auf.« Was dann in den meisten Fällen passiert, ist: Sie merken, dass es gar nicht so wild ist mit dem vermeintlichen Hinderungsgrund und trainieren einfach wie gewohnt. Oft ist nämlich nur das Anfangen die Schwierigkeit, nicht das Machen selbst.

Haben Sie gemerkt, was passiert ist?

Sie haben sich Ihren vermeintlichen Hinderungsgrund »Es ist zu kalt und nass, deshalb laufe ich nicht« zur Brust genommen. Sie haben sich bewusst gemacht, was das bedeutet. Sie haben dann einen positiven Grund gefunden, warum Sie es doch tun sollten, und zwar einen, den Sie vorher gar nicht auf dem Radar hatten, obwohl er so nahelag. Sie können schließlich nicht einfach behaupten: »Es ist plötzlich warm und deshalb gehe ich laufen«, also müssen Sie Ihre Motivation den Gegebenheiten anpassen.

Du kannst die Wellen nicht anhalten,
aber du kannst lernen zu surfen.

Joseph Goldstein

Suggestionen sind nicht in Stein gemeißelt — manchmal brauchen sie eine Überarbeitung

Vielleicht steckt hinter so einem Hänger auch ganz grundsätzlich ein Fehler in Ihrer ursprünglichen Suggestion. Vielleicht haben Sie dabei ein Bild vor Augen, wie Sie bei schönstem Wetter in kurzen Hosen und bei Vogelgezwitscher dahintraben. Das stimmte vielleicht auch meistens, als Sie im Sommer mit dem Training begonnen haben. Aber jetzt ist es Herbst geworden, die Vögel sind in den Süden geflogen, für kurze Hosen ist es zu kalt und das schöne Wetter ist auch selten geworden. Plötzlich gibt es da eine zu große Diskrepanz zwischen Ihrer Suggestion und der erlebten Realität. Das Resultat: Sie nehmen sich die Suggestion nicht mehr ab.

Die Sie umgebende Realität können Sie nicht anpassen, auf das Wetter haben Sie keinen Einfluss. Aber Sie können Ihre eigene Realität anpassen! Sie können die Suggestion und Ihr dabei entstehendes Bild bearbeiten. Zum Beispiel, indem Sie sich unterschiedliche Wetterlagen vorstellen, wenn Sie mit Ihren Suggestionen arbeiten. Wie sehen Sie beim Training aus, wenn es regnet und stürmt, welche Kleidung tragen Sie? Wie vermummt sind Sie, wenn es Winter wird und es draußen vielleicht sogar noch dunkel ist, wenn Sie trainieren? Weichen Sie bei Glatteis auf ein Laufband im Fitnessstudio aus?

Was gibt es für besondere Belohnungen nach dem Training im Winter? Gehen Sie danach in die Sauna oder zur Massage?

Nehmen Sie sich noch mal das Drehbuch für Ihren Erfolgsfilm von Seite 148 f. vor und bauen Sie die entsprechenden Szenen ein.

Pausen auf dem Weg sind erlaubt, Aufgeben nicht

Ganz wichtig, wenn Sie doch mal eine Rast auf dem Weg zu Ihrem Ziel gemacht haben: Seien Sie gnädig mit sich selbst. Wie auf jeder Reise braucht man manchmal tatsächlich Pausen. Wenn Sie jetzt sagen: »Ach, hat doch eh alles keinen Sinn mehr, ich bin ein Versager, jetzt muss ich auch nicht mehr weitermachen«, ist Ihr Vorhaben tatsächlich gescheitert. Nicht, weil Sie ein oder ein paarmal nicht Ihren Hintern hochbekommen haben, sondern weil Sie sich genau das sagen. Sagen Sie sich lieber: »Okay, gestern hatte ich einen Durchhänger und vorgestern auch, wahrscheinlich brauchte mein Körper einfach eine kleine Pause. Aber heute mache ich weiter!« Dann ist das so, als sei nichts geschehen. Das können Sie auch nach einer Woche Pause noch sagen. Oder einem Monat. Immer.

Gescheitert sind Sie erst, wenn Sie *glauben*, dass Sie es sind. Sie können immer wieder anfangen. Jederzeit. Mit dem gleichen Spaß. Dann erreichen Sie Ihr Ziel eben ein bisschen später. Wäre das so schlimm? Denken Sie an den Multimilliardär in der Krise. Im Gegensatz zu ihm haben Sie das Wichtigste noch vor Augen: Ihr Ziel. Und jetzt zeige ich Ihnen, wie Sie den meditativen Zustand des Gedankenstopps noch um ein Vielfaches vertiefen können – um Ihr Vorhaben noch einfacher und effektiver in die Tat umzusetzen.

Kapitel 10
Selbsthypnose für Fortgeschrittene: Wie Sie Ihre Entspannung hypnotisch vertiefen, Suggestionen haltbar machen und schöne Gefühle für immer verankern

Nicht der Wille ist der Antrieb unseres Handelns, sondern die Vorstellungskraft.

Emile Coué

Wenn Sie bis hierher gelesen haben, haben Sie vielleicht manchmal gedacht: Alles schön und gut, aber wann kommt der Becker denn jetzt endlich zur *richtigen* Hypnose? Dann frage ich zurück: Was war denn an der Hypnose bis jetzt falsch?

Die Rituale und Übungen zum Herstellen eines meditativen, gedankenfreien Zustands, die ich Ihnen bisher gezeigt habe, beruhen vor allem auf fokussierter Beobachtung des eigenen Körpers – wie der Atemzirkel – oder einer Aktion, die die Psyche so beschäftigt, dass sie keine Möglichkeit hat, sich in unproduktiven Gedankenspiralen zu ergehen. Letzteres trifft zum Beispiel auf das Flow-ABC zu, aber auch auf das Summen eines Lautes oder die Fokussierung auf ein Mantra oder Mandala. Andere Rituale sind eine Kombination aus Suggestionen mit bewusster Fokusverschiebung, wie etwa das Stoppschild-Ritual. Auch wenn bei diesen Übungen niemand rückwärtszählt, ein Pendel schwingt oder mit dem Finger schnippt, so sind sie hervorragende Möglichkeiten, sich selbst in Hypnose zu versetzen – und zwar ganz »in echt«.

Was viele Leute aber mit vermeintlich »richtiger Hypnose« assoziieren, das sind Methoden, bei denen der Hypnotiseur sein Gegenüber mithilfe von Suggestionen Schritt für Schritt tiefer in den hypnotischen Zustand führt. Das ist das, was ich auch auf der Bühne zeige, und die Fantasiereisen, mit denen ich meine Klienten in die Hypnose führe, fallen ebenfalls in diese Kategorie. Charakteristisch sind dabei Formulierungen wie »Du sinkst tiefer und tiefer« oder »Du wirst leichter und leichter«. Sie haben diesen Typ der Hypnose bereits kennengelernt: In der Übung von Seite 32 f., in der Sie sich warme Hände und Füße herbeidenken etwa, und auch bei den Fingermagneten, die ich Ihnen auf S. 46 f. vorgestellt habe.

Wenn man Suggestionen zum Zweck anwendet, einen hypnotischen Zustand herzustellen – also noch bevor man Suggestionen setzt, die die Lösung eines bestimmten Problems zum Ziel haben –, nennt man das hypnotische Induktion, vom lateinischen Wort *inductio*, Hineinführung. Mittels Vertiefungs-Suggestionen lässt sich dann der hypnotische Zustand willentlich und vor allem sehr gezielt zeitlich ausdehnen und verstärken. Dadurch können Ihre individuellen Suggestionen sozusagen länger und intensiver auf Ihr Unterbewusstsein einwirken. Sie können sich auch stressfreie Wohlfühlräume gestalten, in die Sie immer dann zurückkehren, wenn es Ihnen gerade nicht so gut geht, wenn Sie traurig sind oder Kraft tanken möchten. Diese Räume haben dann eine ähnliche Funktion wie ein Symbol, in welchem Sie Ihre Suggestionen zusammenfassen.

Der schnelle Klassiker: Die Induktion des Tausendsassas

Die wohl berühmteste und dabei sehr einfache, blitzschnelle und millionenfach getestete Induktion ist eine Induktion, die von einem Hypnotiseur namens Dave Elman in den Fünfzigerjahren erdacht wurde. Der kleine Dave hatte als Kind erlebt, wie ein Hypnotiseur seinen krebskranken Vater von seinen unerträglichen Schmerzen befreien konnte. Von diesem Moment an war er fasziniert von den Möglichkeiten der Hypnose.

Zwischen Dave Elman und mir gibt es sogar ein paar Parallelen. Wie ich begann auch Elman schon als Jugendlicher, seine Freunde in Hypnose zu versetzen. Dass er Hypnoseshows auf die Bühne brachte, ist eine weitere Ähnlichkeit. Ich war allerdings weder Musiker, noch Komponist und im Radio habe ich auch nicht moderiert, mit all dem hat sich Tausendsassa Elman im Laufe seines Lebens beschäftigt. Aber vor allem arbeitete Elman erfolgreich als hypnotischer Anästhesist. Er brachte seine Induktion zum Beispiel Zahnärzten bei, die in Kombination mit entsprechenden Suggestionen fortan auf Betäubungsspritzen verzichten konnten.

Die Elman-Induktion ist in ein paar Minuten gelernt und Sie können im Anschluss sofort Ihre persönlichen Suggestionen setzen.

DIE ELMAN-INDUKTION

Schließ deine Augen.
Stell dir vor, wie all die winzigen Muskeln um deine Augen
    herum absolut entspannen.
Sämtliche Anspannung weicht aus den Muskeln.
Vertiefe dich in die Vorstellung.
Die Muskeln um deine Augen sind nun maximal entspannt.
So entspannt, dass du die Augen nicht öffnen kannst.
Sogar dann, wenn du es gleich versuchst.
Gehe in der Vorstellung der unendlichen Entspannung auf.
Nun versuche, die Augenlider zu heben.

Unglaublich, aber wahr: Das Heben der Augenlider sollte nun unmöglich sein. Das ist das Zeichen, dass Sie sich bereits in hypnotischer Trance befinden, und der ideale Moment, um Ihre Suggestionen zu visualisieren. Eine so schnelle Induktion wie diese funktioniert deshalb so gut, weil sie Ihr Unterbewusstsein in eine positive Erwartung versetzt. Da innerhalb der Induktion alles, was Sie sagen, unmittelbar eintrifft, lernt das Unterbewusstsein: Aha, alles, was jetzt gesagt wird, ist nicht irgendeine theoretische Vorstellung, sondern es ist die Realität. Ich passe also besser mal gut auf. Das Bewusstsein lernt ebenfalls: Aha, alles, was gesagt wird, ist die Realität – da muss ich nicht einschreiten, um irgendwelche Spinnereien zu unterbinden.

Falls Sie jetzt Angst kriegen, dass Sie Ihre Augen nie wieder aufbekommen: Keine Panik! Stellen Sie sich einfach vor, wie die Muskeln um Ihre Augen herum wieder Kraft und Spannung erlangen, dann können Sie die Augenlider sofort wieder heben. Vergessen Sie nicht: Es ist Ihre eigene Fantasie, die hier bestimmt, was passiert. Nichts und niemand anders. Sie beweist Ihnen eindrucksvoll, dass das, was Sie sich vorstellen, wahr wird. Ihr Körper gehorcht aufs Wort. Erkennen Sie, welche Macht Sie damit haben? Das bedeutet auch: Im Notfall werden Sie Ihre Augen immer sofort aufkriegen, versprochen!

Hypnotische Reisen

Die Elman-Induktion gehört eher in die Kategorie »kurz und knackig«. Sie verhält sich zum folgenden Skript wie eine erfrischende Dusche zu einem Tag im Spa. Die Fantasiereise, die ich Ihnen nun zeige, ist multifunktional. Sie eignet sich hervorragend zur Stressreduktion. Sie hilft auch an Tagen, an denen man mit dem falschen Fuß zuerst aufgestanden ist und sich deprimiert fühlt. Sie bringt bei Erschöpfung schnell neue

Energie und macht ganz generell gute Laune. Sie eignet sich aber auch, um mit individuellen Suggestionen zu arbeiten und das Vorgehen nach Geschmack zu gestalten.

Das Skript ist relativ lang, es auf Anhieb zu memorieren, ist darum Erinnerungskünstlern vorbehalten. Das macht aber nichts. Sie müssen es nicht auswendig lernen – es sei denn, Sie möchten das. Auswendiglernen ist eine sehr unterschätzte Tätigkeit. Die damit verbundene intensive Beschäftigung mit dem Inhalt des Skripts ist ein Supertraining und eine tolle Möglichkeit der Visualisierung. Wenn Sie etwas auswendig können, haben Sie außerdem den gleichen Effekt wie bei einem Mantra: In Ihrem Kopf ist nur das Auswendiggelernte, alle anderen Gedanken haben keinen Platz. So fokussieren Sie zu einhundert Prozent. Obendrein belohnt Ihr Gehirn Sie für den Lernerfolg mit Dopamin – das sind gleich drei Fliegen mit einer Klappe.

Sie können aber auch auf bequemere Art und Weise mit dem Skript arbeiten. Empfehlenswert ist es, eine solche Fantasiereise in langsamem Sprechtempo aufzunehmen und dann mit geschlossenen Augen über Kopfhörer anzuhören. Stellen Sie sich bereits beim Aufnehmen alles bildlich und ganz in Ruhe vor. Nur dann machen Sie genügend Pausen und sprechen nicht zu schnell. Beim Anhören muss man sich oft erst an die eigene Stimme gewöhnen, das geht allen Menschen so. Wenn Sie sich jedes Mal innerlich winden, sobald Sie sich selbst hören, nehmen Sie sich die Zeit, die Aufnahme mindestens einmal zur Vorbereitung anzuhören. Nach ein paar Minuten fühlt sich das schon nicht mehr so seltsam an. Alternativ können Sie sich das Skript auch von jemand anderem vorlesen lassen.

Es ist aber auch völlig in Ordnung, das Skript erst einmal »nur« in einem entspannten Moment zu lesen – in diesem Fall nehmen Sie sich am besten Abschnitt für Abschnitt vor und schließen nach jeder Passage die Augen, um sich das Gelesene vorzustellen. Der Effekt ist dennoch deutlich spürbar. Denken Sie daran: Alles, was wir lesen, hinterlässt Spuren!

DIE HIMMELSTREPPE

Setz dich bequem hin.
Die Hände auf den Oberschenkeln.
Den Oberkörper entspannt angelehnt.
Schließ die Augen.
Lass sie fest verschlossen.
Atme tief durch die Nase ein.
Atme durch den Mund aus und entspanne.
Atme ein zweites Mal durch die Nase ein.
Durch den Mund ausatmen und entspannen.
Du bist in der Natur.
An einem schönen Ort, an dem du dich wohlfühlst.
(Diesen Ort können Sie nach Belieben gestalten, es kann ein Fantasieort sein oder ein tatsächlicher Ort, an dem Sie sich immer sehr wohlfühlen. Wichtig ist das Gefühl dabei, nicht so sehr, wie es genau um Sie herum aussieht!)
Dieses Wohlgefühl erfüllt deinen Körper.
Konzentriere dich auf dieses wunderbare Wohlgefühl.
Mit jedem Wort, das ich sage,
mit jedem Geräusch, das du hörst,
entspannst du mehr und mehr.
Du sinkst tiefer und tiefer
in eine völlige Entspannung.
Tiefer und tiefer.
Jetzt ist vor dir eine Treppe zu sehen.
Sie ist aus wunderschönem Holz.
Diese Treppe führt hinauf
bis in den Himmel.
Die Treppe führt hoch durch die Wolken durch,
das Ende ist für dich nicht mehr zu sehen.

Hoch in den Himmel wächst sie empor.
Jetzt möchte ich, dass du die erste Treppenstufe betrittst.
In dem Moment, in dem du das tust, fühlst du dich noch wohler.
Mit der zweiten Stufe steigt dein Wohlgefühl, du bist noch entspannter.
Freude macht sich in deinem ganzen Körper breit.
Glück.
Lass los und geh die nächste Stufe hoch.
Das Gefühl wird noch intensiver.
Du genießt den Moment.
Du gehst die nächste Treppenstufe hoch.
Je höher du steigst,
umso leichter fallen dir die Schritte nach oben.
Umso angenehmer wird es, umso schöner.
Du gehst die Treppe ganz nach oben.
In deinem eigenen Rhythmus.
In deinem eigenen Tempo.
Du spürst, wie du dich immer besser fühlst,
mit jeder Treppenstufe, die du nimmst.
Immer höher und höher steigst du.
Richtung Himmel.
Immer leichter und leichter wird es.
Immer wohler und wohler fühlst du dich.
Es kommt langsam ein Lächeln auf deine Lippen, wenn du die Stufen höher und höher gehst und immer mehr genießt.
Leichter und leichter.
Höher und höher.
Du bist fast oben angekommen.
Nun stehst du ganz oben.
Du betrachtest von oben voller Sicherheit, voller Entspanntheit den Himmel.
Plötzlich siehst du, wie über dir zwei große, sanfte Hände durch den Himmel kommen,
immer näher kommen,

sich zusammenlegen
und dich einladen,
auf ihnen Platz zu nehmen.
Platz zu nehmen auf diesen großen Händen.
Du setzt dich auf diese großen Hände
und du spürst die Energie dieser Hände.
Die Energie dieser Hände,
dieser sanften Hände,
wie sie dich durchfließt und durchströmt,
wie alles von dir abfällt, du alles rauslassen,
wie du es genießen kannst,
einfach loszulassen
und getragen zu werden von diesen Händen.
Die Leichtigkeit zu spüren.
Diesen Moment zu genießen.
(An dieser Stelle können Sie Ihre persönlichen Suggestionen platzieren. Ergänzen Sie das Skript in diesem Fall um den Satz:
  Alles, was du dir nun vornimmst, gelingt dir mit Leichtigkeit.
Wenn Sie das Skript aufnehmen oder vorlesen lassen, sprechen Sie sich bitte auch mit »Du« an.)
Und ganz langsam,
du sitzt auf diesen Händen,
spürst ihre Energie,
tragen dich die Hände jetzt nach unten,
langsam,
immer tiefer und tiefer,
du spürst diese Sanftheit,
diesen Frieden,
die ausgestrahlt werden von diesen Händen.
Immer weiter hinunter schwebst du,
vollkommen entspannt.
Ganz langsam setzen dich diese Hände jetzt wieder auf der Erde
  ab.
Du fühlst dich vollkommen entspannt,

voller Energie, absolut erholt.
Von diesem Moment kannst du jedes Mal,
wenn du Ruhe brauchst, wenn du Energie brauchst,
wenn du Stärke brauchst oder wenn du dich einfach mal fallen lassen möchtest,
zurückkehren an diesen Ort,
zu dieser Treppe.
Du kannst diese wunderschöne Treppe langsam hochsteigen,
dich dann von den Händen hinabtragen lassen und die Energie spüren,
die dich erfüllt.
Und langsam setzen dich nun die Hände ab und ziehen sich langsam wieder zurück,
sie streichen dir noch leicht über den Rücken,
du spürst noch einmal diese Energie.
Dann ziehen sie sich nach oben zurück,
verabschieden sich.
Ich zähle jetzt gleich bis fünf.
Bei fünf öffnest du deine Augen und bist wieder zurück im Hier und Jetzt,
fühlst dich ausgeruht und entspannt, voller Energie.
Eins, du atmest tief ein,
lässt den ganzen Körper sich mit Sauerstoff füllen.
Zwei, Puls und Blutdruck normalisieren sich.
Drei, noch einmal tief einatmen.
Lass den ganzen Körper von kaltem, klarem Bergwasser durchströmen.
Vier, du steigst höher und höher,
wirst leichter und leichter.
Gleich öffnest du deine Augen und bist wieder zurück im Hier und Jetzt,
fühlst dich vollkommen wohl,
absolut ausgeruht und vollkommen entspannt.
Fünf, Augen auf – und strecken.

Und? Wieder da? Wie hat sich die kleine Reise angefühlt? Wenn Sie mit einer Aufnahme gearbeitet haben, sind Sie vermutlich ganz in Ihrer Vision der Himmelstreppe aufgegangen. Dennoch hat ein bewusster Teil von Ihnen gemerkt, dass Sie immer noch dort sind, wo Sie sich zuvor befanden. Sie waren in Ihrem Sessel zu Hause und haben zugleich die Himmelstreppe betreten. Ihr Hier und Jetzt hat nicht den Standort geändert, es hat sich einfach in eine weitere Dimension ausgedehnt.

In der Selbsthypnose gilt: Sie führen sich selbst in einen hochsuggestiblen Bereich hinein. Dabei ist der Geist wach, das Unbewusste ist wach, aber Ihr Körper befindet sich tiefenentspannt in einem schlafähnlichen Zustand – ohne tatsächlich zu schlafen. Wenn wir schlafen, überlassen wir es dem Unbewussten, mit uns zu kommunizieren – im Traum. Über unsere Träume haben wir in der Regel keine Kontrolle.[8] Wir haben aber in der Selbsthypnose immer noch so viel bewusste Handlungsmöglichkeit, dass wir uns selbst unsere Suggestionen geben können. Wir sind auf einer tieferen Ebene hellwach.

Werden Sie Ihr eigener Bühnenbildner und Location Scout

Vielleicht haben Sie noch Probleme mit so einem komplexen Skript. Vielleicht sind Sie unsicher, ob Sie alles »richtig« gemacht haben. Dann möchte ich Sie beruhigen: Es gibt hier kein »richtig« und kein »falsch«. Es gibt nur ein »geübt« und »noch nicht so geübt«. Sie müssen keine filmreifen Bilder sehen, entscheidend ist Ihr Gefühl dabei. Außerdem funktio-

---

[8] Eine Ausnahme ist das sogenannte luzide Träumen. Dabei trainiert man, in die Traumhandlung eingreifen zu können. Das ist allerdings wieder ein ganz anderes Thema.

niert nicht jede Visualisierung für jeden gleich gut. Die einen können am besten mit langen und fantasievollen Skripts in der Tiefe entspannen, andere haben Probleme, sich zum Beispiel schnell eine Treppe vorzustellen. Dann verhaken sie sich in diesem eigentlich unwichtigen Detail und verlieren den Fokus.

Eine erste Hilfe in so einer Situation ist es, statt krampfhaft zu versuchen, ein Bild im Kopf zu sehen, einfach an das Wort »Treppe« (oder was auch immer sich gerade nicht als bildliche Vorstellung einstellen mag) zu denken. Außerdem hilft es, erst einmal nur noch mit einfacheren Skripts zu arbeiten – zum Beispiel die Elman-Induktion zu machen und sofort Ihre Suggestionen zu setzen. Auf Dauer schränken Sie sich damit aber ein. Eine schöne Möglichkeit ist es, sich so ein Fantasiereiseskript in Ruhe vorzunehmen und ganz bewusst wie ein Bühnenbildner sein Setting zu bauen. Da kann man dann zum Beispiel eine Treppe verwenden, die man kennt. Fällt einem keine passende ein, kann man sich die ideale Treppe suchen. Man kann Fotos machen, eine Skizze malen, alles ist erlaubt. Sie können auch ganz in Ruhe überlegen, an welchem Ort in der Natur Sie optimal entspannen. Sobald dann Ihr »Filmset« steht, können Sie solche Details nicht mehr vom Wesentlichen ablenken – ganz im Gegenteil, sie werden Sie noch unterstützen.

Wenn Sie sich eine Weile mit Hypnose und Hypnoseskripts beschäftigt haben, wird Ihnen ohnehin auffallen, dass es bestimmte Themen gibt, die immer wiederkehren. Zum Beispiel werden Sie oft aufgefordert, sich einen schönen Platz in der Natur vorzustellen. In anderen Skripts ist die Rede von einem Zimmer, in dem Sie sich besonders wohl oder auch besonders geschützt fühlen. In der Hypnosetherapie nennt man das den »Sicherheitsraum«.

Es lohnt sich, diese Orte möglichst plastisch zu gestalten, sodass Ihr Unterbewusstsein sofort in der Lage ist, tatsächlich ein angenehmes Gefühl damit zu verknüpfen. Sie können sich solche Plätze entweder in der Fantasie ausmalen oder auch, wie ein Location Scout beim Film, in der Realität aufsuchen. Dort, wo Sie sich besonders wohlfühlen, setzen Sie einen Anker – wie das geht, zeige ich Ihnen gleich.

Vielleicht gibt es in Ihrem Wohnort ja ein Spa mit einem besonders angenehm gestalteten Ruheraum. Oder ein Restaurant mit einem gemütlichen Kaminzimmer. Vielleicht kennen Sie einen besonders schönen Ort in einem Park, eine wunderschöne Lichtung im Wald, eine Bank an einem See, ein Lesezimmer in der Bibliothek.

Wenn Sie Ihren Sicherheitsraum oder auch Ihren Wohlfühlplatz in der Natur einmal gestaltet haben, sind Sie darauf jedoch nicht festgelegt. Sie können immer wieder zurückkehren. Wenn Sie beispielsweise plötzlich feststellen: »Die bunte Vase da macht mich viel zu nervös!«, dann nehmen Sie die einfach raus. Stellen Sie es sich vor wie ein Kinderspiel – denn es ist eins!

Perspektivwechsel trainieren Ihr Gehirn

Wenn Sie noch unsicher sind, wie sich Hypnose anfühlen sollte, kann Sie die nächste Übung unterstützen. Damit Sie nach und nach ein sicheres Gefühl für die Selbsthypnose entwickeln, ist es hilfreich, so viele unterschiedliche Ansätze wie möglich auszuprobieren. So gewöhnt sich Ihr Gehirn an die neue Gedankengymnastik. Ganz so, als würden Sie einen Muskel auf unterschiedliche Weise trainieren und nicht immer nur mit demselben Fitnessgerät: Dadurch wird er flexibel. Wir wenden in dieser Übung einen schönen Trick an, der gerade in vielen therapeutischen Hypnoseskripts zum Einsatz kommt und den Sie schon aus Ihrem Erfolgsfilm von Seite 148 f. kennen: Wir betrachten uns von außen. In diesem Fall sehen Sie sich aber nicht beim Erreichen Ihres Ziels, sondern Sie sehen sich beim Üben der Selbsthypnose und zwar in einem imaginären Spiegel – ein zusätzlicher Twist.

Machen Sie diese Übung in Ihrer eigenen Zeit, Ihrem eigenen Rhythmus. Ich empfehle Ihnen, vorher ein paarmal das Flow-ABC von Seite 101 f. zu turnen. Indem Sie sich von außen betrachten, fügen Sie dem Lernprozess noch eine weitere Dimension hinzu:

Schließ deine Augen.
Stell dir vor, du sitzt vor einem Spiegel.
Du siehst dich selbst, wie du immer tiefer und tiefer entspannst.
Schau dir selbst dabei zu, wie dir die Entspannung geschieht.
Sieh zu, wie du in die Entspannung sinkst.

Diese Visualisierung – im Liegen durchgeführt – kann auch eine schöne Einschlafhilfe sein. Dadurch, dass Sie Ihren Körper in Ihrer Vorstellung von außen betrachten, fällt die Entspannung vielen leichter: Sie müssen sich nicht damit befassen, etwas vermeintlich Außergewöhnliches zu fühlen. Aber genau deswegen entwickelt Ihr System – also die Gesamtheit aus Unterbewusstsein, Bewusstsein und Körper – ganz nebenbei ein Gespür für Selbsthypnose. Allerdings habe ich in meinen Seminaren auch immer ein oder zwei Leute, die Probleme damit haben, sich im Spiegel anzuschauen. Falls Sie auch zu diesen Kandidaten gehören, probieren Sie einfach, in Ihrer Vorstellung etwas weiter weg vom Spiegel zu gehen. Oder ersetzen Sie den Spiegel durch einen Hypnotiseur, der Sie in die Entspannung führt.

Störungen in der Umgebung zu Helfern machen

Am besten führen Sie die Übungen aus diesem Buch in einer leisen Umgebung durch. Manchmal ist das allerdings nicht möglich. Da ist eine Baustelle vorm Haus, Handwerker lärmen bei den Nachbarn, eine Straßenbahn bimmelt in der Nähe vorbei oder ein schnarchender Partner bringt neben Ihnen die Wände zum Wackeln. Möglicherweise ist Ihnen diese Passage im Himmelstreppenskript aufgefallen:

Mit jedem Wort, das ich sage,
mit jedem Geräusch, das du hörst,
entspannst du mehr und mehr.

Hier wird eine einfache, aber sehr wirksame Technik angewendet, die die äußeren Gegebenheiten nicht nur annimmt, sondern sie in den Hypnoseprozess einbaut und benutzt. So bewirken die Geräusche plötzlich statt Ablenkung genau das Gegenteil: Sie vertiefen die hypnotische Entspannung. Ich habe schon als Teenager oft zum Spaß in lauten Restaurants oder Bars Leute hypnotisiert. Ohne diese Technik hätte das nie geklappt. Man kann sich das vorstellen wie in einem asiatischen Kampfsport. In den meisten Kampfkünsten nimmt man die Energie des Angreifers und arbeitet damit, statt eigene Kraft aufzuwenden. Das kann zum Beispiel so aussehen, dass man sich unter dem Angreifer hinwegduckt oder zur Seite dreht.

Wenn Sie mentale Kraft aufwenden würden, weil Sie ein Geräusch bewusst überhören möchten, lenken Sie nur den Fokus darauf und machen es noch größer und störender. Das ist so, als wollten Sie mit aller Kraft vermeiden, an den schiefen Turm von Pisa zu denken. Der Effekt ist mit Sicherheit, dass Sie *nicht* entspannen können. Wenn Sie aber das Geräusch akzeptieren und es zum Helfer machen, wird es zum Entspannungstrigger, ohne dass ihm selbst zu viel Aufmerksamkeit zukommt. Das Gleiche können Sie machen, wenn Sie in Ihrem Entspannungsprozess durch zu viel Licht gestört werden, etwa, weil Sie gerade in einem neonbeleuchteten Wartezimmer sitzen oder auf dem Zahnarztstuhl auf die Behandlung warten. In diesem Fall können Sie sagen:

*Je mehr Licht du vor Augen siehst,
umso tiefer entspannst du.*

Gehen Sie vor Anker – aber nur, wo es Ihnen gefällt

Emile Coué, der Vater der Selbsthypnose, hat die Suggestion geprägt: »Es geht mir mit jedem Tag in jeder Hinsicht besser und besser.« Dabei handelt es sich um eine wirklich clevere Formulierung. Wenn Ihnen auf Anhieb keine Suggestion einfällt, fangen Sie einfach mit Coués Klassiker an, da können Sie nichts falsch machen. Die Suggestion bezieht mit »in jeder Hinsicht« alle Lebensbereiche mit ein. Für jeden von uns bedeutet das natürlich etwas anderes, aber genau das macht die universelle Anwendbarkeit und die Genialität aus. Zum anderen ist die Formulierung »besser und besser« fließend und damit in hohem Grad selbstbestätigend: Schon eine winzige Besserung bestätigt die Suggestion in ihrer Wirksamkeit. Das bedeutet, die Suggestion wirkt auch noch mit jedem Tag besser. Ein unendlicher Loop.

Außerdem ist in diese Suggestion ganz unauffällig noch etwas eingebaut: ein Anker. Kommen Sie drauf? Genau, »mit jedem Tag« ist der Anker. Anker werden bewusst gesetzte Auslösereize genannt, die dem Unterbewusstsein signalisieren, ein bestimmtes Verhalten sofort einzuleiten. Die meisten Auslösereize sind uns allerdings nicht bewusst. Sie steuern Gewohnheiten und automatische Handlungsabläufe, von denen unser Alltag voll ist, wie wir ja schon in Kapitel drei gesehen haben. Das kann ganz simpel ein Müdigkeitsgefühl oder auch ein Anflug von Langeweile sein, das den einen eine Zigarette anzünden, den anderen zum Earl Grey greifen und den dritten eine Atemübung machen lässt.

Wenn nun Coué die Formulierung »mit jedem Tag geht es mir besser und besser« wählt, beweist er mal wieder enormes psychologisches Geschick. Da Tage ohne unser Zutun sozusagen am laufenden Band produziert werden, taucht dieser Anker ständig von selbst auf, er muss nicht einmal bewusst geworfen werden, um den Inhalt der Suggestion zu aktivieren. Zwar ist der Anker »Tag« kein sinnlicher Reiz wie viele Anker, die in der Hypnose eingesetzt werden. Dennoch ist direkt damit einiges verknüpft: Wenn der Tag anbricht, wird es hell, bereits das ist ein Reiz. Jeden Morgen öffnen Sie die Augen, strecken sich, machen sich wahrscheinlich eine Tasse Kaffee. Vielleicht kaufen Sie sich täglich beim Bäcker an der Ecke ein knuspriges Croissant, beim Kiosk daneben eine nach Druckerschwärze duftende *Tages*zeitung. Der Tagesanbruch ist für fast alle Menschen mit immer wiederkehrenden sinnlichen kleinen Ritualen verbunden, viel stärker als jede andere Tageszeit. All diese Reize können Coués Suggestion aktivieren. Nach ähnlichem Prinzip arbeitet die Übung, bei der Sie eine positive Suggestion mit Ihrem Namen verknüpfen, der dadurch zum Anker wird – denn auch mit Ihrem Namen werden Sie ständig konfrontiert.

Anker als Instantzugang zu schönen Gefühlen

In Kapitel drei ging es auch schon um etwas, was ich »natürliche Anker« genannt habe, sinnliche Marker wie Geräusche oder Düfte, die schöne Erinnerungen hervorkitzeln. Streng genommen handelt es sich dabei nicht wirklich um Anker, sondern um ein Nebenprodukt schöner Erlebnisse, die man nachträglich als Anker instrumentalisiert. Echte Anker werden von Anfang an bewusst gewählt und bewusst verstärkt.

Anker sind ein tolles Werkzeug und geben eine Abkürzung an die Hand, um einen wünschenswerten Zustand bewusst und vor allem schnell zu reproduzieren. Das ist nicht schwer. Mithilfe des *Anchoring* habe ich mir zum Beispiel eine Blitzmeditation erarbeitet, die in Situationen mit akutem Zeitmangel – zum Beispiel vor einer Show – in wenigen Minuten den tiefgehenden Effekt einer ausgedehnten Meditation hat.

Das klingt jetzt vielleicht nach einem tollen Zeitspartrick. Doch wenn Sie hoffen, dass ich Ihnen nun zeige, wie Sie in ein paar Minuten wie ein tibetanischer Mönch meditieren können, ohne das je zuvor gemacht zu haben, muss ich Sie enttäuschen. Damit meine Blitzmeditation funktioniert, habe ich viele, viele Male tatsächlich eine Stunde oder länger meditiert. Ich habe mir eine weiße Fläche vorgestellt, die alle Gedanken absorbiert. Sobald ich das Gefühl hatte, völlig leer und angenehm entspannt zu sein, habe ich jedes Mal die Finger der rechten Hand aufeinandergepresst. Wenn ich heute diesen einfachen Handgriff ausführe, legt sich in meinem Unterbewusstsein ein Schalter um und das wohltuende Gefühl aus der Meditation wird auf schnellstem Wege wiederhergestellt. Damit spare ich Zeit. Zeit, die ich zuvor investieren musste. Sie sehen wieder einmal: Hypnose ist ein Lernprozess, darum kommt man nicht herum.

Das Wunderbare ist aber: Sie können zu jeder Übung und jedem Ritual, die ich Ihnen bis hierher vorgestellt habe, einen Anker setzen. Damit haben Sie Ihre Rituale sozusagen immer dabei. Nehmen Sie sich Ihre Lieblinge noch einmal vor und verknüpfen Sie sie mit unterschiedlichen Signalen.

Dazu eignen sich zum Beispiel Düfte sehr gut, denn unser Geruchssinn ist unmittelbar mit dem limbischen System und damit mit unseren Emotionen verbunden. Achten Sie aber darauf, dass der Geruch nicht ständig in Ihrer Umgebung vorkommt – wie das Parfum, das Sie oder eine Kollegin im Büro täglich benutzen –, denn das würde das Ergebnis verwässern. Der Duft muss eindeutig einem bestimmten hypnotischen Zustand zuzuordnen sein. Gut verwendbar sind naturreine ätherische Öle, denn davon gibt es unzählige. Sie können beim Üben eine Duftlampe verwenden und später das Öl immer in der Tasche bei sich haben. Wenn Sie den Zustand unterwegs wieder abrufen wollen, tragen Sie einfach ein paar Tropfen aufs Handgelenk auf. Mit der Auswahl des Öles können Sie Ihr Vorhaben noch unterstützen. Generell stimmungsaufhellend sind Zitrusdüfte wie Grapefruit, Bergamotte oder Orange, ebenso wie der schwere Blumenduft Ylang-Ylang. Als entspannend gelten Lavendel und Basilikum. Letzteres wirkt zusätzlich antidepressiv. Sandelholz und Geranium beruhigen und lösen Ängste.

Auch Akustisches können Sie als Anker einsetzen, etwa ein bestimmtes Musikstück. Achten Sie aber darauf, dass Sie die Musik beim Üben nicht zu sehr ablenkt. Wenn Sie plötzlich laut mitsingen oder über den Liedtext nachgrübeln, ist das logischerweise kontraproduktiv. Am besten geeignet sind ruhige instrumentale Stücke, nicht zu laut abgespielt. Je nach Geschmack können Sie etwas Klassisches wählen, Jazz bis hin zu elektronischer Musik. Es gibt natürlich auch spezielle Meditations-CDs, etwa mit dem Plätschern eines Baches, Meeresrauschen oder auch extra für Meditationszwecke eingespielte Musik. Hören Sie aber auf alle Fälle in die Aufnahme rein, bevor Sie etwas kaufen, der Sound muss Ihnen wirklich gefallen.

Sie können auch, wie ich in der Blitzmeditation, alle Finger einer Hand aufeinanderpressen. Sie können jedem Finger – jeweils auf den Daumen gepresst – einen anderen Zustand zuordnen. Das hat den Vorteil, dass Sie Ihre Hände immer dabeihaben, Sie müssen nicht daran denken, etwas einzustecken. Sie können sich aber auch einen Anker setzen, indem Sie sich in die Wange oder auf die Lippe beißen, dann sind Sie noch nicht einmal auf Ihre Hände angewiesen und können die per Anker konservierten Gefühle sogar beim Radfahren oder Gemüsehacken abrufen. Ihrer Kreativität sind da keine Grenzen gesetzt.

Wichtig ist allerdings, dass Sie pro Zustand bei einem Anker bleiben und nicht ständig wechseln. Nur so kann sich Ihr Unterbewusstsein merken, womit es das Signal verknüpfen soll. Wenn Sie mehr tun möchten, können Sie zwei oder gar drei Anker *gleichzeitig* anwenden. Achten Sie in diesem Fall darauf, dass jeder der beiden Anker einer anderen Sinneswahrnehmung entspricht. Wählen Sie etwa als ersten Anker einen Duft, als zweiten Anker ein Aufeinanderpressen der Finger und als dritten ein Musikstück. So verknüpfen Sie den wünschenswerten Zustand mit verschiedenen Gehirnarealen, was die Erinnerung daran haltbarer macht und die neuronalen Netzwerke verstärkt.

Ein Anker ist gut, zwei sind besser.

Michail Gorbatschow

Anker als Notfallmedizin für jede Lebenslage

Eine weitere wunderbare Möglichkeit, mit Ankern zu arbeiten, ist es, gezielt tatsächliche schöne Erlebnisse zu suchen und dann auf dem Höhepunkt des Wohlgefühls einen Anker zu setzen. Sie können zum Beispiel immer während der wohligen Entspannung nach dem Orgasmus ihre Finger zu einem »O« zusammenpressen. Setzen Sie Anker in der Badewanne, in der Sauna, beim Achterbahnfahren, während Sie sich den Rücken durchkneten lassen, beim Dinner in einem tollen Restaurant, beim entspannenden Spaziergang im Wald, wenn Sie im Urlaub täglich mit den Füßen durch die Brandung spazieren oder wenn Sie im samtweichen Sand in den Dünen liegen – es gibt unendlich viele Möglichkeiten.

Wichtig ist dabei: Um ein Erlebnis wirklich haltbar zu machen, müssen Sie die Möglichkeit haben, es mehrmals auf gleiche oder zumindest sehr ähnliche Weise zu erfahren. Ein einmaliges Erlebnis muss schon sehr emotional einschneidend sein, damit Sie es mit einem Anker abrufbar machen können.

Haben Sie solche Anker erst einmal etabliert, sind sie extrem langlebig und machen zum Beispiel eine Fantasiereise wie die Himmelstreppe noch wirkungsvoller. Sie können sie aber auch anwenden, wenn Sie schnell eine Aufmunterung brauchen, weil etwa draußen vor der Tür ein grauer, nieseliger Novembertag seinen Lauf nimmt und der nächste Urlaub noch Lichtjahre entfernt ist. So werden Ihre Anker zu einer Notfallmedizin für jede Lebenslage.

Der magische Freundesanker

Es gibt einen Anker, den ich selbst an jedem Showabend und bei Fernsehauftritten verwende. Dieser Anker lässt sich sehr schnell umsetzen, beseitigt Lampenfieber in Sekunden, wirkt aber auch jedem anderen Gefühl von Unsicherheit entgegen, wenn es um Situationen geht, in denen man mit anderen Menschen zu tun hat. Schüchterne profitieren besonders davon, denn dieser Anker hilft, auf neue Leute ohne Angst zuzugehen. Singles hilft er dabei, im Club oder im Café jemanden kennenzulernen. Er gibt Sicherheit beim Vorstellungsgespräch oder auch beim Small Talk auf der Party. Aber nicht nur das: Mit diesem Anker können Sie Ihre Beliebtheit vervielfachen und Verkäufer oder andere Leute in Dienstleistungsberufen können damit ihren Erfolg im Beruf sogar deutlich steigern.

Der Grundgedanke dabei ist, dass man auch Fremden am besten immer wie einer Person begegnet, die man schon lange kennt und mag. Das kann der beste Freund sein, aber auch der Partner oder die Partnerin oder ein Kind. Wichtig ist nur, dass Sie warme, wohlwollende Gefühle für diese Person hegen.

Schließ deine Augen.
Denke intensiv an die Person, die du schon lange kennst
   und magst.
Spür die Gefühle, die du für diese Person hegst.
Lass dir Zeit dabei.
Sieh dich mit dieser Person.
Umarme sie.
Vertiefe dich in deine positiven und wohlwollenden Gefühle.
Und nun reib dir die Hände.

Sie können das ohne Entspannungsübung vornedran üben, dann sollten Sie es allerdings mindestens drei Tage in Folge jeweils drei Mal wiederholen. Wie alle anderen Übungen wirkt auch diese direkt nachhaltiger, wenn Sie zuvor eine Entspannungsübung oder die Elman-Induktion machen.

Wenn Sie in Zukunft auf jemanden zugehen, reiben Sie vor dem Hallo-Sagen wieder kurz die Hände und denken noch einmal an die Person, die Sie mögen. Sie werden sofort merken, dass Sie wie ein alter Freund zurückgegrüßt werden. Die positive und warme Ausstrahlung, die Sie durch diese Übung gewinnen, ist nahezu unwiderstehlich. Wenn ich auf die Bühne gehe, sitzen im Publikum immer nur meine besten Freunde. Sich beim Eintreten kurz die Hände zu reiben, sieht obendrein auch sehr locker-selbstbewusst aus und löst das Problem, was man mit seinen Händen anfangen soll. Nicht umsonst ist das eine Geste, die einige vielleicht noch von den großen alten Showmastern wie Rudi Carrell bis Peter Frankenfeld kennen.

Teil II

Herzlichen Glückwunsch, wenn Sie bis hierher gelesen haben, sind Sie mit den Grundlagen der Selbsthypnose vertraut! Im zweiten Teil des Buches geht es nun um spezifische Probleme oder konkrete Lebensbereiche. Vom fehlenden Selbstvertrauen über Ängste, Stress bis hin zu Schlafproblemen. In diesem Abschnitt liegt der Schwerpunkt noch mehr als bisher auf hypnotischen Tipps, Tricks, Ritualen und Übungen und den Besonderheiten der einzelnen Bereiche.

Auch wenn ich es bei einzelnen Übungen nicht mehr explizit erwähne, empfehle ich Ihnen, zuvor eine der Entspannungsmethoden oder eine Induktion anzuwenden, die Sie im ersten Teil kennengelernt haben. So haben die Übungen einen viel tiefgreifenderen Effekt.

Bevor Sie loslegen, möchte ich aber zunächst eine Fantasiereise mit Ihnen machen, die Ihnen noch mal ganz klarmacht: Sie sind der Erschaffer Ihres Lebens! Sie entscheiden! Niemand anders – und Sie haben alle Möglichkeiten, jederzeit etwas zu ändern!

Immer wenn Sie das Gefühl haben, auf der Stelle zu treten, von äußeren Faktoren bestimmt zu werden oder in einer Situation gefangen zu sein: Machen Sie diese Visualisierung. Sie wird Ihnen helfen, Abstand zu gewinnen und genau zu sehen, wo der Schuh drückt und wo Sie etwas ändern möchten und können. Diese Visualisierung wirkt wie ein Reset-Button, der aber nur das löscht, was Sie möchten.

Diese Fantasiereise lässt Sie nicht nur theoretisch verstehen, sondern spüren, dass Sie in jedem Moment alles oder auch nur ein bisschen verändern können! Und dann? Dann machen Sie einfach!

DU BIST, WAS DU WILLST: DAS GLÄSERNE GEFÄSS

Schließ deine Augen.
Entspanne deinen ganzen Körper.
Konzentriere dich auf meine Stimme.
Stell dir genau das vor, was ich jetzt sage.
Stell dir vor, dass vor dir in der Luft ein kristallklares Gefäß schwebt.
Schau es dir genau an.
Erkenne, wie klar und durchsichtig es ist und dass du alles sehen kannst,
was du jetzt gleich in dieses Gefäß hineingeben wirst.
Du siehst in diesem Gefäß ein helles violettes wunderschönes Licht,
das langsam und ruhig darin schwebt.
Konzentriere dich auf dieses wunderschöne Licht.
Spüre seine angenehme Wärme.
Spüre, wie der Anblick deinen Augen wohltut.
Ich möchte, dass du jetzt deinen eigenen Namen in dieses Gefäß gibst.
Alles, was er dir bedeutet.
Alles, was du mit diesem Namen verbindest.
Jedes Gefühl.
Du siehst, wie dein Name sich mit dem violetten Licht vereint,
wie er mit dem Licht im Gefäß schwebt.
Gib nun deine Kleider in das Gefäß.
Deinen ganzen Kleiderschrank.
Das, was du gerade am Leib trägst.
Gib deine Frisur in das Gefäß, dein Styling.
Dein ganzes Aussehen.
Alles, was du mit deinem Erscheinungsbild verbindest.
Alles, was es anderen über dich zeigen soll.
Alles, was es für dich und andere bedeutet.

*Du siehst, wie sich alles im Gefäß
mit dem hellen violetten Licht verbindet,
zur Einheit wird und langsam und leicht umherschwebt.
Gib nun deine Möbel, deine Wohnung, dein ganzes Haus in das Gefäß.
Alles schwebt im violetten Licht.
Pack deinen ganzen Besitz in das Gefäß.
Gib dein Telefon hinein.
All deine Verpflichtungen.
Gib deinen Beruf in das Gefäß.
Alle Vorstellungen, die du von dir selbst hast.
Alle Erwartungen.
Gib deinen Geist in das Gefäß
und die Stimme in deinem Kopf, die dir sagt, was richtig oder falsch ist,
was du tun oder sagen sollst.
Gib deine komplette Persönlichkeit in das Gefäß.
Alle deine Träume.
Deine Albträume und Ängste.
Deine Glaubensvorstellungen.
Deinen Glauben an Gott.
Deine Religion.
Deine politischen Ansichten.
Den Glauben an die Bedeutung von Geld.
Daran, was es bedeutet, Mann oder Frau zu sein.
Gib alles in das Gefäß.
Dort vermischt sich alles mit dem wunderschönen violetten Licht.
Gib jeden Zweifel in das Gefäß.
Alle Beurteilungen.
Das Gefühl, immer perfekt sein zu müssen.
Keine Fehler machen zu dürfen.
Deine Meinungen.
Deine Ziele und Wünsche.*

Alle Beziehungen.
Deinen Charakter.
Deine Sehnsüchte.
Das Gefühl, sich rechtfertigen zu müssen.
Alle deine Sorgen.
Pack alles in das Gefäß.
Gib nun noch alles, was du loswerden möchtest, in das Gefäß hinein.
Jedes Objekt.
Jede Handlung.
Jedes Gefühl, das du damit verbindest.
Gib alles in dieses Gefäß hinein.
Alle diese Dinge schweben jetzt in diesem Gefäß,
vereint mit dem violetten wunderschönen Licht.
Schau dich noch einmal in deinem Leben um.
Gib alles, was du vergessen haben solltest, in das Gefäß hinein.
Deinen nackten Körper.
All deine Gedanken.
Alles vereint im kristallklaren Gefäß und schwebend im violetten wunderschönen Licht.
Und jetzt erkennst du,
dass dein Ich sich nicht in diesem Gefäß befindet.
DU betrachtest das Gefäß von außen.
DU hast alles erschaffen, was sich im Gefäß befindet.
Aber DU bist nicht in diesem Gefäß.
Denn DU betrachtest das Gefäß von außen.
Verschließe jetzt das Gefäß mit einem großen Korken.
Leg es ab an einem bestimmten Ort deiner Wahl.
Einem Ort, an den du immer gehen kannst.
Es ist dir freigestellt, was du wieder aus diesem Gefäß herausnimmst.
Vielleicht nimmst du dieses Gefäß einfach und wirfst alles weg.

Vielleicht nutzt du die Gelegenheit, wieder von ganz vorne anzufangen.
Es ist deine freie Wahl.
Es ist immer deine Wahl.
Du hast die absolute Kontrolle.
Denn was in diesem Gefäß ist, das bist nicht du.
DU bist derjenige, der entscheidet.
DU schaust in das Gefäß von außen hinein.
Klar und frei.
Jetzt öffne deine Augen.

Willkommen im Jetzt!

Kapitel 11
Energie tanken mit dem Wikinger-Faktor: Wie Sie lernen, sich selbst zu vertrauen — damit Sie schaffen, was Sie wollen

Alles ist theoretisch unmöglich.
Bis es getan wird.

Robert A. Heinlein

Nachdem Sie nun Ihre Ziele bestimmt, Ihre Suggestionen formuliert und unterschiedliche Entspannungs- und Vertiefungstechniken geübt haben, sollte der Umsetzung Ihres Vorhabens nichts mehr im Wege stehen. Eigentlich.

Falls Sie dennoch das Gefühl haben, dass Sie auf der Stelle treten, dann mangelt es Ihnen vermutlich noch an einer wichtigen Zutat: Selbstvertrauen. Selbstvertrauen ist wie der Kitt, der Ihr Vorhaben zusammenhält. Nur wer sich selbst etwas zutraut, zweifelt nicht bei jedem Schritt von Neuem. Wer sich dagegen ständig fragt: »Na, klappt das denn nun auch wirklich mit diesen Techniken?« oder »Ja, für andere mag das was sein, aber kann *ich* das?«, verschiebt immer wieder den Fokus zurück auf das Negative, von dem er sich eigentlich trennen wollte.

Wäre Ihr Vorhaben ein Auto, würden Sie auf diese Weise immer wieder anhalten, dann neu starten, wieder anhalten... Sie kennen das, wenn Sie ein Auto haben und viel im Stadtverkehr fahren oder in Staus herumstehen: Diese Fahrweise verbraucht enorm viel Sprit. Genauso verbraucht sich all Ihre Energie im Rekordtempo, wenn Sie sich so auf Ihre Ziele zubewegen. Irgendwann ist Schluss: Ihre Energie ist verbraucht und Sie bleiben stehen. Selbstvertrauen hingegen schmiert den Motivationsmotor und gibt der Sache genügend ersten Schwung, um zu einer dauerhaften neuen Routine zu werden.

Zum Glück habe ich eine gute Nachricht für Sie: Selbstvertrauen lässt sich schnell und einfach steigern!

Schwur am Lagerfeuer – der Trick der Wikinger

Bei den alten Wikingern gab es ein Ritual: Bevor die Krieger in die Schlacht zogen, kamen sie am Lagerfeuer zusammen. Jeder der Kämpfer stellte sich feierlich vor die Gruppe. Dann erzählte er zunächst, was seine Ahnen Großartiges geleistet und welche Siege sie errungen hatten. Dafür erntete er die johlende Zustimmung seiner Kumpanen. Dann berichtete er, welche großartigen Dinge er selbst bisher geleistet hatte. Wieder Jubel. Zum Schluss schwor er bei seinen Ahnen und seinem Leben, dass er auch in der bevorstehenden Schlacht nur das Beste für die Gruppe geben würde. Auch das wurde mit Johlen besiegelt, dann kam der nächste Krieger nach vorn.

Das klingt vielleicht ein bisschen brachial, ist aber ein tolles Beispiel dafür, wie sich gezielt Selbstvertrauen und Selbstmotivation enorm steigern lassen.

Gucken wir uns mal im Detail an, was die Wikinger damit erreichten: Durch die Rede waren die Männer gezwungen, ihren Fokus auf bisher geleistete Erfolge zu legen. Sie erinnern sich: Dadurch wird die Erinnerungsspur im Gehirn bearbeitet, die neuronalen Verbindungen der positiven Erinnerungen werden verstärkt, die nicht so guten geschwächt.

Das Ritual brachte es außerdem mit sich, dass sie diese Erfolge nicht einfach nüchtern aufzählten. Nein, sie trugen sie mit Emphase und viel Emotion vor. Eine solche Attitüde, in Kombination mit der beflügelnden Zustimmung des Publikums, verstärkt den Effekt noch, denn Emotionen, auch im ersten Augenblick gespielte, verankern Erinnerungen besonders haltbar. Denken Sie an die Siegerpose aus Kapitel zwei – so eine emotionale Ansprache ist im Grunde nichts anderes als die Siegerpose, gefüllt mit motivierendem Inhalt. Ob die eigenen Taten des jeweiligen Wikingers oder die seiner Vorfahren bei Licht betrachtet nun tatsächlich so grandios waren, wie behauptet, spielte dabei überhaupt keine Rolle: Die Wikinger taten einfach so, als ob. Dadurch überzeugten sie sich selbst, dass es so gewesen war. Das war das Entscheidende. Sie setzten sich selbst und der Gruppe damit hoch wirksame Erfolgssuggestionen. Durch den Schwur zum Schluss verpflichteten sie sich dann noch vor allen Anwesenden dazu, die gesetzten Ziele auch tatsächlich zu verfolgen – eine sehr gute Voraussetzung dafür, das auch tatsächlich zu tun.

Aus diesem Ritual erwuchs Teamgeist, Zusammenhalt und der unbedingte Wille, das Bestmögliche aus sich herauszuholen. Bessere Voraussetzungen, erfolgreich aus der Schlacht hervorzugehen, kann es nicht geben. Aber es muss nicht unbedingt um eine Schlacht gehen.

Der kleine Unterschied, der den Erfolg ausmacht

Wer einen Teamsport wie Fußball ausübt, weiß, wie wichtig es ist, dass jeder einzelne Spieler an sich selbst und den Erfolg der Mannschaft glaubt. Nur dann kann ein Team voll konzentriert und strategisch miteinander agieren und dabei mutig nach vorn gehen, ohne die Verteidigung zu vernachlässigen. Nur dann holen die einzelnen Spieler alles aus sich heraus und sind hellwach und reaktionsschnell.

Wer meine früheren Bücher gelesen hat, kennt die Geschichte, wie ich meinen Lieblingsclub Borussia Mönchengladbach nach einer bisher katastrophal verlaufenen Saison mit einer hypnotischen Prophezeiung vor dem alles entscheidenden Spiel tatsächlich in Richtung Sieg gepusht habe. Ich erzähle das noch einmal in aller Kürze, weil es sehr gut klarmacht, welche Macht Suggestionen haben. Dabei habe ich eigentlich nichts anderes gemacht, als eine Suggestion zu setzen und den Glauben der Mannschaft an die Erfüllung dieser Suggestion zu stärken: In meinem »magischen« Bühnenoutfit habe ich der Mannschaft vor der Begegnung vom Spielfeld aus verkündet, ihr an diesem Tag mein Glück zu schenken, damit sie dieses entscheidende Spiel gewinnen werde.

Mehr nicht.

Aber eben auch nicht weniger.

Die auf diese Weise etwas durch die Blume geäußerte, sehr einfache Suggestion lautete: »Ihr gewinnt heute.« Für die ebenfalls zuhörende gegnerische Mannschaft lautete die Suggestion hingegen: »Ihr verliert heute.« Auch die schwächende Kraft dieser komplementären Prophezeiung ist nicht zu unterschätzen. Dann habe ich noch die Fans beschworen, sie müssten ihre Energie bündeln und auf den Platz schicken. Die Suggestion lautete in diesem Fall: »Gemeinsam seid ihr stark.« Und tatsächlich nahm das Unglaubliche seinen Lauf. Entgegen aller Erwartungen gewann die Borussia. Ich wurde als Held gefeiert und die unterlegene Mannschaft – der HSV – fühlte sich ungerecht behandelt, weil ich ja die Borussen mit einem Zauber belegt hatte. Der HSV wollte mich engagieren, beim nächsten Spiel bei ihnen das Gleiche zu veranstalten. Dabei war das Ganze wirklich keine Hexerei. Ich hatte nichts anderes getan, als mit einer hypnotisch – also unterbewusst – wirksamen Formel den Glauben der Mannschaft an sich zu stärken, was darin resultierte, dass sie wirklich stärker wurde. Pure angewandte Psychologie. Nichts anderes.

Natürlich hat so etwas Grenzen. Ich könnte auf diese Weise nicht ein Kreisklassenteam gegen die Nationalmannschaft gewinnen lassen. Aber wenn ich zwei Mannschaften habe, die sich physisch und in ihrem Können auf sehr ähnlichem Level befinden, dann gewinnt *immer* diejenige, die stärker an sich glaubt. Dieser Glaube ist das Zünglein an der Waage, das den Sieg ausmacht. Und wenn ich eine Mannschaft habe, die von ihren Voraussetzungen her eigentlich etwas unterlegen ist, dann kann eine stärkende Suggestion dieses Manko ausgleichen, sodass sich auf dem Platz zwei ebenbürtige Gegner gegenüberstehen.

Diese Mechanismen können Sie ganz einfach für sich selbst nutzen, um mehr Selbstvertrauen zu gewinnen und sich zu motivieren – ganz ohne johlende Wikingermeute und singende Anhänger in der Fankurve. Wenn Sie sich ein Ziel gesetzt haben, aber sich die Sache noch nicht so recht zutrauen oder schlecht in die Gänge kommen, kann das folgende Ritual Abhilfe schaffen. Vorausgesetzt, sie machen es täglich.

DAS SPIEGELVERSPRECHEN

Sie benötigen für dieses Ritual ein schönes Heft, in das Sie täglich abends handschriftlich alle Erfolge des Tages eintragen.[9] Fragen Sie sich: Was lief heute gut? Wo habe ich Fortschritte gemacht? Was habe ich geschafft? Dabei geht es nicht um schöne Augenblicke wie beim »Tagebuch der guten Momente« in Kapitel drei, sondern tatsächlich um Erfolge. Also um Dinge, die Sie durch Ihre eigenen Aktionen erreicht haben. Kein Schritt ist dabei zu klein, als dass es sich nicht lohnen würde, ihn hier zu erwähnen. Solange man sich auf ein Ziel zubewegt,

---

[9] Ich weiß, Sie lesen bei mir immer wieder, dass Sie etwas mit der Hand aufschreiben sollen. Das hat nichts damit zu tun, dass ich Sie gängeln will oder etwas gegen Computer hätte, sondern damit, dass gute Gründe für das Schreiben mit der Hand sprechen, wenn man sich selbst positiv motivieren möchte. Handschriftliches wird einfach besser in der Erinnerung fest*geschrieben*.

darf man das auch im gefühlten Schneckentempo tun. Die Geschwindigkeit spielt keine Rolle, die Richtung ist das Wichtige!

Morgens nehmen Sie sich das Heft jeweils noch einmal vor. Lesen Sie Ihre Erfolge vom Vortag durch und picken Sie sich die drei wichtigsten heraus. Nun halten Sie eine kleine Rede – nicht vor Wikingerkumpels, sondern vor sich selbst, vor dem Spiegel. Machen Sie zunächst die Siegerpose, um sich einzustimmen. Dadurch nehmen Sie automatisch die Hände nach oben und öffnen Ihren Körper. Ein wichtiges Signal für Ihr Unterbewusstsein, die nun kommende Botschaft an sich heranzulassen. Wahrscheinlich kommen Sie sich erst ein bisschen verrückt vor, aber das geht schnell vorüber. Sehen Sie sich in die Augen und versprechen Sie sich selbst, alles daranzusetzen, diese Erfolge zu wiederholen und den Weg hin zum Ziel unbeirrt fortzusetzen. Sie werden feststellen, wie dieses kleine Ritual Ihrem Vorhaben in kürzester Zeit enormen Rückenwind verschafft.

Fallstrick fürs Selbstvertrauen: hinkende Vergleiche

In Kapitel zwei ging es unter anderem darum, wie ein Vorbild beim Erreichen eines Ziels helfen kann und wie es uns Orientierung geben und beflügeln kann, ihm nachzueifern. Sich ein Vorbild zu suchen, ist deshalb eine tolle Idee.

Dabei lauert allerdings auch ein Fallstrick für Ihr Selbstvertrauen: Sie könnten in Versuchung kommen, sich mit Ihrem Vorbild zu *vergleichen*. Das wäre reines Gift für Ihr Vorhaben, ganz egal, was Sie tun möchten. Ob Sie nun eine künstlerische Karriere verfolgen, ein Instrument lernen, Gewicht verlieren wollen oder etwas völlig anderes im Sinn haben. Denken Sie immer daran, Ihr Vorbild befindet sich bereits dort, wo Sie erst noch hinkommen möchten. Es ist das Fernziel am Horizont, eine Orientierungsmarke. Und es hat Ihr Vorbild auch Zeit – oft viel Zeit – gekostet, dorthin zu gelangen.

Ich betone es noch mal: Sie können nicht per Teleporter den Weg zum Ziel überspringen, auch wenn zum Beispiel Castingshows uns vorgaukeln, dass das möglich ist. Für deren Gewinner scheint es auf den ersten Blick so, als könnten sie sich den Pfad zum Erfolg sparen. Wenn man sich aber einmal genauer anschaut, was mit den allermeisten dieser über Nacht »gemachten« Stars in der Regel passiert, wird schnell klar, dass sie den plötzlichen Ruhm mit einem hohen Preis bezahlen: So schnell sie an der Spitze sind, so schnell sind sie auch wieder in der Versenkung verschwunden. Wann haben Sie zuletzt etwas von Bro'sis, Monrose oder Alexander Klaws gehört?

Die Castingshow-Sieger, die sich tatsächlich weiterhin im Geschäft halten, sind die, die sich schon lange zuvor bereits auf den Weg gemacht hatten. Die haben nach dem Höhenflug des Sieges eine Routine, zu der sie zurückkehren können. Wer nicht aus eigener Kraft dort angekommen ist, wo er sich befindet, sondern von Position Null aus eine Abkürzung genommen hat, dem fehlt es an Erfahrung, Werkzeug und auch an einem Netzwerk. Bildlich gesprochen: Stabilisatoren und Sicherheitsseile, die einen auch auf dem Gipfel stützen und mit beiden Beinen auf der Erde halten.

So etwas baut sich über die Jahre erst auf. Im Grunde ist das der Lottogewinnereffekt: Menschen, die große Summen Geld gewinnen, sind diese bekanntermaßen oft schnell wieder los. Das Geld scheint zwischen ihren Fingern zu zerrinnen. Das hat damit zu tun, dass sie keine Erfahrung damit haben, wie man mit so einer Menge Geld umgeht. Wer aber nach und nach wohlhabend geworden ist, entwickelt diese notwendige Erfahrung in kleinen Lernschritten. Wer aus einer reichen Familie kommt, bekommt das Wissen dort von Kindesbeinen an vermittelt. Ebenfalls nach und nach. Das Ergebnis ist das gleiche: Man kann irgendwann mit Geld umgehen und weiß, wie es sich vermehrt.

Das Ziel ist nur ein Punkt auf einer Zeitachse

In meinen Seminaren sind manchmal Menschen, die sich beklagen: »Es gibt so viele Leute, wenn man deren Referenzen oder Lebensläufe liest, bekommt man den Eindruck, dass bei denen das Wasser den Berg hochläuft. Irgendwas machen die anders als ich!« Diese Teilnehmer fühlen sich klein und unbedeutend, sie haben das Gefühl, etwas falsch zu machen. Und nur, weil sie sich mit anderen vergleichen.

Aber stimmt der Eindruck?

Bleiben wir einfach mal beim Beispiel Lebenslauf: Da schaut man in der Regel nur auf eine schillernde Oberfläche. Erst im Nachhinein wirken nämlich die meisten Lebensläufe wie eine reine Erfolgsgeschichte. Von hinten aufgerollt scheint plötzlich alles stringent auf ein Ziel zuzulaufen. Doch das ist eine Illusion. Die Niederlagen lässt man bei Lebensläufen wohlweislich weg und auch alles, was nicht zum gegenwärtigen Status passt. Der aufstrebende Modedesigner erwähnt eher nicht, dass er mal bei der Müllabfuhr gejobbt hat, aber sein Praktikum in einem renommierten Modehaus nimmt er gern in seine Vita auf.

Damit sind Lebensläufe nichts anderes als eine Praxisübung in Fokusverschiebung. Bearbeitete Erinnerungen. Wie die flammende Rede der Wikinger.

Wenn Sie sich also unbedingt mit Ihrem Vorbild vergleichen wollen, dann schauen Sie einmal, wie versiert und erfolgreich Ihr Vorbild war, als es an Ihrer Startposition stand. Fragen Sie nach oder, falls es sich um eine prominente Persönlichkeit handelt, besorgen Sie sich eine Biografie. Und? Immer noch so beeindruckend? Vermutlich nicht – jedenfalls nicht, wenn hier jemand einigermaßen ehrlich war. Sie werden sehen, auch Ihr Vorbild hat einmal klein angefangen. Vielleicht sagen Sie jetzt trotzdem: »Aber Herr oder Frau Vorbild war viel schneller am Ziel als ich!« Oder: »Aber Herr oder Frau Vorbild hat da und da gearbeitet.« Oder: »Aber ich bin jetzt schon zwanzig Jahre älter als Herr oder Frau Vorbild, als er oder sie angefangen hat.« Dann erwidere ich erneut: Die Art und Weise und auch die Geschwindigkeit, mit der unterschiedliche Menschen ein ähnliches Ziel verfolgen, ist immer individuell. Das hängt auch von Zufällen ab, von den Umständen der jeweiligen Zeit, von finanziellen Mitteln...

Aber all das ist *für Sie* völlig egal!

Das Entscheidende ist weiterhin der Weg. Denn während Sie den gehen, leben Sie Ihr Leben. Das Ziel ist dagegen nur ein einziger Punkt auf einer Zeitachse. Am Ziel anzukommen, das ist immer nur ein ganz kurzer Augenblick. Wenn man sich in diesem Augenblick und auch danach an die Stationen des Weges erinnern kann, an das langsame Erklimmen, an Hochs und Tiefs, die Anstrengungen, die sich letztlich doch gelohnt haben, dann bekommt die Sache ein ganz anderes Fundament. Man kann sich mehr und länger an der eigenen Anstrengung, seinem Durchhaltevermögen und damit am erreichten Ziel freuen. Es wird zum Teil der Persönlichkeit, zu einem »Das habe ich geschafft!«.

Man hat festgestellt: Jemand, der sich immer alles leisten kann und sich jeden Wunsch sofort erfüllt, der hat an der Kasse kurz ein Hochgefühl, das war es dann. Das ist der kurze Kick, nach dem Shopaholics lechzen. Wer aber lange auf eine Anschaffung gespart hat und sie sich dann endlich leistet, dessen Euphorie hält viel länger an, weil der Blick auf die neue Errungenschaft reicht, einen an den Weg zu erinnern. Nur der Weg macht das Ziel wertvoll und wer immer nur so schnell wie möglich ankommen will, der verpasst das Wichtigste.

Es ist wie mit dem Reisen. Ich bin vor einer Weile nach Stockholm zu einer Veranstaltung geflogen. Ich kam in Stockholm an, bin zum Hotel gehetzt und dann zum Veranstaltungsort. Für mich war Stockholm eine weitere Großstadt wie alle anderen. Ein Kumpel von mir ist stattdessen mit dem Bus gefahren. Der kam an, war tiefenentspannt und völlig begeistert: »Diese Natur hier in Schweden, diese Menschen hier in Schweden, unglaublich! Schweden ist ein wunderbares Land.« Er hat einen Tag gebraucht, um in Stockholm anzukommen, ich war in zwei Stunden da. Jetzt könnte man sagen, dass ich Zeit gespart habe und er hat Zeit vergeudet. Aber das stimmt nicht: Er hat das Land gesehen und ich nicht.

Die Entfernung ist unwichtig. Nur der erste Schritt ist wichtig.
Marquise du Deffand

Winner oder Finisher? Was Erfolg ist, definieren Sie allein!

Dem, der am Anfang eines Weges steht, kann ein direkter Vergleich mit jemandem, der schon angekommen ist, besonders schaden. So ein Vergleich frustriert und entmutigt. Als Anfänger kann man noch so viel Potenzial und Talent haben, es ist trotzdem unmöglich, so gut zu sein wie jemand, der jahrelange Erfahrung hat. Als Anfänger tastet man sich voran und macht Fehler. Das ist nicht schlimm, sondern ein unerlässlicher Lernprozess! Denn aus Fehlern zieht man Erfahrung. Nur so baut man nach und nach eine Routine auf und wird sicherer.

Der beste Rat, den ich Ihnen geben kann: Vergleichen Sie sich einfach immer nur mit sich selbst! Ein persönlicher Erfolg hat nichts mit Rekorden oder Bestmarken von irgendjemand anderem zu tun. Sie allein sind der Maßstab! Nur Sie bestimmen, was ein Erfolg für Sie ist! Für Lady Gaga ist sicher nur ein

Top-Ten-Hit noch ein Erfolg, aber für jemanden, der gerade erst eine Band gegründet hat, ist es bereits ein Riesenerfolg, einen Auftritt im Jugendzentrum zu ergattern.

In einem meiner Seminare war ein Marathonläufer, der mir gesagt hat: »Weißt du Jan, ich bin kein Winner, ich bin ein Finisher.« Diesen Satz fand ich großartig! Für ihn ist es völlig unwichtig, in welcher Zeit er einen Marathon läuft, ob er als Erster oder als Letzter durchs Ziel geht. Er sagte zu mir: »Ich beende den Lauf, aber ich gehe dabei nie in den roten Bereich. Ich bleibe immer im grünen Bereich, was meine Energiereserven angeht.« Entscheidend für ihn ist, dass er nicht aufgibt. *Das* ist für ihn Erfolg – und eine der gesündesten Einstellungen zum Erfolg, die man haben kann. Wenn man sein ganzes Leben auf diese Weise lebt, lebt man im Moment und kostet das Leben in vollen Zügen aus. Jetzt. Trotzdem läuft man nie Gefahr, irgendwann ein Burn-out zu erleiden – man hört immer auf seinen Körper und seinen Geist, statt auf äußerlich sichtbaren Erfolg zu setzen. So lebt man im Einklang mit dem Unbewussten.

Auch mein Leben ist ganz nach diesem Prinzip ausgelegt. Ich bin zwar viel auf Tournee, habe TV-Auftritte, schreibe Bücher, gebe Seminare und habe meine Praxis, aber immer dann, wenn mir mein Bauchgefühl signalisiert, dass ich mich auf eine Grenze zubewege und es bald in den roten Bereich abkippen könnte, mache ich Pause. Sofort. Dann ziehe ich mich zurück, sage auch vermeintlich »wichtige« Termine von einem Tag auf den anderen ab und kümmere mich um meine Seele. So komme ich ebenfalls nie in den roten Bereich, dieser Stopp geschieht automatisch. Dann beschäftige ich mich mit etwas anderem, verbringe Zeit mit meiner Familie, mit Freunden, in der Natur und sammle dadurch neue Energie. Damit treibe ich vermutlich nicht meine Karriere voran, aber das war mir ohnehin immer egal. Ich wollte einfach nur tun, was mir Spaß macht, solange es mir Spaß macht. Wenn ich damit äußerlich sichtbar Erfolg habe, ist das ein wunderbarer Nebeneffekt. Wenn nicht, ist mir das bloße Tun Erfolg genug – wie dem Marathonläufer. Dabeisein ist alles. Wäre das nicht so, hätte ich schon vor vielen Jahren das Handtuch geschmissen – oder haben Sie vor, sagen wir, zehn Jahren schon mal von mir gehört? Damals war ich auch schon damit beschäftigt, einen Schritt nach dem anderen zu tun.

Es sind immer diese kleinen Schritte, die zum persönlichen Erfolg führen und als Nebenwirkung Selbstvertrauen mit sich bringen. Je häufiger man etwas tut, umso routinierter und sicherer fühlt man sich. Man entwickelt Intuition. Ein untrügliches Bauchgefühl, auf das man sich verlassen kann und das einen schützt. Abkürzungen und Sieben-Meilen-Riesenschritte bewirken oft das Gegenteil, nämlich kurzlebigen Erfolg und Selbstzweifel.

Geduld bringt Selbstvertrauen – Liebe und Humor bringen Geduld

Was glauben Sie, wie viele Fehler ich gemacht habe, seit ich als Junge angefangen habe, mit dem Gedankenlesen und Hypnotisieren zu experimentieren. Wie viele fehlgeschlagene Hypnoseanläufe und Gedankenleseversuche in Lachanfällen mit meinen Freunden mündeten? Unzählige! Auch heute noch geht immer mal wieder etwas schief. Das macht aber nichts, das gehört zum Leben dazu und ich freue mich jedes Mal, dass ich wieder etwas dazugelernt habe. Außerdem komme ich nie endgültig irgendwo an. Ich stecke mir immer neue Etappenziele, gehe immer weiter. Ich will in Bewegung bleiben, ich will immer Neues ausprobieren.

Überlegen Sie mal: Mögen Sie Leute, bei denen immer alles perfekt läuft? Die immer alles hinkriegen? Die in kürzester Zeit die tollsten Abschlüsse haben? Die nie einen Fehler zu machen scheinen? Oder sind eher diejenigen sympathisch, bei denen auch mal was in die Binsen geht? Die sich davon aber nicht unterkriegen lassen, sondern es mit Humor nehmen und über sich selbst lachen? Das sind doch genau die Geschichten, an die wir uns erinnern. Die wir später erzählen: Weißt du noch, wie...? Das Leben und seine unvermeidlichen Rückschläge mit Humor anzunehmen, ist eine sehr energieschonende und gesunde Lebensweise – und die einzige, die Spaß und obendrein sympathisch macht.

Wenn man sich aber nicht zugesteht, dass auch mal etwas schiefgehen darf, führt der Vergleich mit anderen zu riesigem Stress. Dann nämlich, wenn irgendetwas nicht direkt rundläuft und man sich selbst entmutigt, indem man sich ständig sagt: »Aber der XY kann das doch auch. Wieso kriege ich das nicht hin?« Dann fühlt man sich wie gelähmt. Hat das Gefühl, dass alles furchtbar schwierig ist und zu langsam vorangeht. Vielleicht plagen einen auch Gedanken, was die anderen, vor allem die angeblich so perfekten, wohl denken könnten. Dabei sind die anderen meistens vollauf mit ihrem eigenen Kram beschäftigt. Außerdem ist das, was die denken, für unser Leben völlig irrelevant. Das Leben der anderen ist deren Leben, unseres ist unseres. Da sind die Zuständigkeiten klar verteilt.

Geduld zu haben, vor allem mit sich selbst, ist ganz wichtig, wenn Sie nicht früh und völlig unnötig frustriert aufgeben wollen. Sich frei zu machen davon, anderen gefallen zu wollen mit Ihrem Tun, ebenfalls. Denken Sie immer wieder dran: Das Kind lernt laufen. Dem Kind ist es egal, was andere darüber denken. Ihm ist es unwichtig, ob es früher als das Baby von nebenan gehen kann oder später. Es macht einfach, weil es neugierig ist. Weil es die neuen Möglichkeiten, die Welt aus höherer Warte zu erkunden, spannend findet. Weil es ein geborener Entdecker ist. Das Kind geht am Anfang langsam, vorsichtig setzt es Schritt auf Schritt. Es fällt hin, steht wieder auf, probiert es weiter, bis es schließlich funktioniert. Mit einem

Kind haben die Menschen Geduld. Und wissen Sie was? Sie selbst sind dieses Kind!

HERZE DAS KIND IN DIR

Haben Sie ein Kinderfoto von sich, das Sie besonders gerne mögen? Dann holen Sie das Bild bitte einmal hervor. Betrachten Sie das Kind auf dem Foto, das Sie einmal waren, in Ruhe. Stellen Sie sich vor, es sei Ihr Kind. Machen Sie dann die Augen zu. Stellen Sie sich vor, wie Sie es zärtlich in die Arme nehmen. Wie Sie es trösten, wenn etwas nicht gleich geklappt hat. Wie Sie es ermutigen, weiterzumachen. Wie Sie zu ihm sagen: »Du machst das schon super, nur Geduld!« Spüren Sie die Liebe, die Sie für dieses kleine Wesen hegen, und das Vertrauen, das das Kind in Sie hat, wenn es Sie mit großen Augen anschaut. Nehmen Sie es an die Hand, führen Sie es. Nehmen Sie es hoch, drücken Sie sein Herz an Ihr Herz – vielleicht mit der Herzumarmung aus Kapitel acht. Baden Sie in diesem Gefühl von Liebe und Wohlwollen. Dann setzen Sie einen Anker, indem Sie mit beiden Daumen und Zeigefingern ein Herz formen und die Daumen und oberen Zeigefingerglieder fest aufeinanderpressen. Machen Sie das Herzsymbol und umarmen Sie in Gedanken das Kind in sich liebevoll, wann immer Sie in Zukunft ungeduldig mit sich sind oder einen – vermeintlichen – Fehler gemacht haben, wann immer etwas »schief«-geht. Sie werden sehen, wie Sie Ihr Leben mit dieser liebevollen Geste sich selbst gegenüber entstressen und wie Sie auch anderen gegenüber verständnisvoller werden – denn plötzlich sehen Sie auch in Ihren Mitmenschen die Kinder, die sie einmal waren und, im Herzen, immer noch sind.

Sobald Sie negative Gedanken, Selbstzweifel, Selbstanklagen, Sorgen oder Frust plagen und Sie von Ihrem Vorhaben, Ihrem

Ziel abzudrängen drohen oder Sie sich davon einfach ganz allgemein in Ihrer Lebensfreude beeinträchtigt fühlen, hilft die liebevolle Beschäftigung mit dem Kind in Ihnen. Folgende Visualisierung vertieft das und nimmt sich gezielt Ihre negativen Gedanken zur Brust.

DER GEDANKENTRANSFORMATOR

Suchen Sie sich einen Ort, an dem Sie ein paar Minuten ungestört sind. Schließen Sie dann die Augen, atmen Sie ein paarmal bewusst ein und aus. Nicht wie in einer der Gedankenstoppübungen, denn Sie sollen Ihre negativen Gedanken noch ein paar Augenblicke behalten – um sie dann endgültig loszuwerden.

Nehmen Sie sich nun die negativen Gedanken einen nach dem anderen vor. Sagen Sie laut zu sich: »In diesem Moment denke ich ...« An die Stelle der Punkte setzen Sie Ihren negativen Gedanken. Also zum Beispiel: »In diesem Moment denke ich, dass ich zwei linke Hände habe.« Oder: »In diesem Moment denke ich, dass ich nichts kann.« Stellen Sie sich nun vor, dass diese negativen Gedanken Objekte sind.

Jedes Wort, das Sie aussprechen, verlässt Ihren Mund, Ihren Geist, Ihren Körper. Es steigt auf, verschwindet am Horizont. In dem Moment, in dem Sie den negativen Gedanken aussprechen, ist er auch schon fortgeschwebt.

Nun wandeln Sie die negativen Suggestionen in positive um. Stellen Sie sich vor, was Sie zu einem Kind – dem Kind in Ihnen – sagen würden. Aus den zwei linken Händen wird: »Mach das einfach ganz langsam, eins nach dem anderen, dann geht das schon.« Aus dem Nichtskönnen wird: »Du kannst jede Menge, zum Beispiel ...«

Auch diese Worte werden zu Objekten. Sie tauchen am Horizont auf, fliegen aus den Wolken auf Sie zu. Dann fallen sie in Sie hinein, wo sie den frei gewordenen Platz einnehmen.

Lassen Sie sich Zeit, die Gedanken in sich hineinsinken zu lassen. Dann öffnen Sie die Augen.

DIE MEDAILLE DREHEN

Wenn Sie Ihr Selbstbewusstsein steigern und ein positives Gefühl für sich selbst entwickeln möchten, empfehle ich Ihnen folgende Übung: Nehmen Sie ein Blatt Papier und unterteilen Sie es in zwei Spalten. Auf die linke Seite schreiben Sie alle Eigenschaften, alle Talente, alle Fertigkeiten, die Sie an Ihrer Persönlichkeit als positiv empfinden. Auf die rechte Seite kommt alles, was Sie stört. Anschließend betrachten Sie beide Seiten zusammen.

Fällt Ihnen etwas auf?

Genau: Viele Eigenschaften auf der linken und rechten Seite hängen zusammen. Oder besser gesagt: Es handelt sich um die gleichen Eigenschaften, nur einmal schaut man auf deren positive, einmal auf deren negative Aspekte. Wenn Sie auf der Negativseite »werde leicht neidisch« stehen haben und auf der Positivseite »bin ambitioniert«, merken Sie bei näherem Hinsehen, dass dahinter dieselbe Grundeigenschaft steckt, nur der Fokus ist verschieden. Wenn Sie sich in Zukunft nicht direkt für ein vermeintliches Neidgefühl schämen, sondern es als Ansporn sehen, verschieben Sie bewusst den Fokus und gewinnen Energie. Oder links steht »gebe zu viel Geld aus« und rechts »bin großzügig«. Hier könnten Sie einmal bewusst darauf schauen, wie Ihre Großzügigkeit anderen hilft oder Ihre Freunde froh macht. Vielleicht findet sich links der Punkt »bin oft chaotisch«, in der rechten Spalte dagegen »bin kreativ« – auch hier wäre das eine nicht ohne das andere. Schauen Sie also das nächste Mal doch bewusst auf den positiven Aspekt, statt innerlich mit sich zu schimpfen.

Sie sind ein Ganzes, Sie sind beide Seiten der Medaille – und das ist gut so, denn Sie sind einzigartig!

Ich hatte in einem meiner Seminare eine Hebamme, die die Schwangeren während der Geburt so suggestiv angeleitet hat, dass die Frauen ohne Angst und nahezu schmerzfrei ihre Kinder auf die Welt brachten. Diese Frau machte sich ganz klein und sagte: »Ach, das ist doch nichts.« Dabei war das, was sie da tat, eine ganze Menge, denn sie praktizierte Hypnose, ohne es zu merken. Als ihr das klar wurde, sah man förmlich, wie sie wuchs. Sie wurde sich selbst bewusster. Und nichts anderes bedeutet Selbstbewusstsein.

Wenn Sie dazu tendieren, Ihr Licht bescheiden unter den Scheffel zu stellen, hilft es oft, sich einmal von außen zu betrachten. Über die Distanz verstehen wir oft besser, was andere in uns sehen. Was wir für andere bedeuten. Von außen sehen wir plötzlich Dinge, die uns oft nicht bewusst waren, über die wir noch nie nachgedacht haben, denn von außen sind zweifelnde Gedanken, die uns hemmen, nicht sichtbar.

Die folgende Übung hilft Ihnen, sich selbst anzunehmen und das eigene Potenzial, die eigene Liebenswürdigkeit und Einzigartigkeit zu erkennen. Die Teilnehmer meiner Seminare berichten danach oft, wie sie sich plötzlich als netten Kerl wahrgenommen haben. Oder als Frau, die mit beiden Beinen im Leben steht. Als jemand mit ganz speziellen Talenten und Fähigkeiten. Eben als der einzigartige Mensch, der sie nun einmal sind.

IN DER SCHWEBE

Mach die Augen zu.
Stell dir vor, wie du langsam deinen Körper nach oben hin verlässt.
Du verlässt deinen Körper langsam nach oben hin.
Du schwebst jetzt über dir und siehst dich aus der Vogelperspektive.
Beobachte dich genau.

Schau, wie du hier sitzt.
Schau dich an, was du anhast.
Wie dein Kopf von oben aussieht.
Dein Körper.
Deine Hände.
Deine Kleidung.
Dann schwebst du direkt vor dich hin und schaust dich an.
Schau dir direkt ins Gesicht.
Werde dir bewusst, wer hier sitzt.
Wer ist das?
Lass dir Zeit.
Denke daran, was dieser Mensch schon alles Wunderbares getan hat.
Lass dir noch mehr Zeit.
So viel Zeit, wie du brauchst.
So viel, wie du möchtest.
Wenn du fertig bist,
schwebst du langsam wieder in deinen Körper hinein.
Du erfüllst dich wieder voll und ganz.
Lass dir auch hierfür Zeit.
Wenn es sich richtig anfühlt, kommst du wieder zurück.
Du öffnest die Augen.
Wie hast du dich gesehen?

Kapitel 12
Her mit dem schönen Leben: Wie Sie Ihre kleinen Laster in Rente schicken und durch dynamische, gesunde Gewohnheiten ersetzen

Gewohnheit wird zur zweiten Natur.

Cicero

Viele Leute, die zu mir in die Hypnosepraxis kommen, möchten nicht nur eine neue Gewohnheit in ihr Leben integrieren, sondern vor allem etwas loswerden: kleine Laster. Platz eins ist da unangefochten der automatische Griff zum Glimmstängel. Platz zwei ist die unstillbare Lust nach Süßigkeiten oder die Gewohnheit, ungesundes Fast Food in sich hineinzustopfen. Und auf Platz drei steht inzwischen das zwanghafte Onlinesein in Sozialen Medien, wodurch keine Zeit mehr bleibt fürs nicht-virtuelle Leben – Tendenz steigend. Ein Laster, im Sinne einer belastenden Gewohnheit, kann es aber auch sein, immer zwanghaft zu viel zu shoppen oder generell nicht mit Geld umgehen zu können und darum immer zu wenig davon zu haben, was sich in verschiedenen Gewohnheiten zeigt.

In Kapitel vier hatte ich schon erklärt, dass unser Unterbewusstsein jede wiederkehrende Handlung zur Gewohnheit machen möchte, um uns das Leben zu erleichtern. Automatische Handlungen halten uns den Kopf frei für anderes. Dabei gibt es für jede solche Handlung eine Belohnung. Viele Alltagsautomatismen haben wir schon im Kleinkindalter in unser Repertoire aufgenommen, andere folgen als Jugendliche oder junge Erwachsene und die meisten davon sind vor allem eins: praktisch. Bei vielen alltäglichen Abläufen ergibt sich die Belohnung direkt aus der Handlung: Wer von A nach B gehen kann, kommt in B an – eine sehr praktische Belohnung! Wer eine Tür öffnen kann, kann durchgehen – Belohnung! Wer Auto fahren kann, muss nicht den Bus nehmen und bestimmt selbst, wann er fährt – Belohnung!

Alltagslaster sind nicht nur lästig – sondern auch nützlich

Bei den sogenannten »Süchten« ist das nicht wirklich anders. Denn irgendeinen Nutzen haben sie immer. Es gibt Theorien, nach denen selbst chemisch stark wirksame Drogen nur dann abhängig machen, wenn der Benutzer damit etwas anderes kompensiert – der chemische Effekt ist sonst nicht stark genug, um eine Abhängigkeit zu erzeugen. Einsamkeit könnte zum Beispiel so eine Sache sein, die kompensiert werden muss. Menschen, die das starke Schmerzmittel Diamorphin aus medizinischen Gründen für eine Weile bekommen, sind dagegen nach Ende der Behandlung nicht abhängig. Dabei ist Diamorphin nichts anderes als Heroin, das als eine der am stärksten abhängig machenden Drogen gilt.

Schon in den Siebzigerjahren zeigte der kanadische Psychologieprofessor Bruce Alexander, dass Ratten, die in einer sehr rattenfreundlichen Umgebung mit Pflanzen, Artgenossen, Verstecken und Spielmöglichkeiten gehalten wurden, auch nach längerer Zeit nicht drogenabhängig wurden, sogar wenn man ihnen rund um die Uhr die Wahl zwischen Wasser mit Kokain und normalem Wasser ließ. Im Gegenteil, sie machten um das mit Drogen versetzte Wasser einen großen Bogen. Ratten hingegen, die unterstimuliert allein in einem tristen Käfig saßen, waren nach kürzester Zeit Junkies. Sie hatten Bedarf an den Glücksgefühlen, die die Droge auf künstlichem Weg bereitstellte. Die Ratten im Rattenparadies hatten dagegen schon genügend andere Gewohnheiten, die sie glücklich machten. Noch interessanter wurde es, als Alexander die vierbeinigen Junkies ins Rattenparadies umsiedelte: Sie waren sofort clean. Der Grund war simpel: Es mangelte ihnen an nichts mehr, also mussten sie auch nichts mehr kompensieren. Professor Alexanders Forschung fristete lange Zeit ein Dornröschendasein, mittlerweile erleben seine Erkenntnisse jedoch eine Renaissance.

Wenn also schon starke Rauschmittel nicht zwingend abhängig machen, dann sollte das für Zigaretten natürlich erst recht gelten. Was aber kompensieren Raucher mit ihrer Gewohnheit? Meistens ist das Rauchen eine Sache aus vielen kleinen Komponenten. Raucher kommen zum Beispiel viel häufiger in den Genuss einer kleinen Pause als andere. Sie treffen in Raucherecken, auf Balkonen oder in Raucherzimmern automatisch auf andere Raucher und kommen ins Gespräch – für Schüchterne ist das Gold wert. Sie können sich bei Unsicherheiten oder Stress immer an etwas festhalten. Sie fühlen sich cool und nicht so spießig wie die angepassten Nichtraucher. Und so weiter. Die vermeintliche Nikotinsucht ist zweitrangig. Wenn man nun eine oder auch mehrere gesunde Verhaltensweisen findet, die die gleichen oder sehr ähnliche Belohnungen versprechen, kann man den Rauchautomatismus in einen Automatismus für etwas anderes umwandeln. Ganz weg bekommt man so eine einmal etablierte Gewohnheit nämlich nie, dafür sind die Erinnerungsspuren im Gehirn nach jahrelangem Rauchen zu eingefahren. Man wird immer wieder mit den Auslösern der Gewohnheit konfrontiert, die die automatische Handlung anstoßen. Darum ist die Umwandlung auf Dauer der einzige Ausweg.

Was nicht bedeutet, dass man nicht widerstehen kann, wenn es nötig wird. Ich frage meine Klienten immer im ersten

Gespräch: »Glaubst du, dass du von einem auf den anderen Moment aufhören könntest zu rauchen?« Dann kommt fast immer die Antwort: »Nein, glaube ich nicht.« Dann frage ich: »Und wenn sonst dein Kind sterben würde?« Dann weiten sich die Pupillen meines Gegenübers vor Schreck und die Antwort kommt wie aus der Pistole geschossen: »Das ist natürlich was anderes. Dann würde ich sofort aufhören, logisch.« Und ich erwidere: »Nein, es ist nichts anderes. Du hast dir gerade bewiesen, dass du jederzeit aufhören kannst – wenn dir nur der Grund wichtig genug ist.« Das ist immer ein großer Aha-Moment.

Man kann, wenn man »muss«

Die meisten Raucherinnen hören augenblicklich auf zu rauchen, wenn sie feststellen, dass sie ein Baby erwarten. Sogar die, die es vorher für unmöglich gehalten haben. Jeder weiß schließlich, dass Rauchen dem ungeborenen Kind massiv schaden kann – und anderen zu schaden, erst recht dem eigenen Baby im Bauch, das sich nicht wehren kann, das ist für fast alle Menschen eine ganz andere Sache, als sich selbst gesundheitlichen Schaden zuzufügen. Die Lust zu rauchen, ist zu Beginn natürlich noch da, aber der Wille, dem Kind nicht zu schaden, ist größer. Wenn das Baby dann auf der Welt ist, folgt bei vielen Müttern die Stillzeit, dann wird natürlich auch nicht geraucht.

Und plötzlich ist ein Jahr oder noch längere Zeit vergangen ohne eine einzige Zigarette – wie konnte das passieren? Viele frischgebackene Mütter fangen danach erst gar nicht wieder an.

Wie sie das schaffen? Ganz einfach: Sie haben in den Monaten der Schwangerschaft und Stillzeit neue Gewohnheiten etabliert. Sie brauchen die Zigaretten nicht mehr, um ihre Belohnungen zu erhalten. Die körperliche Abhängigkeit vom Nikotin ist ohnehin schon nach ganz kurzer Zeit überwunden. Falls es überhaupt Entzugserscheinungen gibt – das ist nicht zwingend so – erreichen die nach zwei Tagen ihren Höhepunkt. Danach verschwindet die körperliche Abhängigkeit sehr schnell, bis sie nach maximal zwei Wochen komplett überwunden ist.

Die Belohnungen, die die Mütter vorher übers Rauchen bekamen, bekommen sie jetzt über andere, gesündere Tätigkeiten. Vielleicht machen sie sich jedes Mal eine Tasse Tee, wenn sie die Lust auf eine Zigarette überkommt. Dadurch haben sie die gleiche Pause wie mit Kippe und auch den Kontakt mit anderen – in der Büroküche. Im Auto ersetzt ein Kaugummi die Zigarette, bei Unsicherheit und für stressige Situationen haben sie sich inzwischen vielleicht eine einfache Atemtechnik angeeignet und cool fühlen sie sich schon allein dadurch, dass sie es schaffen, nicht mehr zu rauchen. Nebenbei haben sie natürlich noch ganz besondere Belohnungen obendrauf bekommen: Sie merken, wie viel besser es ihnen ohne Rauchen geht. Wie viel Geld sie sparen. Dass sie besser aussehen. Nicht zuletzt sind sie beeindruckt von ihrer eigenen Willensstärke.

Es geht also. Das Argument, nicht aufgeben zu können, gilt nicht. Das »Nichtkönnen« ist immer ein »Nichtwollen«, weil man die Belohnungen nicht missen möchte.

Mit Hypnose den schwierigen ersten Schritt überbrücken

Wenn Sie nun nicht zufällig schwanger sind und darum keine ausreichend große Motivation verspüren, sofort das Rauchen (oder das Naschen oder das ständige Herumhängen auf Facebook) aufzugeben, müssen Sie sich auf die Suche nach den Belohnungen für das Laster machen. Anschließend müssen Sie etwas Neues finden, das genau die gleiche Streicheleinheit für die Seele im rechten Moment bereitstellt – nämlich immer in den Situationen, in denen die Lust auf die Zigarette kommt. Bei Langeweile, Stress, zum Kaffee, in Wartesituationen, beim Nachdenken – Raucher kennen viele Gelegenheiten, in denen sie sich eine Kippe anzünden.

Dazu können Sie sich mit einem Zettel hinsetzen und überlegen, welche Tätigkeiten in welcher Situation infrage kommen: Tee kochen, ein Bonbon lutschen, eine Atemübung machen, eine Möhre essen, einen Spaziergang um den Block machen ... Zum Schluss schenken Sie Ihre Zigaretten weg und jedes Mal, wenn Sie den Wunsch nach einem Glimmstängel verspüren, führen Sie eine der neuen Tätigkeiten aus.

Wenn das für Sie ziemlich einfach klingt, sind Sie vermutlich Nichtraucher. Denn bereits das Hinsetzen und Überlegen kann sich für einen Zigarettenjunkie wie eine schlimme Bestrafung anfühlen. Beim bloßen Gedanken, dass es jetzt »ernst« wird, bekommt der Raucher ein mulmiges Gefühl und Lust auf eine Zigarette. Das Wegschenken der Zigaretten fühlt sich dann möglicherweise an wie eine völlige Unmöglichkeit. Der so entscheidende erste Schritt wird als unüberwindlich erlebt – und der Raucher bleibt Raucher.

In solchen Fällen kann Hypnose die Lösung sein, weil sie diese unangenehmen Momente überbrückt und den ersten Schritt automatisch in die Wege leitet.

Ich versetze meine Klienten dazu zunächst in Trance. Anschließend führe ich ein Interview mit dem Unterbewusstsein und dem loszuwerdenden Laster. Also zum Beispiel dem Rauchen. Ich tue so, als handele es sich um einen fleißigen Mitarbeiter, dessen Intention es ist, zum Wohl des Chefs – also meines Klienten – zu agieren. Ich fordere das Rauchen zunächst freundlich auf, das Unterbewusstsein aufzusuchen und ihm seine Motivationen mitzuteilen – das heißt, die positiven Aspekte aufzuzählen, die sein Tun mit sich bringt. Das können die Dinge sein, die ich eben aufgezählt habe: Extrapausen, bei Unsicherheit etwas in der Hand zu haben, Kontakt mit anderen und so weiter. Was das Rauchen dem Unterbewusstsein genau mitteilt, bekomme allerdings weder ich als Hypnotiseur noch mein Klient mit. Das wird gehirnintern geregelt und ist sozusagen eine Sache unter vier Augen zwischen dem Rauchen und dem Unterbewusstsein.

Anschließend soll sich das Rauchen im Kreativitätszentrum Alternativvorschläge machen lassen, was es tun kann, um die gleichen positiven Aspekte zu erreichen, ohne zu rauchen. Mit diesen Vorschlägen geht das Rauchen zurück zum Unterbewusstsein. Das soll sich daraus nun drei neue Handlungen aussuchen.

Auch an diesem Punkt bekomme weder ich, noch bekommt mein entwöhnungswilliger Klient zu hören, welche Alternativvorschläge es gibt und welche davon sich wiederum das Unterbewusstsein aussucht. Das macht aber nichts, denn zum Abschluss bekommt das Unterbewusstsein von mir den Auftrag, diese drei neuen Vorschläge ab sofort umzusetzen. Zu guter Letzt hole ich den Klienten aus der Trance zurück.

Ich gebe zu, das klingt ziemlich verrückt. Wahr ist es trotzdem. Da das Unterbewusstsein in Bildern spricht, funktioniert die Visualisierung des Rauchens als eine Person, mit der man sprechen kann, ganz wunderbar. Das Gleiche gilt fürs Unterbewusstsein – von mir ja ohnehin als der »Innere Bibliothekar« bezeichnet.

Das Ergebnis ist ein ab sofort nichtrauchender Klient. Das Schöne ist: Ein solches Interview können Sie auch selbst mit Ihrem Unterbewusstsein führen, dazu benötigen Sie nicht die Hilfe eines Hypnotiseurs! Egal, um welches »Laster« es sich bei Ihnen handelt: Rauchen, zu viel Fast Food, Internet, Süßigkeiten ... Für die Selbsthypnose eignet sich eine Übung, die ich den »Schwan« nenne und die Sie in Kontakt mit dem Unterbewusstsein bringt. Damit kombinieren Sie das eben beschriebene Interview. Sie benötigen dazu nur ein paar ruhige Minuten und einen ungestörten Raum. Lesen Sie den folgenden Abschnitt zuvor genau durch, damit Sie wissen, was Sie zu tun haben. Sie können sich die Handlungsschritte aber auch auf einem Spickzettel notieren, denn bei dieser Übung haben Sie die Augen geöffnet – bis auf den Entspannungsteil zu Beginn und am Ende.

DAS LASTER IN RENTE SCHICKEN – EIN HYPNOTISCHES INTERVIEW

Setzen Sie sich an einen Tisch. Stützen Sie Ihren aktiven Arm auf den Ellbogen: Linkshänder nehmen den linken Arm, Rechtshänder den rechten. Die Hand hängt dabei ganz locker nach vorn – eben so, als sei der Arm ein Schwanenhals und die Hand der Kopf des Schwans. Machen Sie nun den Atemzirkel von Seite 89 f. oder eine andere Gedankenstoppübung. Öffnen Sie anschließend die Augen. Nun sprechen Sie Ihr Unterbewusstsein direkt an. Sagen Sie laut:

»*Rede ich mit dem Unterbewusstsein? Wenn ja, gib mir bitte ein Zeichen.*«

Warten Sie einen Moment ab. Nun sollte sich etwas an Ihrer Hand bewegen. Das kann ein Zucken in einem Finger oder im Daumenballen sein oder auch ein Drehen der Hand zu Ihrem Körper hin. Wichtig ist lediglich, die Hand vollkommen entspannt zu lassen.

Sobald das Signal kommt, sagen Sie:

»*Und nun, liebes Unterbewusstsein, hole mir bitte einmal das Rauchen* (oder das Süßigkeitenmonster oder den Facebookbeauftragten oder … – je nachdem, welches Laster Sie loswerden möchten). *Wenn es bei dir ist, gib mir wieder ein Zeichen.*«

Warten Sie wieder eine Bewegung der Hand ab. Dann fragen Sie:

»*Spreche ich jetzt mit dem Rauchen?*«

Nun warten Sie wieder ab, bis ein Signal kommt.

Im nächsten Schritt loben Sie das Rauchen:

»*Liebes Rauchen, du hast deine Sache bisher immer gut gemacht. Bitte erkläre dem Unterbewusstsein einmal genau die positiven Auswirkungen deines Tuns. Wenn du damit fertig bist, gib mir bitte wieder ein Zeichen.*«

Es kann nun eine Weile dauern, bis das Zeichen kommt. Das Rauchen muss ja erst einmal ausführlich erklären, was seinen Job so lohnenswert macht. Haben Sie Geduld. Dann sagen Sie:

»*Liebes Rauchen, bitte mach dich auf den Weg ins Kreativitätszentrum. Dort fragst du bitte nach zehn alternativen gesunden Handlungen, die den gleichen positiven Effekt haben wie dein Tun. Du musst mir von diesen neuen Handlungen nicht berichten, sag mir nur, wenn du fertig bist.*«

Wieder warten Sie das Zeichen ab. Auch das kann ein paar Minuten dauern. Dann sagen Sie:

»*So, liebes Rauchen, nun gib bitte die zehn Handlungsalternativen ans Unterbewusstsein weiter. Danach bist du pensioniert und kannst deinen wohlverdienten Ruhestand genießen – vielen Dank für die gute Zusammenarbeit all die Jahre.*«

Darauf erkläre ich dem wartenden Unterbewusstsein:

»*Liebes Unterbewusstsein, bitte suche dir nun aus den gesunden Alternativen drei aus, die du besonders passend findest. Wenn du das getan hast, zeige es mir an.*«

Erneut das Zeichen abwarten. Zum Schluss sagen Sie:

»*Ab sofort ist es dein Job, liebes Unterbewusstsein, dass die neuen Vorschläge umgesetzt werden. Falls es aber noch etwas geben sollte, das sich dagegen wehrt, zeige es mir mit einem Signal an.*«

Nun sollte die Hand ruhig bleiben. Falls Sie dennoch ein Signal bekommen, gehen Sie das Ganze noch mal von vorn durch. Dann ist wohl eine wichtige Belohnung, die sonst mit dem Rauchen einhergeht, vergessen worden. Erst wenn an der letzten Stelle kein Signal mehr kommt, sind Sie fertig.

Dann schließen Sie die Augen und machen noch einmal die Entspannungsübung vom Anfang. Sie sind jetzt von Ihrer kleinen Alltagssucht befreit – und falls Sie doch mal einen Rückfall erleiden sollten, weil Ihrem Laster im Ruhestand vielleicht langweilig war, führen Sie das Interview eben noch einmal.

Hüten Sie sich vor Verboten – oder warum Diäten dick machen

Neben diesem hypnotischen Interview können Sie natürlich noch mehr tun, um Ihre kleinen Laster zu eliminieren. Dazu ist es wichtig, sich bewusst zu machen, warum es manchmal so schwierig scheint, alte schlechte Angewohnheiten loszuwerden.

Zunächst sollten Sie wissen: Wenn viele Menschen daran scheitern, Ihre schlechte Gewohnheit loszuwerden, ist oft gerade das Vorhaben schuld, die schlechte Gewohnheit loszuwerden. Das klingt paradox, ist aber ein Grund, warum Neujahrsvorsätze oft nicht umgesetzt werden. Dieser Effekt lässt sich ganz einfach erklären.

Schauen wir uns das mal am Beispiel Abnehmwilliger an.

Viele Menschen, die Gewichtsprobleme haben, haben schon in Ihrer Kindheit Essen als Seelentröster kennengelernt. Wenn man traurig war, sich einsam fühlte und Langeweile hatte oder Mama zu beschäftigt war, gab es Süßigkeiten und bei nächster Gelegenheit das Lieblingsgericht. So wird Essen zur Sofortmedizin, wenn es einem nicht gut geht. Der leckere Geschmack und die Assoziation mit Verwöhntwerden und Geborgenheit sind die einfach zu erlangende Belohnung, sodass man auch später bei Kummer, Stress oder Langeweile immer zu etwas Essbarem greift. Eine Gewohnheit mit oft dickem Ende.

Wer findet, dass er oder sie zu viel auf die Waage bringt, nimmt normalerweise eine Diät in Angriff. Bei einer Diät sind immer bestimmte Nahrungsmittel verboten. Pizza zum Beispiel. Kekse. Schokolade. Eis. Kuchen. Gummibärchen. Pralinen. Pommes frites. Mayonnaise ...

Und? Ist Ihnen beim Lesen das Wasser im Mund zusammengelaufen? Genau das ist das Problem. Statt den Fokus auf neue, gesunde Essgewohnheiten zu legen und eine Motivation zu entwickeln, warum gesund essen Spaß macht und warum Gesundes extrem lecker ist, bleibt der Fokus auf den Dickmachern, die obendrein noch die erlernten Seelentröster sind.

Die verbotenen Genüsse werden sozusagen appetitlich gestylt auf den Präsentierteller gelegt, mit Stacheldraht eingezäunt und mit einem Riesenverbotsschild versehen. Dort locken sie nun unzugänglich, aber deutlich sichtbar hinterm Zaun. Es gibt auch ein Tor mit einem Zeitschloss – das öffnet sich nach der Diät. Perfide psychologische Folter – von Belohnung keine Spur. Logischerweise stürzt sich der so Geplagte im nächstmöglichen Moment auf die so lange verbotenen Dinge. Es sollte klar sein, dass sich so auf Dauer keine positive neue Gewohnheit etablieren lässt. Außerdem können die Diätgerichte noch so lecker sein, sobald das Wort »Diät« drübersteht, klingt es nach Entbehrung und zu wenig von allem. »Diät« weckt alle möglichen Assoziationen, von Selbstkasteiung über Magenknurren, Mangel bis hin zu Krankheit. Keine davon klingt genussvoll und nach Spaß.

Sie ahnen es: Wir haben es wieder mit Suggestionen zu tun. Verbote sind kraftvolle Suggestionen, die genau das begehrlich machen, was sie verbieten. Das ist ein einfaches Gesetz der Psychologie.

Ich kenne einige Leute, die erfolglos eine Diät nach der anderen gemacht haben, nur um immer dicker zu werden, weil hinterher das Versäumte doppelt und dreifach nachgeholt wurde. Erst als sie eines Tages keine Lust mehr auf Verzicht hatten, aufhörten zu diäten, die Waage auf den Sperrmüll warfen und aßen, worauf sie Lust hatten, wurden sie plötzlich wider Erwarten schlanker. Paradox?

Keineswegs:

Erstens: Statt ihren Körper rundheraus abzulehnen – denn dieses Signal kommt im Unterbewusstsein an, wenn man sich so schnell wie möglich ans dünne Ziel wünscht – akzeptieren Menschen, die aufhören, mit Diät Krieg gegen den eigenen Körper zu führen, den Status quo. Und der Ist-Zustand ist Ausgangspunkt für jede Veränderung. Darum muss dieser erst einmal klar als Standort angenommen werden. Anders gesagt: Man kann ja auch nur an dem Bahnhof den Zug besteigen, an dessen Bahnsteig man steht, nicht zwei Städte weiter.

Zweitens: Wer nicht mehr erwartet abzunehmen, macht sich frei von unrealistischen – also ungeduldigen – Zeitvorstellungen à la »vier Kilo in vier Tagen«. Plötzlich gibt es die Möglichkeit, kleine Schritte zu gehen. Der Druck ist weg – einer der größten Feinde der Veränderung.

Drittens: Ohne Kalorientabellen und akribische Mengenangaben kann man plötzlich auf den Körper hören. Man entdeckt, dass es etwas wie ein Hunger- und Sättigungsgefühl gibt. Der Körper bekommt die Chance, seine Bedürfnisse intuitiv mitzuteilen.

Viertens: Wer essen darf, was er will, findet ungesunde Lebensmittel lange nicht mehr so verführerisch. Ist doch logisch: Wenn mir jemand sagt, dass ich auf keinen Fall Pommes frites mit Mayonnaise essen darf, erscheint vor meinem inneren Auge sofort eine XXL-Schale davon und ich bekomme eine Riesenlust darauf. Wenn ich aber weiß, dass ich jederzeit Pommes frites mit Mayonnaise essen darf, esse ich vielleicht eine

Portion, aber weil ich weiß, dass ich jederzeit wieder dazu greifen darf, habe ich keine Panik, zu kurz zu kommen und schlinge nicht alles auf einmal in mich hinein. Ich höre auf, wenn ich satt bin und esse automatisch weniger.

Fünftens: Es gibt Untersuchungen, die nahelegen, dass bestimmte Nahrungsmittel unter bestimmten Bedingungen besonders ansetzen. Nämlich, wenn die Gedanken ständig darum kreisen, dass es sich um etwas handelt, das man nur ausnahmsweise mal essen darf. Das heißt, eine Pizza macht vor allem dann dick, wenn man sie trotz Verbots genießt. Unser ganzes System – Körper *und* Geist – interpretiert eine Diät als Hungersnot und wenn dann mal ein sogenannter »Dickmacher« konsumiert wird, erfolgt das Signal an den Stoffwechsel, für schlechte Zeiten so viel wie möglich zu bunkern. So beeinflussen wir mit unserem Geist unseren Stoffwechsel.

Das Ergebnis: Die Exdiäter nehmen zu ihrer Überraschung oft ab. Sehr langsam zwar, aber sicher.

Den Fokus schlau verschieben

Was lernen wir also daraus?

Es reicht manchmal schon, den Fokus von dem abzuziehen, was man *nicht* will. Noch besser ist es natürlich, den Fokus zusätzlich auf das zu richten, was man erreichen möchte – und vor allem auf den Weg dahin!

Das heißt: Wenn Sie abnehmen wollen, besorgen Sie sich auf keinen Fall ein Diätkochbuch! Schmeißen Sie alle gesammelten Diätrezepte weg, denn damit setzen Sie die Suggestion: »Ich darf nicht das essen, was ich will, nämlich ...« mit dem Ergebnis, dass Sie das besonders begehrlich finden und Ihre Gedanken darum kreisen.

Es ist viel Erfolg versprechender, sich schön bebilderte, Appetit anregende Kochbücher mit Salaten oder mit – zum Beispiel – ayurvedischer, japanischer oder thailändischer Küche zu besorgen und anzufangen, die Rezepte daraus nachzukochen. Sich mit einer Art der Essenzubereitung zu befassen, von der bekannt ist, dass sie grundsätzlich leicht und gesund ist, bei der es aber dennoch um ganz normales Essen geht. Dabei steht dann nämlich nicht das abschreckende Wort »Diät« obendrüber. Die Gerichte haben auch keine Kalorien- und Fettangaben, bei denen man sich gleich erschrickt. Es geht um genussvolles Essen. Man darf essen und zwar so viel man möchte. Das ist ein wichtiger Punkt. Nur so haben Suggestionen, die Lust aufs gesunde Essen machen, eine Chance, Fuß zu fassen.

Eine solche Suggestion könnte zum Beispiel lauten, wieder frei nach Altmeister Coué: »Jeden Tag ernähre ich mich gesünder und mit mehr und mehr Genuss.« Dadurch wird Ihre Wahrnehmung beim Einkaufen oder im Restaurant automatisch auf Dinge gelenkt, die gesund *und* lecker sind. Der gute Geschmack, der Genuss und die Sättigung sind kurzfristige Belohnungen für die neue Verhaltensweise. Sie bekommen Lust auf die entsprechenden Lebensmittel.

Nur, wer das Gefühl hat, nichts zu entbehren, dessen Gedanken kreisen nicht ständig ums Entbehrte. Auf diese Weise wird Essen nicht zu einer Riesensache, sondern bleibt etwas Alltägliches. Man kann langsam anfangen, Intuition beim Essen zu entwickeln und auf den Körper zu hören, der mitteilt, was und wie viel davon er eigentlich braucht.

Es ist auch eine ausgezeichnete Unterstützung, sich mit etwas völlig anderem zu beschäftigen, das überhaupt nichts mit Essen zu tun hat. Sport ist gut, weil der für ein gutes Körpergefühl sorgt. Natürlich verbraucht Sport auch Energie – Sport nur wegen des Kalorienverbrennens zu machen, geht allerdings in die ganz falsche Richtung. Da liegt dann wieder

der Fokus auf dem, was man nicht mehr will. Wichtig ist aber, dass Sie den Fokus auf etwas verschieben, was Ihnen Spaß macht. Wenn das Schachspielen ist, macht es gar nichts, dass der »Sport« Schach wohl die wenigsten Kalorien aller Sportarten verbraucht. Spaß ist das Stichwort! Nur an dem, was Spaß macht, bleibt man dauerhaft dran. Und wenn Sie sich wohlfühlen, haben Sie, wie wir eben gesehen haben, keinen Bedarf, etwas zu kompensieren – weder mit Süßigkeiten, noch mit etwas anderem.

Folgende Visualisierung können Sie unterstützend üben, um bewusst Ihr Alltagslaster loszulassen. Diese Visualisierung zu machen, ist allerdings auch bei anderen Dingen, die Sie nicht mehr in Ihrem Leben haben möchten, hochwirksam. Kürzlich erzählte mir eine Frau, die mit ihrer erwachsenen Tochter in meiner Show gewesen war, dass die Tochter zeit ihres Lebens an einem Schwindel gelitten habe. Kein Arzt konnte sie von diesem Schwindel kurieren, weil niemand wusste, woher er kam. Nachdem ich aber diese Übung mit meinem Publikum gemacht hatte, war der Schwindel verschwunden und ist seitdem nicht wiedergekommen. Überlegen Sie sich also, was Sie gerne loswerden möchten. Laster, Geldnot, Ängste, Ungeduld, Zipperlein – jetzt haben Sie die Chance, sich endgültig davon zu trennen.

DIE KATHEDRALE

Schließ deine Augen.
Du sitzt in einem wunderschönen, grünen Park.
Die Vögel zwitschern.
Schmetterlinge fliegen umher.
Du fühlst dich ganz ruhig und wunderbar entspannt.
In der Ferne siehst du nun eine Kathedrale.
Sie erhebt sich am Ende eines von Blumen gesäumten Weges.
Du spürst, dass dich etwas ruft.

Eine innere Stimme.
Du verspürst den Wunsch, diese Kathedrale anzusehen.
Langsam stehst du auf und gehst den Weg entlang auf die Kathedrale zu.
Immer größer und größer erhebt sich die Kathedrale vor dir.
Von ihr geht eine ungeheure Entspannung aus.
Deine Entspannung wird immer größer und größer.
Mit jedem Schritt, den du auf die Kathedrale zugehst, wirst du entspannter.
Du erreichst die Kathedrale.
Riesig erhebt sie sich vor dir in den blauen Himmel.
Du gehst die Stufen hinauf zum Eingang.
Du öffnest das Tor.
Erst bewegt es sich schwer in den Angeln,
doch dann schwingt es bereitwillig auf.
Du betrittst das Innere.
Du spürst ein tiefes Gefühl von Frieden und Ehrfurcht.
Kerzen erhellen die Wände.
Du gehst den Mittelgang entlang.
Hörst, wie deine Schritte hallen.
Du fühlst dich absolut sicher.
Geborgen.
Am Ende des Ganges siehst du nun eine wunderschöne Tür.
Langsam bewegst du dich darauf zu.
Mit jedem Schritt wird der innere Frieden, den du spürst, tiefer.
Tiefer und tiefer.
Du erreichst die Tür
und öffnest auch sie.
Der Raum dahinter ist von einem strahlenden, überirdischen, wunderschönen Licht erfüllt.
Das Licht geht aus von einem wunderschönen Engel.
Deinem Schutzengel.
Ein tiefes Gefühl von Beschütztsein erfasst dich.
Dein Schutzengel streckt die Hände aus und lächelt.

Dann sagt er:
»Gib mir, was du loswerden möchtest. Gib es mir jetzt. Ich kümmere mich dann darum.«
Du nimmst nun das, was du loswerden möchtest, in die Hände.
Du siehst, es hat sich in ein Objekt verwandelt.
Was auch immer es ist,
du legst dem Engel dieses Objekt in seine ausgebreiteten Hände.
Sofort wird das Licht, das den Engel umgibt, heller.
Immer gleißender wird es.
Umschließt das Objekt in den Händen des Engels.
Überstrahlt es.
Du musst die Hände vor die Augen legen,
um es noch zu sehen.
Doch nun siehst du, wie es sich auflöst im gleißenden, wunderschönen Licht.
Löst sich einfach auf.
Verschwindet.
Und du weißt, du bist nun frei von diesem Etwas.
Du weißt auch, von nun an ist dein Schutzengel immer da.
Du kannst ihn jederzeit hier finden.
Wann immer du etwas loswerden möchtest.
Wann immer du Hilfe brauchst.
Ich zähle jetzt gleich bis drei.
Bei drei öffnest du deine Augen,
kommst wieder zurück,
fühlst dich vollkommen wohl,
vollkommen ausgeruht.
Vollkommen frei.
Eins,
zwei,
drei,
Augen auf.

Kapitel 13

Mach dir keinen Stress: Wie Sie dem Adrenalin ein Schnippchen schlagen und Anspannung automatisch in Entspannung verwandeln

Man kann nicht denken, wenn man es eilig hat.

Platon

Viele Leute nehmen Stress mittlerweile als unausweichliche Tatsache hin – wie ein Lifestyle-Accessoire. Man hat eben Stress in Zeiten wie diesen – die schwächelnde Wirtschaft, unsichere Arbeitsplätze, die instabile Weltlage. Je wackliger die Wirtschaft ist, umso mehr scheinen die Chefs von ihren Angestellten zu fordern, aber vor allem fordern die Leute immer mehr von sich selbst. Doch Stress lässt sich nur bis zu einem gewissen Grad aushalten. Reihenweise klappen die Menschen mit Burn-out zusammen und werden arbeitsunfähig. Ständiger Stress ist extrem gesundheitsschädlich. Im Gehirn sterben Nervenzellen ab, das Immunsystem wird geschwächt. Die Wahrscheinlichkeit von Herzkrankheiten, Angstzuständen, Depressionen und Krankheiten des Magen-Darm-Traktes steigt. Wer gestresst ist, greift, um Zeit zu sparen, häufiger zu ungesundem Fast Food und Süßem. Das erhöht das Risiko von Übergewicht und Diabetes. Um entweder durchzuhalten oder um schnell »runterzukommen«, rauchen Dauergestresste zu viele Zigaretten, trinken zu viel Alkohol und sind auch eher gefährdet, zu härteren Drogen zu greifen. Und während ein bisschen Stress die Konzentration erhöht, werden wir unter Dauerstress fahrig. Dann unterlaufen uns Fehler, die auch sehr ungesund bis tödlich sein können – wenn sie zum Beispiel beim Autofahren passieren. Ziemlich viele Gründe, das Übel an der Wurzel zu packen.

Großalarm in Gehirn und Körper – wohin mit dem Adrenalin?

Aber was passiert unter Stress eigentlich? Wenn uns etwas bedrohlich vorkommt, schlagen die sogenannten Amygdalae, die Mandelkerne im limbischen System, dem Gefühlszentrum des Gehirns, Alarm. Die Amygdalae bilden die Brücke zwischen externen Reizen und automatisch ablaufenden physischen Reaktionen. Sie schubsen den Hypothalamus im Zwischenhirn an, von dem aus ein Großteil des vegetativen Nervensystems gesteuert wird. Das Nebennierenmark erhält die Anweisung, sofort Adrenalin und den Botenstoff Noradrenalin auszuschütten – und das sind nur die bekanntesten einer ganzen Kaskade von Stoffen, deren Produktion nun angeregt wird. In der Folge steigen Pulsfrequenz und Blutdruck, der Körper wird besser mit Sauerstoff versorgt, in der Leber werden gespeicherte Energiereserven mobil gemacht und damit angereichertes Blut wird in die Muskeln geschickt. All das nur zu einem Zweck: Unser Körper bereitet sich darauf vor, aktiv zu werden. Darum heißt diese Stressreaktion auch *Fight or Flight* – Kampf oder Flucht.

Zu Zeiten, als wir noch Jäger und Sammler waren, trat der Körper nun fast immer auch tatsächlich in Aktion. Entweder beim Kämpfen oder beim Weglaufen. Aber heute sind wir nur noch sehr selten in Situationen, in denen wir einfach abhauen können oder kämpfen wollen. Dem Chef im Büro eins auf die Mütze zu geben, ist eher nicht zu empfehlen. Wir zwingen unseren Körper also, in Stresssituationen ruhig zu bleiben –

aber leider ist da nun dieses Adrenalin in uns und das läuft im Körper Amok, wenn es nicht abgebaut wird.

Der einfachste Tipp gegen akuten Stress ist darum: Tun Sie das, worauf sich Ihr Körper vorbereitet hat, bewegen Sie sich. Wenn das nicht sofort geht, dann eben so bald wie möglich. Statt in der Kantine zu hocken, kann ein flotter Spaziergang im Park Wunder wirken, um die Stresshormone abzubauen. Wer regelmäßig Sport treibt – und wenn er nur mit dem Fahrrad zur Arbeit fährt –, tut schon jede Menge gegen Stress.

Den Platzhalter für Angst entschärfen

Allerdings hilft Bewegung vor allem bei der Schadensbegrenzung – also hinterher. Sehr viel besser ist es, den Stress erst gar nicht entstehen zu lassen oder bei den ersten Anzeichen im Keim zu ersticken. Dazu kann man sich zunächst einmal bewusst machen, dass Stress fast immer ein Platzhalter für Angst ist. Wer leicht unter Stress gerät, sorgt sich zum Beispiel, etwas Wichtiges nicht rechtzeitig oder nicht gut genug zu schaffen und dann die Konsequenzen tragen zu müssen. Wer sich wegen eines Projektes im Job gestresst fühlt, hat in Wirklichkeit Angst.

Darum ist die erste Frage, die ich meinen stressgeplagten Klienten stelle: »Wovor hast du Angst? Was ist das Schlimmste, was passieren kann?« Wenn ich dann die Antwort bekomme: »Ich habe wohl Angst, dass ich meinen Job verliere und meine Familie nicht mehr ernähren kann«, frage ich weiter: »Wie wahrscheinlich ist das auf einer Skala von eins bis zehn?« Meistens schrumpft an diesem Punkt der Stressauslöser schon auf Gartenzwergformat. Die Leute sehen, dass die Wahrscheinlichkeit sehr gering ist, dass das Worst-Case-Szenario eintritt. Wenn man dieses Szenario dann auch noch durchspielt und merkt, dass man selbst im schlimmsten Fall Handlungsmöglichkeiten hat, sieht die Sache gleich weniger bedrohlich aus. Manchmal sind das sogar Dinge, von denen man heimlich träumt, die man sich aber nie getraut hat, in die Tat umzusetzen: sich selbstständig machen, eine Weile Hausmann/Hausfrau sein, während der Partner das Geld verdient, aufs Land ziehen, wo man sowieso schon immer hinwollte und wo es billiger ist, einen Teil des Hauses untervermieten und so weiter.

Ich merke, wie mein Gegenüber bei dieser gedanklichen Übung aus der Kognitiven Verhaltenstherapie lockerer wird und alle Muskeln nach und nach entspannt. Stress wird nämlich immer dann am schlimmsten empfunden, wenn wir uns in die Enge getrieben fühlen und keinen Ausweg sehen. Sobald ein Notausgang da ist, können wir entspannen – selbst wenn wir die Nottür nie benutzen.

Wie Sie den Schalter für »Stress« auf »Entspannung« umstellen

Doch wenn der Stress einmal da ist, funktioniert so eine rationale Herangehensweise nicht immer. Das Problem besteht häufig darin, dass wir uns oft ganz plötzlich in einem Kontext befinden, den wir mit Stress verbinden. Auch das ist das Ergebnis eines Lernprozesses, eine Gewohnheit. Wir waren schon zuvor in ähnlichen Situationen und wenn die sich jedes Mal unangenehm entwickelt haben, dann haben wir bestimmte Auslöser kennengelernt, die Stress triggern. Vielleicht, dass der Partner eine Tür knallt, der Chef ungeplant ein Meeting anberaumt oder wenn auf dem Weg zur Arbeit über Nacht eine Baustelle entstanden ist, durch die wir zu spät kommen. Dann flutet der Stress unser System. Vielleicht sind aber andere um uns herum auch gestresst und stecken uns mit ihrer Hektik an. Wir würden am liebsten wegrennen – *Fight or Flight* –, aber können nicht und verlangen von uns zu funktionieren. Der Puls geht hoch, man kann nicht mehr denken, die Klarheit verschwindet. In solchen Momenten brauchen wir ein Handwerkszeug, mit dem wir uns entspannen können, sobald wir den ersten Anflug von Anspannung spüren.

Mit Hypnose lässt sich gezielt trainieren, wie wir bewirken, dass die Reize, die normalerweise die »Gewohnheit« Stress triggern, stattdessen Entspannung auslösen. Eine Methode, die es uns erlaubt, in diesen stressigen Momenten Ruhe und Klarheit zu bewahren. Klares Denken, Ruhe und Entspannung führen dazu, dass wir den Kopf aus dem Stress herausheben und überblicken, was da eigentlich wirklich los ist. Dann können wir uns aussuchen, wie weit wir uns darauf einlassen, wenn drumherum das Chaos ausbricht.

Zur Vorbereitung der nächsten Übung gehen Sie bitte einmal das Farbspektrum durch auf der Suche nach einer Farbe, die Sie besonders entspannt. Für die meisten Menschen sind das Töne wie Himmelblau, Zartgrün oder Violett, andere können sehr gut bei Sonnengelb oder Orange entspannen. Lassen Sie sich Zeit, die Farben mit geschlossenen Augen durchzugehen und sich die Farben vor Ihrem inneren Auge leuchtend vorzustellen.

Wenn Sie Ihre Farbe gefunden haben, schließen Sie noch einmal die Augen und suchen sich einen Klang, ein Geräusch, das Sie entspannt. Das kann Vogelgezwitscher sein, ein klassisches Musikstück, Alphörner, ein Didgeridoo, das Brummen eines Sportflugzeuges, Pferdegetrappel – es muss Ihnen nur gefallen, es muss Sie entspannen und es sollte für Sie in Ordnung sein, diesen Klang eine Weile am Stück zu hören.

Wenn Sie Ihre Farbe und Ihren Klang bestimmt haben, kann es losgehen. Bitte machen Sie vor dieser Visualisierung wieder eine der bekannten Entspannungsübungen. Wie immer können Sie das Skript aufnehmen, sich vorlesen lassen oder auch es mehrfach lesen oder abschreiben und aus der Erinnerung ausführen.

 DAS FEUERWERK

Mach die Augen zu.
Entspanne dich.
Stell dir deine Farbe vor, die Farbe, die dich entspannt.
Stell dir vor, du sitzt in einem weißen Raum.
Die Wände sind weiß.
Der Boden ist weiß.
Der Stuhl, auf dem du sitzt, ist weiß.
Schau dich einen kleinen Moment um.
Du fühlst dich hier sehr wohl.
Mit jedem Geräusch, das du hörst, fühlst du dich wohler in diesem weißen Raum.
Mit jedem Wort, das ich sage, kannst du noch mehr entspannen.
Nun kannst du plötzlich eine Projektion an allen Wänden um dich herum sehen, die Projektion eines Feuerwerks.
Dieses Feuerwerk ist ganz bunt.
Nun kommt das Geräusch des Feuerwerks hinzu.
Es ist laut und es kracht, direkt um dich herum.
Ganz nah explodiert das Feuerwerk in allen Farben.
Du schaust das Feuerwerk an.
Es wird lauter und lauter, es knallt und es explodiert.
Es ist ein sehr schönes Feuerwerk, aber auch ein sehr lautes Feuerwerk.
Es explodiert und knallt.
Nun möchte ich, dass du dir vorstellst, wie dieses Feuerwerk die Farbe verändert.
Es färbt sich komplett in der Farbe, die du als entspannend empfindest.

Stell dir das genau vor.
Das Feuerwerk explodiert nur noch in dieser einen Farbe.
Um dich herum ist allein diese Farbe.
Es knallt immer noch, aber die Farbe ist jetzt da und entspannt dich.
Ein entspannendes Gefühl durchströmt dich bei diesem Anblick.
Nun stell dir vor, wie der Klang sich verändert.
Es knallt nicht mehr, zu hören ist dein Klang.
Der Klang, der dich entspannt.
Das Feuerwerk strahlt in deiner Farbe und es macht das Geräusch, das dich unendlich entspannt.
Nun stell dir vor, wie diese Farbe, wie dieser Klang von den Wänden abstrahlen.
Wie diese Farbe, dieser Klang den ganzen Raum erfüllen.
Wie die Farbe und der Klang in dich eindringen.
Diese Entspannung, diese Farbe, dieser Klang erfüllen deinen ganzen Körper.
Du spürst nun, wie du selbst anfängst zu leuchten in dieser entspannenden Farbe.
Wie dieser entspannende Klang in dir schwingt und dich noch mehr entspannt.
Du strahlst in dieser wunderbar entspannenden Farbe.
Du spürst, wie du klarer und klarer denken kannst.
Wie du vollkommen entspannt bist.
Du spürst Klarheit im Geist, im Körper, der in dieser Farbe strahlt, der in diesem Klang schwebt.
Vollkommene Entspannung.
Absolute Klarheit.
Und während du jetzt in dieser Farbe bleibst und als diese Farbe strahlst
und dieser Klang in dir schwingt,
siehst du, wie außerhalb von dir das Feuerwerk wieder bunt wird.

Außerhalb von dir beginnt es wieder zu knallen.
Aber du spürst, wie du innerlich weiter in deiner Farbe strahlst und in deinem Klang bleibst.
Von diesem Moment an weißt du:
Wenn um dich herum auch noch so groß und laut ein Feuerwerk abgeht,
wenn es noch so laut knallt,
du leuchtest ruhig und entspannt in deiner Farbe.
Du spürst, wie du entspannst,
wie du klar denken kannst,
wie der Klang in dir,
die Schwingung in dir ist.
Nun lass das Feuerwerk um dich herum noch lauter werden.
Spüre, wie du dabei noch entspannter wirst, wie du in deiner Farbe bist.
Das Feuerwerk um dich herum verschwindet langsam, wird ausgeblendet.
Du bleibst noch einen Moment in deiner Farbe, in diesem Strahlen, in diesem Klang.
Und während das Feuerwerk außerhalb von dir verschwindet,
nehmen auch die Farbe und der Klang in dir langsam ab,
werden schwächer, leiser,
bis du ganz ruhig im weißen Raum sitzt.
Und von diesem Moment an, jedes Mal, wenn du in einer stressigen Situation bist, es um dich herum kracht, ein Feuerwerk abgeht,
dann musst du nur die Augen schließen und du spürst wieder,
wie du selbst erstrahlst in dieser Farbe,
wie der Klang in dir schwingt,
wie du vollkommen entspannt bist.
Ich zähle jetzt gleich bis drei
und bei drei öffnest du deine Augen
und bist wieder zurück im Hier und Jetzt,
fühlst dich vollkommen wohl,

vollkommen entspannt,
absolut ausgeruht,
voller Energie.
Eins, atme tief ein,
fülle den ganzen Körper mit Sauerstoff,
zwei, Puls und Blutdruck normalisieren sich,
drei, Augen auf und strecken.

Je öfter Sie diese Visualisierung üben, umso einfacher wird es, umso schneller sind Sie in Stresssituationen entspannt. Sie hilft Ihnen, in dem Moment, in dem es um Sie herum knallt, in Ruhe zu erstrahlen. Das Feuerwerk repräsentiert Stress aller Art. Mit Farbe und Klang zu arbeiten, ist so effektiv, weil die Übung uns einmal im visuellen Moment abholt und einmal im auditiven Moment. Hinzu kommt der kinästhetische Aspekt der Entspannung. Entsprechend vertieft wird die Erinnerungsspur im Gehirn.

Sie werden merken: Haben Sie das ein paarmal trainiert und geraten in eine stressige Situation, brauchen Sie nur noch kurz an die Feuerwerksvisualisierung zu denken und schon stellen sich Farbe und Klang ein. So können Sie viel entspannter und viel klarer im Moment agieren.

Wenn Sie sehr stressanfällig sind, empfehle ich Ihnen, die Visualisierung zunächst täglich zu üben, bis sie wirklich in Ihr Unterbewusstsein gesunken ist. Setzen Sie dabei noch einen Fingeranker Ihrer Wahl, um das Ganze wirklich auf den Punkt abrufbar zu machen. Sie können zum Beispiel das Victoryzeichen verwenden, um sich noch zusätzlich daran zu erinnern, dass Sie die Situation beherrschen.

Sie sind nicht der Stress

Stress kündigt sich in der Regel nicht lange vorher an. Wenn er dann da ist, haben wir die Tendenz, uns zum Stress machen zu lassen. Aber nicht wir sind der Stress, sondern der Stress ist um uns herum. Wir *reagieren* auf etwas von außen. Durch diese Übung, durch die bildliche Vorstellung darin, machen wir uns klar, dass wir ganz einfach die Ruhe bewahren können. Es wird ganz automatisch der Moment kommen, in dem Sie sich selbst dabei beobachten, wie Sie ganz entspannt handeln in Situationen, in denen Sie vorher den Kopf verloren haben.

In meinen Seminaren löst diese Übung zum Teil heftige emotionale Regungen aus, denn sie zeigt: Es gibt etwas in uns, das sofort zur erlebten Realität wird, obwohl es eigentlich »nur« eine Vorstellung ist. Aber diese Vorstellung hat eine enorme Kraft. Denken Sie daran, das Unterbewusstsein unterscheidet nicht zwischen eingebildet und real. Die zugrunde liegende Idee ist dabei, dass wir den Stress, der von außen kommt, zunächst annehmen wie ein Kampfkünstler die Kraft des Angreifers – wir betrachten und hören das Feuerwerk, statt uns davon in die Flucht schlagen zu lassen. Anschließend verwandeln wir das, was wir wahrnehmen, den vermeintlichen Stressoren – das Feuerwerk – in Entspannung.

Denken Sie bitte noch einmal an die Visualisierung des gläsernen Gefäßes am Beginn von Teil II: Sie sind nicht das, was Ihnen widerfährt! Sie sind nicht der Stress! Sie sind nicht einmal Ihr Körper, in dem Stressreaktionen entstehen können, denn *Sie haben* diesen Körper! Sie haben darum auch die Möglichkeit, eine deutliche Trennung aufzubauen und sich klarzumachen: Sie sind nicht der Stress, der Stress ist um Sie herum. Sie können frei bestimmen, wie Sie mit dem Stress umgehen.

In einem weiteren Schritt können Sie die Übung an konkrete Situationen anpassen, die Ihnen oft Stress verursachen.

Sagen wir, Sie fühlen sich beim Einkaufen im Supermarkt schnell gestresst, weil sie sich von dem riesigen Angebot, dem bunten Durcheinander und den vielen hektischen Menschen dort überfordert und bedrängt fühlen. Außerdem geht Ihnen die Beschallung furchtbar auf die Nerven. Nun müssen Sie aber einkaufen gehen, es ist also von Vorteil, wenn Sie dieses Problem in den Griff bekommen.

Also visualisieren Sie sich in der Übung in den weißen Raum und statt des Feuerwerks stellen Sie sich den bunten Supermarkt mit den herumeilenden Kunden vor. Verändern Sie dann den bunten Supermarkt, indem Sie ihm Ihre entspannende Farbe geben. Erst ist er noch ganz bunt und unruhig, dann strahlt er nur noch Ihre Farbe aus. Schließlich ändern Sie die Supermarktbeschallung zu Ihrem Klang. Sie nehmen diese Veränderungen in sich auf, beginnen selbst in Ihrer Farbe zu strahlen, und die Beschallung geht ganz in Ihrem Klang auf. Schließlich lassen Sie den Supermarkt und die Kunden wieder bunt werden und die normale Beschallung aus Durchsagen und Chartsmusik ertönen.

Sie werden sehen, Sie nehmen sie gar nicht mehr wahr. Das nächste Mal gehen Sie in den Supermarkt – und automatisch sind da auch Ihre Farbe und Ihr Klang. Der Supermarkt ist zum Anker geworden.

DER KLEINE DÄMON IN IHNEN

Ich hatte einmal einen Klienten, der war Orchestermusiker. Dieser Mann fühlte sich oft gelähmt, ausgebremst und wurde aus Ungeduld mit sich selbst und anderen leicht wütend. Er hatte seine Ausbrüche nicht unter Kontrolle, die ihn an der konzentrierten Arbeit hinderten und ihm im Umgang mit anderen den Ruf als Stinkstiefel einbrachten.

Er war an Übernatürlichem interessiert und dort verortete er auch den Ursprung seines Problems: »Jan, ich habe einen

Dämon in mir!«, erklärte er. »Was soll ich nur tun?« Ich fragte zurück: »Wie sieht dein Dämon denn aus?« Er überlegte kurz, dann beschrieb er mir ein koboldartiges rotes Wesen mit vielen Haaren und überbordendem Temperament. »Und wie groß ist dein Dämon?«, wollte ich wissen. Der Musiker überlegte wieder. »Hm, ich würde sagen so 30 Zentimeter«, erklärte er. »Und von so einem Winzling lässt du dich ins Bockshorn jagen?«, fragte ich. Da bekam der Musiker einen Lachanfall. So hatte er das Problem noch nicht gesehen. Dadurch, dass er seinem Problem eine konkrete Gestalt gegeben hatte, hatte er es von sich abgespalten. Wenn der Dämon in Zukunft sein Unwesen treiben würde, hatte er nun die Möglichkeit, ihn einfach wegzuschicken – denn er selbst war ja nicht der Dämon.

Eine solche Methode können Sie nicht nur bei unkontrollierten Gefühlsaufwallungen, sondern auch bei Stress anwenden. Beides ist nicht Teil Ihrer Persönlichkeit, sondern es handelt sich um Dinge, die sich von außen einschleichen und Ihren Kern nicht berühren. Fragen Sie sich: Wie sieht mein Stressdämon aus? Sobald Sie sich ein Bild des Störenfrieds gemacht haben, versuchen Sie, ihn in Ihrem Körper zu lokalisieren. Wo sitzt er? Im Kopf? Am Solarplexus? Weiter unten im Bauchraum? Hinter dem Kehlkopf?

Konzentrieren Sie sich eine Weile auf den Ort, wo Ihr Stress sitzt. Fühlen Sie die Trennung zwischen sich selbst und dem Stress. Dann sprechen Sie mit Ihrem Stressmännchen. Stellen Sie sich vor, wie es von seiner Warte zu Ihnen aufschaut. Erklären Sie ihm, dass Sie mit seinem Verhalten nicht einverstanden sind und Sie erwarten, dass es sich in Zukunft ordentlich benimmt. Taucht es dennoch wieder auf, wie ein Kind, dem langweilig ist, geben Sie ihm etwas zu tun. Zum Beispiel ein Puzzle mit 1000 Teilen, mit dem es eine Weile beschäftigt ist. In der Zwischenzeit können Sie ganz in Ruhe Ihrer Tätigkeit nachgehen.

Probieren Sie es aus, Ihr Unterbewusstsein versteht und liebt solche Bilder – und weiß dann, was es zu tun hat.

Machen Sie Ihrem Unterbewusstsein was vor: Stress? Nö!

Bei Stress lässt sich auch wieder sehr gut die Macht des »So tun, als ob« nutzen. Wir verkrampfen unwillkürlich, wenn wir Stress empfinden. Wir ziehen die Schultern hoch, verhärten die Rückenmuskulatur, pressen die Kiefer aufeinander. Die Hände spielen nervös mit dem, was sie gerade zu fassen bekommen, wie Kugelschreiber oder Schlüsselbunde. Manche Menschen kauen Nägel, andere krallen ihre Finger in den eigenen Unterarm oder um einen Gegenstand. Denken Sie an einen Menschen, der selten fährt und verkrampft hinter dem Steuer seines Autos sitzt. Diese verkrampfte Haltung ist das Resultat, wenn wir von den Stresshormonen den Befehl zu körperlicher Aktivität bekommen, sie aber nicht ausführen können. Die Muskeln bewegen sich in die einzige Richtung, die ihnen bleibt: Sie ziehen sich zusammen.

Statt einen Platz im Raum einzunehmen, wie es jemand tut, der entspannt ist und sich in Kontrolle über die Situation fühlt, benimmt sich unser Körper so, als wolle er gar nicht da sein. Er macht sich klein, versucht sozusagen nach innen zu flüchten, weil er es nach außen nicht kann. All das bestätigt leider dem Gehirn, dass tatsächlich eine Bedrohung vorliegt, und es verstärkt die Stressreaktion – eine teuflische Endlosschleife.

Durchbrechen Sie den Kreislauf sofort – mithilfe von Körpersprache.

Denken Sie wieder an ein Kind, das zum ersten Mal auf beiden Beinen steht. So ein Kind strahlt unbändige Freude aus. Es spürt, dass dieser Punkt, an dem es steht, sein Platz ist. Niemand anders kann dort stehen. Das Kind ist vollständig im Hier und Jetzt. Da ist kein Platz für Sorgen, die Stress verursachen können. Nehmen auch Sie darum eine Körperhaltung ein, die Ihrem System, der Einheit aus Körper und Geist, signalisiert: Ich bin hier, ich nehme meinen Platz ein, ich bin entspannt.

Beginnen Sie damit, sich aufzurichten und Ihre zusammengezogenen Muskeln bewusst zu entfalten. Das funktioniert sogar in der stressigsten Situation und hat die Nebenwirkung, dass Ihre Ausstrahlung sofort an Präsenz gewinnt:

- Egal, ob Sie sitzen oder stehen: Erden Sie sich, verlagern Sie das Gewicht stabil auf beide Füße. Wenn Sie gerade die Möglichkeit dazu haben, machen Sie das barfuß, am besten auf einer Wiese. Es gibt Theorien, nach denen dieses »Earthing« – der direkte Kontakt mit dem Erdboden – hilft, Energien auszubalancieren. In jedem Fall signalisieren Sie Ihrem Unterbewusstsein, dass Sie einen klaren Standpunkt haben und sich durch nichts aus der Ruhe bringen lassen.
- Visualisieren Sie, dass genau in der Mitte Ihres Kopfes ein Faden angebracht ist, der Sie schnurgerade nach oben zieht. Ihr Körper hängt an diesem einen Punkt und richtet sich dadurch wie ein Lot neu aus. Sie entfalten sich buchstäblich.
- Lassen Sie Ihren Körper so locker wie möglich. Sie werden merken, wie sich Ihr Kinn nach oben bewegt, der Hinterkopf fällt gleichzeitig leicht nach hinten. Dadurch wird die Halswirbelsäule sofort entlastet, die Kiefer lockern sich. Die Schultern fallen nach unten hinten, das Becken richtet sich auf. Ihre Lungen haben augenblicklich mehr Platz, Sie können tief in den Bauch atmen.
- Unterstützen Sie die tiefe Atmung, indem Sie Ihre Finger weit spreizen. Dadurch wird ein Reflex ausgelöst, der Ihnen sofort mehr Platz in den Lungen verschafft.

- Ein anderer Fingertrick zur Vertiefung der Atmung ist das Zusammenlegen der beiden kleinen Finger und beider Zeigefinger. Üben Sie ein bis zwei Minuten Druck auf die Fingerkuppen aus. Dadurch entspannt und vertieft sich Ihre Atmung augenblicklich. (Möglicherweise ist das auch das Geheimnis der berühmten »Merkel-Raute«.)
- Wenn Sie die Möglichkeit zu einer Pause haben und die Augen schließen können, legen Sie jeweils Daumen und Zeigefinger zusammen und massieren Sie die Stirnbeinhöcker, die beiden Erhebungen etwa drei Fingerbreit über den Augenbrauen. Der beruhigende Effekt auf das Nervenkostüm ist verblüffend. Wenn Sie dabei gedanklich die belastende Situation durchspielen, verknüpft Ihr Unterbewusstsein diese mit der Entspannung – beim nächsten Mal wird es gleich weniger gestresst reagieren.

Kapitel 14

Keine Angst vor der Angst: Wie Sie Felsbrocken zum Schrumpfen bringen und Ihre Furcht beim Tangotanzen in die Knie zwingen

Es gibt keine Grenzen. Nicht für den Gedanken, nicht für Gefühle. Die Angst setzt die Grenzen.

Ingmar Bergman

Kürzlich war ich nach einem Besuch bei meinen Eltern per Flugzeug von Saarbrücken zurück nach Berlin unterwegs. Die Stewardess kam kurz nach dem Einsteigen auf mich zu und sagte: »Entschuldigen Sie, Herr Becker, ich möchte nicht stören, aber ich habe Sie zufällig erkannt. Wir haben hier heute eine Dame an Bord, die unter extremer Flugangst leidet. Meinen Sie, Sie könnten ihr helfen, falls sie in Panik gerät?« Ich nickte natürlich: »Klar, kein Problem.« Das Flugzeug fuhr auf die Rollbahn und beschleunigte dann zum Start. In diesem Moment hörte ich einen Schrei – es war die Frau mit der Flugangst. Sobald ich aufstehen durfte, setzte ich mich neben sie. Zunächst leitete ich die Dame an, sich auf ihre Atmung zu konzentrieren, sie mal schneller, mal langsamer zu machen. Durch diese Technik gewinnt man zum einen ein Gefühl von Kontrolle über die Situation zurück, zum anderen signalisiert eine bewusst langsamere Atmung dem Gehirn und dem Unterbewusstsein Ruhe – eine selbsterfüllende Prophezeiung, wie Sie sie ja schon von der Siegerpose und anderen Übungen kennen. Dann ließ sie sich darauf fokussieren, wie sie auf ihrem Platz sitzt, wie sich der Sessel unter ihren Beinen anfühlt, wie an ihrem Rücken, und wie ihre Unterarme auf den Armlehnen liegen. Durch all diese Dinge verankerte ich sie gedanklich und körperlich im Jetzt – Szenarien über mögliche Abstürze haben dann keinen Platz mehr.

Verändert sich der Fokus, wird aus Turbulenzen eine Kinderschaukel

Nun gab es ausgerechnet auf diesem Flug jede Menge Turbulenzen, ein Luftloch folgte auf das nächste. Eigentlich ein Albtraum für Flugängstliche. Darum bat ich sie, die Augen zu schließen, und visualisierte mit ihr zusammen das Schaukeln, das uns allen als kleinen Kindern Spaß gemacht hat. Damit veränderte sich etwas in ihrem Fokus. Statt die Luftlöcher als Gefahr zu empfinden, wurden sie zu etwas, das ihr Vergnügen bereitete. Plötzlich freute sie sich darauf, dass es gleich wieder schaukeln würde, und entspannte sich immer mehr. Nach der Landung gab sie mir lächelnd High five: »Du hast mich von meiner Flugangst geheilt!« Tatsächlich war der Effekt dauerhaft: Kürzlich bekam ich eine SMS, in der sie sich noch einmal bedankt hat. Seit unserem gemeinsamen Flug gehört ihre Flugangst der Vergangenheit an. Falls Sie wie diese Dame in eine Situation akuter Panik geraten, kann auch Ihnen ein Notfallplan helfen.

NOTFALLPLAN BEI AKUTER ANGST
Bei akuter Panik, egal welcher Art, helfen die folgenden Punkte:

- Schließen Sie nach Möglichkeit die Augen. Konzentrieren Sie sich auf die Atmung, spielen Sie damit, diese zu beschleunigen und schließlich zu verlangsamen. Hören Sie

das Atemgeräusch, spüren Sie, wie die Luft kühl durch Ihre Nase einströmt und erwärmt durch Ihren Mund wieder ausströmt.
- Dann fokussieren Sie sich auf Ihren Körper im Raum. Spüren Sie bewusst Ihre Füße auf dem Boden, Ihren Po auf der Sitzfläche des Stuhls, die Temperatur der Luft auf Ihrer Gesichtshaut und andere Sensationen wie Wind, Sonnenwärme oder Gerüche. Bewerten Sie die Empfindungen nicht als Zeichen für etwas, nehmen Sie sie einfach wahr.
- Wandeln Sie schließlich das, was Ihnen Angst einjagt, um. Turbulenzen beim Fliegen werden zu einer lustigen Achterbahnfahrt auf dem Jahrmarkt. Der Speichelsauger beim Zahnarzt wird zu einem Gerät, das Ihre Angst einsaugt und eliminiert. Bei der rasanten Abfahrt mit dem Mountainbike über Geröll visualisieren Sie eine Schiene, die Sie sicher ins Tal bringt. Die Gondel in den Alpen bekommt Engelsflügel. Und so weiter.

Wenn Angst die Kehle zuschnürt, müssen Sie erst mal den Knoten lösen

In meiner Praxis hatte ich vor einiger Zeit eine Frau, bei der schon mehrfach Krebs festgestellt worden war. Jedes Mal war der Krebs zunächst erfolgreich behandelt worden, aber dann hatte er sich nach einer Weile wieder gezeigt. Nun hatte sie wieder eine Kontrolluntersuchung gehabt, deren Ergebnis noch ausstand. Meine Klientin war völlig gelähmt vor Angst, dass der Krebs zurückgekommen sein könnte, und stand konstant unter Strom. »Was ist nur, wenn...?«, diese Frage quälte sie nonstop. Sie fühlte sich nicht imstande, wie vereinbart den Arzt anzurufen, um nach dem Ergebnis der Untersuchung zu fragen. Doch nicht nur das, sie konnte vor lauter Panik nicht mehr arbeiten oder alltägliche Dinge wie ihre Einkäufe erledigen.

Verkrampft saß sie vor mir, knetete ihre Hände und ihr Blick wanderte unruhig im Raum herum. Ich fragte sie, wie es sich anfühle, wenn sie an das ausstehende Ergebnis denke. »Schlimm«, antwortete sie nur knapp, »Ich habe Angst.« »Wo sitzt das Gefühl?«, fragte ich weiter. Sie klopfte sich sofort mit einer Hand auf den Brustkorb. »Hier oben«, sagte sie. »Ich kann nicht richtig durchatmen, da ist eine Blockade. Ich habe es schon mit Atemübungen versucht, aber nicht mal das geht im Augenblick.«

Ich nickte. Dann bat ich sie zu überlegen, ob sie die Enge in der Brust in ein Bild umwandeln könne. Sie überlegte eine Weile, dann antwortete sie: »Es fühlt sich an wie ein zu enger Gips. Als hätte man mich hier oben so eingepanzert, dass ich keinen Platz mehr zum Atmen habe.«

Nun bat ich sie, die Augen zu schließen. Ich führte sie mit einer einfachen Induktion in die Hypnose, bei der sie sich – ausnahmsweise – nicht zu sehr auf ihren Atem konzentrieren musste, denn mit der ruhigen Atmung hatte sie ja Probleme. Ich bat sie dann, sich selbst von außen zu betrachten, mit dem dicken, einengenden Gips um ihren Oberkörper. Dann forderte ich sie auf, mit ihrem beobachtenden Ich eine Säge zu holen und vorsichtig den Gips aufzusägen. Dass sie damit fertig war, brauchte sie mir gar nicht zu signalisieren. Das merkte ich daran, dass ihre trotz Hypnose bislang immer noch recht flache Atmung sich plötzlich merklich vertiefte und ruhiger wurde. Dann holte ich sie aus der Trance zurück.

Sie fühlte sich enorm erleichtert. Die lähmende Angst war einer Akzeptanz der Situation gewichen und ihre Handlungsfähigkeit war zurückgekehrt. Auch wenn ich leider niemanden von Krebs heilen kann, so kann ich immerhin bei solchen Begleiterscheinungen helfen, die oft auch sehr belastend sind.

Massive Ängste sind wie Felsbrocken, die den Weg versperren

Wie der Musiker mit dem »Dämon« aus dem vorigen Kapitel hatte die Frau ihrem Problem eine bildliche Gestalt verliehen, es zu einem Symbol gemacht. So ein Symbol ist für unser Unterbewusstsein etwas Greifbares. Damit kann es etwas anfangen und auch etwas dagegen unternehmen, wenn es denn soll. In diesem Fall hilft dabei ein weiteres Symbol, die Säge.

Lassen Sie sich bei Ihrer Suggestionsarbeit davon inspirieren.

Ich hatte ja schon beschrieben, wie man sich ein Symbol zum Erreichen seiner Ziele baut. Während man sich dabei normalerweise auf positive Suggestionen und damit auch auf positive Symbole konzentrieren sollte, um nicht den Fokus auf das zu legen, was man nicht möchte, ist das bei Ängsten zunächst anders. So eine Angst liegt vor uns wie ein dicker Felsbrocken, der auf den Weg gefallen ist und verhindert, dass wir weitergehen. Man muss sich mit ihm befassen. Man muss erst einmal akzeptieren, dass da tatsächlich etwas ist. Wir können diesen Felsbrocken nicht ignorieren, wenn wir auf der Straße, auf der wir uns befinden, weiterkommen wollen. Der liegt da nun mal.

Viele von Ängsten Betroffene versuchen aber genau das: Sie gehen ihrer Angst aus dem Weg. Statt mal zu schauen, ob es sich wirklich um einen Felsbrocken handelt oder ob es vielleicht nur eine Attrappe aus Pappmaschee ist (denn meistens handelt es sich um genau das!), gehen sie zurück und nehmen eine andere Route – die meisten gehen erst gar nicht bis zum Felsbrocken, sondern schlagen direkt einen anderen Weg ein. Das ist zum Beispiel der Fall, wenn Menschen mit Flugangst stets das Auto oder die Bahn nehmen. Dagegen ist erst einmal nichts zu sagen, dies wird aber zum Problem, wenn jemand mit

Flugangst zum Beispiel nach New York eingeladen wird, weil sein ihm nahestehender Bruder dort heiratet. Eine Gelegenheit, bei der der Flugängstliche schon gerne dabei wäre. Für eine Kreuzfahrt über den großen Teich reicht aber vielleicht weder die Zeit noch das Geld, also bleibt die Wahl zwischen dem Flugzeug – oder Verzicht. In diesem Moment steht diese Person dann plötzlich direkt vor ihrem Angstfelsbrocken, um den sie sonst immer erfolgreich herumnavigiert. Nun kann sie sich entscheiden, ob sie wieder zurückgeht – oder endlich schaut, ob es einen Weg auf die andere Seite gibt.

Haben Sie auch eine solche Angst, die Sie umschiffen? Dann spüren Sie in sich hinein: Wo sitzt die Angst in Ihrem Körper? Nehmen Sie sich Zeit, sie zu lokalisieren. Spüren Sie dann genau hin und finden Sie ein Bild für das, was Sie da fühlen. Das kann ein Gips um den Brustkorb sein wie im Fall meiner Klientin, aber auch ein frecher Troll, ein Drahtkäfig ums Herz, ein Feuer unter dem Solarplexus, ein Ziegelstein im Bauch, tausend Ameisen, die durch den Körper krabbeln, eine Schlinge um den Hals oder die Hände... Dadurch spalten Sie die Angst von sich ab, machen Sie zu einem Objekt, das nicht zu Ihnen gehört. Ein Objekt, das Sie ganz einfach aus Ihrem Leben entfernen können.

Oft wird schon allein durch diesen Vorgang die Angst deutlich reduziert. Der Felsbrocken auf dem Weg schrumpft. Wenn Sie nun dieses Objekt haben, dann können Sie sich überlegen, mit welcher Aktion Sie es am besten loswerden. Eine Schlinge kann man durchschneiden, ein Feuer löschen, Ameisen mit einem Köder locken, den Troll zurechtweisen. Daraus bauen Sie sich eine einfache Visualisierung, die Sie nach bekanntem Muster durchführen.

TANGO MIT DER ANGST

In meinen Seminaren mache ich gerne eine Übung, die die Mechanismen veranschaulicht, die am Werke sind, wenn man es mit der Angst zu tun hat.

Ich hole mir den stärksten Mann nach vorne und der soll mich an meinem Unterarm festhalten. Dieser Mann repräsentiert die Angst. Wenn ich wie verrückt ziehe und versuche, wegzukommen, wird er immer stärker sein als ich. Dann habe ich keine Chance. Genau das passiert, wenn wir unsere Angst nicht anschauen, sie nicht anerkennen, weil wir solche Panik davor haben. Dann lähmt uns die Angst.

Im zweiten Schritt stelle ich mich nun vor den Mann, aber statt dagegenzuhalten, gehe ich mit in die Richtung, in die er mich ziehen will. Plötzlich kommen wir in Bewegung. Plötzlich bin ich derjenige, der mit kleinsten Bewegungen bestimmt, wohin wir gehen. Und das nur, weil ich keinen Widerstand leiste, sondern seine Energie annehme und umwandle. Weil ich der Angst ins Gesicht schaue, statt mich abzuwenden und wegzurennen. Nach solchen Prinzipien funktioniert Kampfsport und Selbstverteidigung – und Selbsthypnose!

Sie können dieses Experiment mal mit einem Freund wiederholen – ein Aha-Moment ist Ihnen sicher!

Die Angst verkleiden – und mit ihr spielen

Manchmal hilft schon ein einziges clever angewendetes Bild, um seiner Ängste in Sekunden Herr zu werden. Vom Priester Abbé Faria, der später ein bedeutender Hypnotiseur wurde, erzählt man sich zum Beispiel die Anekdote, dass er als junger Mann vor einer großen Menschenmenge eine Rede halten sollte. Vor lauter Lampenfieber wollte Faria allerdings am liebsten die ganze Geschichte abblasen. Da sagte sein Vater: »Sohn, stell dir doch einfach vor, die Menschen sind das Gemüse im Klostergarten. Geh nach draußen und ernte es!« Sofort war die Angst verschwunden und Faria konnte seine Rede ohne Probleme halten – und erntete dann tatsächlich, nämlich Applaus!

Ähnlich wie Abbé Farias Gemüse wirkt eine sehr effektive Visualisierung, die ich in meinen Seminaren gerne mit den Teilnehmern mache. Damit kann man Ängste, aber auch viele andere Probleme sehr schnell verschwinden lassen oder deutlich verringern. Sind sie nicht sofort vollständig verschwunden, kann man die Visualisierung beliebig oft wiederholen, bis sie nicht mehr spürbar sind. Im ersten Moment ist diese Übung oft unangenehm, weil sie die Angst heraufbeschwört, aber es lohnt sich – das Ergebnis ist echte Erleichterung. Zur Vorbereitung ist es ratsam, sich zuvor einmal ganz kurz eine konkrete, besonders bedrohliche Angstsituation vorzustellen. Wer zum Beispiel Höhenangst hat, kann sich oben auf dem Hochhaus sehen. Wer Prüfungsangst hat, visualisiert sich im Examen.

Das Skript ist zwar lang, aber das Prinzip ist einfach. Wenn Sie den Text einmal aufmerksam lesen, sollten Sie die Übung problemlos aus der Erinnerung ausführen können. Machen Sie zuvor den Atemzirkel oder die Elman-Induktion. Sie müssen nicht stehen, im Sitzen funktioniert die Visualisierung genauso gut, nur im Liegen ist sie nicht zu empfehlen.

DER GEISTERZUG

Stell dich hin.
Beide Füße fest zusammen.
Leg deine Hände an die Seite des Körpers.
Mach die Augen zu.
Stell dir vor, du bist in der Wüste.
Um dich herum nur Sand.

Da ist sonst niemand, nur du bist allein in der Wüste.
Du stehst auf Gleisen.
Plötzlich stellst du fest,
dass vor dir, noch in weiter Entfernung, ein Zug heranrollt.
Dieser Zug kommt langsam auf dich zu.
In diesem Zug ist all deine Angst.
Alle Angst, die du in diesem Moment hast.
Alle Angst, die du je verspürt hast.
In jedem Waggon ist diese Angst drin.
In jedem Waggon ist dieses Gefühl drin.
Alles, was dein Unterbewusstsein damit verbindet.
Alles, was du damit verbindest.
In jedem Waggon.
Der Zug kommt immer näher und näher.
Der Zug wird dich nicht umfahren,
sondern der Zug wird gleich durch dich hindurchfahren.
Er wird durch dich hindurchfahren,
du spürst aber mit jedem der vielen, vielen Waggons,
wie in dir diese Angst aufkommt,
wie in dir dieses Gefühl aufkommt.
Geh dann hinein in dieses Gefühl.
Langsam kommt der Zug näher und näher,
er kommt näher und näher
und näher.
Jetzt fährt der Zug durch dich hindurch.
Er fährt durch dich durch
und die Angst kommt in dir auf.
Mit jedem Waggon wird sie stärker
und sie wird immer stärker und stärker und stärker.
Der Zug fährt durch dich durch,
du spürst das Gefühl in dir,
stärker und stärker und stärker.
Du spürst es mit jedem Waggon, der durchfährt,
immer stärker und stärker und stärker.

Noch stärker.
Immer stärker und stärker.
Der Zug fährt durch
und jetzt fährt der letzte Waggon durch dich hindurch.
Der letzte Waggon fährt aus dir hinten wieder raus
und nimmt die Angst mit.
Du drehst dich um.
Du siehst jetzt, wie der Zug von dir wegfährt.
Du siehst, wie er weiter und weiter wegfährt
und die ganze Angst wieder mitgenommen hat
und wie er kleiner und kleiner wird.
Kleiner und kleiner.
Du atmest tief ein,
atmest aus,
siehst, wie der Zug weiter wegfährt.
Noch einmal tief einatmen.
Ausatmen.
Du siehst, wie er kleiner und kleiner wird.
Wie er am Horizont verschwindet.
Und du fängst an zu lächeln,
einfach nur zu lächeln.
Der Zug ist am Horizont verschwunden.
Jetzt drehst du dich wieder um.
Du schaust wieder in die andere Richtung.
Jetzt siehst du, wie der Zug erneut auf dich zukommt.
Diesmal ist er ein bisschen kleiner geworden.
Kannst du das sehen?
Er ist kleiner geworden.
Er kommt aber wieder auf dich zu,
er wird gleich wieder durch dich hindurchfahren.
Er ist ein bisschen kleiner,
diesmal wirst du die Angst nicht mehr so stark spüren,
aber du wirst spüren, wie sie gleich noch einmal in dich
    eindringt.

Nun fährt er durch.
Er fährt durch dich durch,
mit jedem Waggon.
Mit immer mehr Waggons.
Durch, durch, durch.
Jetzt fühlst du nur noch ganz leicht,
wie er durch dich durchfährt.
Nun fährt er hinten wieder aus deinem Rücken heraus.
Du drehst dich noch einmal um.
Du siehst, wie er wieder wegfährt in Richtung Horizont.
Wie er alles wieder mitgenommen hat.
Da hinten fährt er.
Du atmest noch mal tief ein.
Atmest aus.
Noch mal tief ein.
Tief aus.
Du siehst, wie er am Horizont verschwindet
und du lächelst.
Jetzt drehst du dich wieder um.
Nun siehst du, wie der Zug wiederkommt,
aber diesmal ist es nur noch eine kleine Spielzeug-Eisenbahn.
Ganz winzig klein.
Die Eisenbahn kommt langsam auf dich zu,
kommt immer näher und näher und näher,
und jetzt machst du langsam deine Beine breit
und du siehst, wie die Spielzeug-Eisenbahn unter dir durchfährt.
Du spürst gar nichts mehr.
Sie fährt einfach nur unter dir durch.
Schau nach unten.
Du siehst die Spielzeug-Eisenbahn, die da unten durchfährt.
Jetzt ist sie hinten herausgefahren.
Du drehst dich wieder um.
Du siehst, wie die Spielzeug-Eisenbahn wegfährt.
Atme noch einmal tief ein.

Tief aus.
Noch einmal tief ein.
Tief aus.
Und lächeln.
Augen auf und strecken.

Wie beim Stress ist es auch hier wichtig festzustellen: Nicht Sie sind die Angst. Die Angst lebt nicht in Ihnen, sondern die Angst kommt und geht. In dem Moment, bevor Sie die Visualisierung gemacht haben, hat die Angst überhaupt keine Rolle gespielt. Plötzlich ist sie wieder da, aber genauso geht sie auch wieder. Unsere Gedanken sind es, die sie erzeugen – und verschwinden lassen können. Der Zug beweist, dass wir die Angst unter Kontrolle haben. Wir können die Angst größer machen und auch kleiner – eben so klein und »furchterregend« wie eine Spielzeugeisenbahn.

Wie die meisten Visualisierungen ist auch diese multifunktional. Sie können sie genauso gut bei Schmerzen verwenden. In diesem Fall stellen Sie sich vor, dass sich in jedem Waggon das Erlebnis Ihres Schmerzes befindet. In dem Moment, in dem der Zug durch Sie hindurchfährt, spüren Sie den Schmerz in sich. Dann lassen Sie ihn aber los, wenn der Zug hinten wieder herausfährt.

Sie können – und sollen sogar – die Visualisierung auch nach Ihrem Gusto verändern. Zum Beispiel können Sie diese wie einen Film schneller vorspulen, falls Sie gerade wenig Zeit haben. Sie können sich auch Ihre Ruhefarbe aus der Feuerwerksvisualisierung von Seite 226 f. zunutze machen und sich in dieser Farbe leuchtend auf die Gleise stellen, wenn Ihnen das mehr Sicherheit gibt, wenn der Zug sich nähert. Sie können damit experimentieren, den Zug langsamer fahren zu lassen, und Sie können sogar mangelndes Selbstbewusstsein in die Waggons stecken oder ein Erlebnis, das Sie verfolgt.

DER KREIS DER ANGST

In einer ähnlichen Übung macht man sich die ausgleichende Wirkung des Flows-ABCs von Seite 101 f. zunutze. Dabei denken Sie sich einen Kreis auf dem Fußboden und stellen sich mitten hinein. Im Kreis stehend visualisieren Sie so intensiv wie möglich Ihre Angst in einer konkreten Situation, inklusive Schweißperlen auf der Stirn und Herzflattern. Anschließend bewerten Sie die Intensität dieser Angst auf einer Skala von eins bis zehn. Nun verlassen Sie den Kreis und machen den ABC-Flow – so lange, bis es wirklich gut fließt. Anschließend geht es wieder in den Kreis. Erneut stellen Sie sich die Angst vor. Dieses Mal werden Sie merken, dass sich die Angst drastisch verringert hat. Manchmal ist sie sogar bereits ganz verschwunden. In letzterem Fall wiederholen Sie das Ganze einfach. So lange, bis Sie auf der Skala bei null angekommen sind.

Ängste hat jeder – es kommt auf die Ausprägung an

Wenn man mit Ängsten zu tun hat, kann es nun aber auch immer sein, dass sich hinter der Angst noch etwas anderes verbirgt. Während zum Beispiel die Angst vor Hunden, nachdem man einmal gebissen worden ist, etwas sehr Konkretes und Nachvollziehbares ist, kann hinter Flugangst die Angst vor Kontrollverlust stehen. Letztlich ist das eine Angst vor Nähe, also davor, dem Gutdünken eines anderen Menschen ausgeliefert zu sein und nicht selbst bestimmen zu können.

Der Psychologe Fritz Riemann ging davon aus, dass es vier Grundformen der Angst gibt, die jeder Mensch in unterschiedlichen Anteilen in sich trägt. Es handelt sich um die Angst vor

Distanz, außerdem die Angst vor Nähe, die Angst vor Veränderung und die Angst vor Verantwortung. Alle diese Ängste entstehen sehr früh im Leben, wenn wir noch Babys und Kleinkinder sind. In unseren ersten Lebensjahren entscheidet sich, welche dieser vier Ängste für uns dominanter sind und welche eine untergeordnete Rolle spielen.

Ein hilfloses Baby muss erst Urvertrauen entwickeln. Wenn seine Eltern es aber oft schreien lassen und nur zögernd auf seine Bedürfnisse eingehen, empfindet es extreme Verzweiflung – und trägt die Erinnerung daran unbewusst in sich. Später will der erwachsene Mensch diese als existenzbedrohend empfundene Verzweiflung auf keinen Fall noch einmal erleben. Er vermeidet darum Abhängigkeit und Nähe, denn dann fühlt er sich so verwundbar, wie er es als Säugling war.

In der nächsten Lebensphase entdeckt das Kind, dass es eine eigenständige Person ist. Dazu gehört, sich auch von den Eltern lösen zu können, ohne befürchten zu müssen, Sicherheit und Liebe zu verlieren. Wenn Eltern unzuverlässig sind oder aber das Kind überbehütend nie etwas allein machen lassen, kann die sich in dieser Phase entwickelnde Angst vor Distanz übergroß werden.

Etwas später macht das kleine Kind zum ersten Mal mit Geboten und Verboten Erfahrungen. In dieser Zeit entwickelt sich die Angst vor Veränderung. Nehmen wir an, ein Kind hat autoritäre Eltern, die viel Wert auf die Einhaltung von Regeln und Normen legen, schnell strafen und nur schwer verzeihen. Dieses Kind lernt, dass Regelbrüche etwas Schlimmes sind und Liebesentzug zur Folge haben. Also klammert es sich an Regeln und Normen, deren Einhaltung sichert ihm Liebe. Jede ungeplante Veränderung wird als Bedrohung erlebt.

Die vierte Angst entwickelt sich bis zum fünften Lebensjahr, wenn das Kind merkt, dass zum Großwerden auch das Übernehmen von Verpflichtungen, verlässliches Verhalten, kurz: Verantwortung gehört. Wenn die Eltern in diesem Punkt keine guten Vorbilder sind und zum Beispiel mit zweierlei Maß messen – also das, was sie verbieten, selber tun –, kann sich eine starke Angst vor Verantwortung und Stabilität entwickeln.

Je ausgewogener die Anteile der vier Ängste in einer Person sind, umso weniger Probleme hat diese Person, umso runder ist die Persönlichkeit. Normalerweise sind zwei der Ängste etwas stärker ausgeprägt als die anderen beiden, auch das ist meistens kein Problem. Schwierig wird es erst, wenn eine Angstform überhandnimmt.

Wenn die Spinne die Schwiegermutter ist – Phobien als Platzhalter

Es gibt also ein System mit vier Koordinaten, wobei eine Koordinate jeweils eine Grundangst repräsentiert. Eine Phobie, also eine übertriebene Angst, entsteht meistens durch eine extreme Verschiebung in diesem Koordinatensystem.

Das lässt sich schön am Beispiel von Spinnenangst verdeutlichen. Die meisten Leute finden Spinnen grundsätzlich eklig. Das steckt in unseren Genen, denn wenn die Spinnen in unseren Breitengraden auch ziemlich harmlos sind, so sieht das in anderen Gegenden wie Australien oder Afrika schon anders aus. Darum war es im Laufe der Evolution von Vorteil, Spinnen lieber erst mal aus dem Weg zu gehen. Für die meisten Menschen ist diese Abneigung aber kein Problem, die sagen einmal »Igitt!«, wenn sie bei sich zu Hause eine Spinne entdecken. Viele nehmen dann sogar ein Glas und eine Postkarte, fangen die Spinne, tragen sie mit spitzen Fingern auf den Balkon und wenden sich dann wieder anderen Dingen zu. In diesem Fall bleibt das Koordinatensystem der vier Grundängste von der Spinnenangst völlig unberührt. Der Ekel vor Spinnen ist kein tiefergehendes Problem.

Nun hat mir ein Kollege aber von einem interessanten Fall

von extremer Spinnenphobie erzählt. Eine seiner Klientinnen hatte so starke Angst vor den Krabbeltieren, dass sie kaum noch ruhig schlafen konnte. Mein Kollege stand vor einem Rätsel. Er hatte schon alles Mögliche versucht, aber es gelang ihm einfach nicht, die Frau von dieser extremen Angst wegzubringen. Der Zufall half ihm und seiner Klientin schließlich: Eines Tages starb plötzlich die sehr dominante Schwiegermutter der Klientin. Von diesem Tag an war die Spinnenangst wie weggeblasen. Es stellte sich heraus: Die Schwiegermutter, die nicht kontrollierbar gewesen war und der sich die Klientin ausgeliefert gefühlt hatte, war das eigentliche Problem gewesen, und die Spinnen waren nur der Platzhalter dafür. Das Unterbewusstsein der Frau hatte für die Angst vor der ungewollten Nähe zur übergriffigen Schwiegermutter eines Tages das Bild »Spinne« entdeckt. Weil sich die Schwiegermutter nicht vermeiden ließ, wurden an ihrer Stelle fortan die Spinnen vermieden – das war einfacher.

Nicht hinter jeder großen Spinnenangst steckt natürlich die Schwiegermutter. In vielen Fällen sind es tatsächlich ganz einfach, ja, Spinnen. Ich habe da selbst meine Erfahrungen, denn ich bin als Kind einmal auf einer Baustelle in ein grünes Loch gesprungen. Plötzlich stellte sich heraus, dass das Grüne nicht etwa Moos oder Gras war, wie ich angenommen hatte, sondern massenhaft kleine grüne Spinnen. Diese Spinnen sind mir zu Hunderten das Bein hochgekrabbelt, in die Hose, die Ärmel und den Kragen hinein. Das war so traumatisch, dass ich lange Spinnen vermieden habe. Aber das ist genau der Punkt: Das funktioniert. Spinnen lassen sich sehr gut vermeiden, wenn man nicht gerade in einer Höhle oder auf dem Hausboot wohnt. Wenn das Unterbewusstsein eine beliebige Angst mit dem Bild einer Spinne versieht, dann ist die Angst dadurch plötzlich sehr gut handhabbar.

Kontrolliert man nun diesen Prozess der Bildgebung unter Hypnose und wandelt die Angst in ein Bild um, das einem nicht direkt eine neue Angst beschert, gewinnt man Kontrolle. Genau das passiert in der Zugvisualisierung.

Wann Sie sich besser Hilfe von einem Experten holen

Falls Sie merken, dass Ihre Angst auf Übungen wie die Zugvisualisierung nicht anspricht, kann das ein Hinweis darauf sein, dass Sie es mit einem Etikettenschwindel zu tun haben. Dann könnte hinter Ihrer auf den ersten Blick überschaubaren Angst vor der Steuererklärung oder dem Zahnarzt etwas ganz anderes, Größeres stecken. Dann rate ich Ihnen und jedem, der eine wirkliche Phobie bei sich vermutet, zu einem Therapeuten zu gehen. Das kann ein Hypnosetherapeut sein oder auch ein Psychologe. In solchen Fällen ist es wichtig, dass jemand von außen auf das Problem schaut. Dieser Experte kann Dinge entdecken, für die man selbst einen blinden Fleck hat. Oft ist es auch nicht einfach, ganz ehrlich zu sich selbst zu sein.

Auch ich gehe darum manchmal lieber zu einem befreundeten Coach. Ich befasse mich zwar seit meinem zwölften Lebensjahr mit Hypnose, ich kenne alle Prozesse in- und auswendig. Dennoch setze ich mich lieber vor jemanden, der ernstere Dinge mit mir zusammen bearbeitet, als dass ich alleine versuchen würde, daran herumzudoktern. Neben der Arbeit mit einem Therapeuten ist es aber immer ratsam, die dabei angestoßenen Prozesse zu Hause zu vertiefen. Zum Beispiel mit den Techniken und Werkzeugen, die ich Ihnen hier an die Hand gebe. Das eigene Bewältigen von Problemen gibt Selbstvertrauen, das Gefühl, Kontrolle über das eigene Leben zu haben, und die Befriedigung, sich den Erfolg selbst erarbeitet zu haben. Das ist für unsere Psyche tausend Mal besser als das Gefühl, dass jemand mit einem Zauberstab »Hex Hex« gemacht hat – und dann war das Problem weg.

Was wäre, wenn? Ihr Unterbewusstsein kennt die Antwort!

Vielleicht gehören Sie zu den Menschen, die es sich mit Ihrer Angst ganz gemütlich gemacht haben, möglicherweise sogar, ohne es zu merken. Dann nehmen Sie Ihre Angst gar nicht mehr wahr, so wie Sie eine genügsame Zimmerpflanze, die seit Ewigkeiten in der Ecke herumsteht und Staub fängt, nicht mehr richtig sehen. Sie haben Ihr Leben drumherum arrangiert. Solange Sie nichts tun, was die Angst triggert – solange Sie sich nicht den Zeh am Blumentopf stoßen –, müssen Sie sich damit nicht auseinandersetzen. Man spricht in so einem Fall gerne davon, dass man sich in seiner Komfortzone aufhält.

Das Problem dabei ist, dass diese Komfortzone oft beengt ist und irgendwo im Unterbewusstsein noch eine Sehnsucht glimmt, der nicht Rechnung getragen wird. Der Aufenthalt in der Komfortzone schützt vor unangenehmen Erfahrungen, aber er verhindert eben auch schöne Erfahrungen. Draußen locken Abenteuer, Spannung, kurz: das Leben, aber weil dort auch die vermeintlichen Gefahren vermutet werden, bleibt man drinnen. Dabei ist das »Drinnen« nicht wörtlich als das Innere einer Wohnung zu verstehen. Es geht darum, dass man durch eine Angst gesteckte Grenzen nicht überschreitet. Dass man zum Beispiel nicht umzieht, obwohl man woanders bessere berufliche Chancen hätte. Dass man den Traumberuf nicht ergreift, weil man sich sorgt, an den Anforderungen zu scheitern. Dass man den Partner aus Angst vor dem Alleinsein nicht verlässt, obwohl man schon lange spürt, dass man nicht zusammenpasst. Dass man immer an den gleichen Ort verreist, obwohl man eigentlich neugierig auf die Welt ist. Und so weiter.

Damit sich das Ganze nicht wie ein Gefängnis anfühlt, redet man sich ein, dass man das so eigentlich ganz prima findet und gar nicht anders haben möchte. Das Feuer im Herzen, die ungelebten Sehnsüchte, werden unterdrückt und unter Verschluss gehalten. Das kann man sehr lange aushalten.

Bis eines Tages vielleicht etwas passiert, das einem verdeutlicht, dass das Leben dabei ist zu verstreichen, ohne dass man seine Träume und Wünsche auch in Angriff genommen hätte. Meistens ist das ein Ereignis, das einem die Endlichkeit des eigenen Lebens bewusst macht. Man wird vielleicht krank oder ein Nahestehender stirbt unerwartet. Auf einem Klassentreffen begegnet man ehemaligen Schulkameraden, die aus ihrem Leben das gemacht haben, was man sich insgeheim erträumt hat. Oder man feiert einfach nur plötzlich einen runden Geburtstag und fragt sich: Wo ist die Zeit hin? Was habe ich eigentlich bisher getan? Ob Sie sich selbst limitieren, können Sie mit dem folgenden einfachen Ritual herausfinden. Damit klammern Sie Ihre Angst und die vermeintlichen Gefahren gedanklich ein und erhaschen einen Blick auf die Möglichkeiten, auf die Ihre Angst den Blick verstellt. Oder Sie stellen fest, dass Sie tatsächlich bereits das Leben Ihrer Träume führen.

DER MANTEL DER UNBESIEGBARKEIT

Sie bekommen von einem alten, weisen Zauberer einen unsichtbaren Mantel, der Sie unbesiegbar macht. Niemand kann Ihnen damit etwas antun, niemand Ihnen Angst einjagen. Solange Sie diesen Mantel tragen, müssen Sie von nichts und niemandem etwas befürchten. Der Mantel schützt Ihren Körper und Ihre Seele. Noch dazu wird das, was Sie anfangen, wenn Sie diesen Mantel tragen, von Erfolg gekrönt sein, wenn Sie nur dabeibleiben.

Die Frage lautet: Was würden Sie alles tun, wenn Ihre Ängste keine Rolle spielten? Machen Sie eine Entspannungsübung und meditieren Sie über dieser Frage. Warten Sie ab, was Ihr Unterbewusstsein an Bildern, Träumen und Wünschen bereithält und lassen Sie sich inspirieren. Die allermeisten Sehnsüchte kann man – in der einen oder anderen Form – auch noch in höherem Lebensalter umsetzen. Und dann werfen Sie die Angst einfach raus. Denken Sie daran, *Sie* bestimmen!

Kapitel 15

Ich glaub, ich werd gesund: Wie Sie Ihre Selbstheilungskräfte wecken und warum das Unterbewusstsein oft der beste Arzt ist

Es kommt darauf an, den Körper mit der Seele und die Seele durch den Körper zu heilen.

Oscar Wilde

Sind Sie der Meinung, dass Placebomedikamente wirkungslose Zuckerpillen sind? Reine Bonbons ohne Effekt? Dann haben Sie insofern recht, als dass Placebos keine Stoffe enthalten, die einen unmittelbaren chemischen Effekt auf den Körper haben. Das bedeutet aber nicht, dass sie wirkungslos sind. Ganz und gar nicht. Die hypnotische Macht des »So tun, als ob« wird nämlich selten deutlicher, als wenn es um Placebos geht – nach neuesten Erkenntnissen wirken Placebos noch trickreicher als bisher angenommen.

Forschern am Medizinischen Zentrum der Hamburger Universität ist kürzlich mit einer trickreichen Versuchsanordnung eine spektakuläre Entdeckung gelungen. Sie rieben ihren Probanden – 15 gesunde Männer – die Arme mit zwei verschiedenen Cremes ein. Den Versuchsteilnehmern wurde mitgeteilt, dass es sich bei einer der Cremes um ein Placebo handele, die andere enthalte ein echtes schmerzstillendes Medikament. Anschließend wurde der jeweils einbalsamierte Arm einer schmerzhaften Hitzebehandlung ausgesetzt. Währenddessen wurde jeweils eine funktionelle Magnetresonanztomographie des Rückenmarks durchgeführt, die eindeutig zeigen kann, ob und wo Nerven aktiv sind oder nicht. Die Männer beschrieben nach dem Versuch, dass sie die Schmerzen deutlich weniger stark empfunden hatten, nachdem die Creme mit dem Medikament aufgetragen worden war.

Statt Substanzen verabreicht man hypnotische Suggestionen

Was die Männer nicht wussten: Es handelte sich bei *beiden* Cremes um Placebos ohne Wirkstoffe! Das Experiment zeigte: Wenn man weiß, dass ein Medikament ein Placebo ist, verliert das Placebo seine Wirkung. Das allein ist noch nicht wirklich überraschend. Das Revolutionäre an diesem Experiment war etwas anderes. Die Forscher stellten nämlich fest, dass das Rückenmark tatsächlich kaum Schmerzreize übermittelte, wenn die Männer glaubten, durch das Medikament vor Schmerzen geschützt zu sein. Wenn sie dagegen annahmen, mit einem Placebo behandelt worden zu sein, konnte man im Rückenmark erhöhte Schmerzaktivität messen.

Lange hatte man angenommen, dass der Placeboeffekt darauf zurückzuführen sei, dass das Gehirn den objektiv vorhandenen Schmerz einfach anders interpretiert und dadurch der Schmerz nicht wahrgenommen wird. Dieses Forschungsergebnis bewies hingegen: Unter Placebos ist tatsächlich weniger Schmerz vorhanden! Als Grund vermuteten die Wissenschaftler, dass der Körper schmerzstillende Substanzen ausschüttet, wenn er davon ausgeht, mit einem Schmerzmittel behandelt zu werden. Eine hypnotische Suggestion! Die Männer fokussierten sich auf die Idee, schmerzfrei zu sein – und so war es dann auch.

Wer eine Kopfschmerztablette mit Acetylsalicylsäure einnimmt, erwartet zu Recht, dass der Schmerz verschwindet. Sie kennen das sicher, meistens ist der Effekt schon nach fünf Minuten zu spüren, die Kopfschmerzen sind weg. Nun habe ich eine Überraschung für Sie: Das ist eigentlich unmöglich. Ja, lassen Sie sich das einmal auf der Zunge zergehen: Es kann nicht sein! Der Wirkstoff braucht nämlich erst einmal zwanzig Minuten, um überhaupt dorthin zu gelangen, wo er seine Wirkung entfalten kann. Bis die Schmerzlinderung durch den Wirkstoff deutlich spürbar sein sollte, dauert es mehr als anderthalb Stunden. Die Suggestion »Ich nehme diese Pille, also bin ich frei von Schmerzen« kann hingegen sofort wirken – und das tut sie.

Nun handelt es sich bei Kopfschmerzen, gegen die man Aspirin nimmt, meistens um Schmerzen der leichteren Sorte. Niemand käme auf die Idee, schwer verwundete Menschen mit Kopfschmerztabletten zu behandeln. Natürlich würde man hier auch echte Medizin einsetzen und kein Placebo. Doch genau das tat der Arzt Henry K. Beecher im Zweiten Weltkrieg – aus reiner Not. Ihm war im Feldlazarett das Morphium ausgegangen und um die verletzten Soldaten nicht in Verzweiflung zu stürzen, tat er einfach so, als spritze er ihnen Morphium. In Wirklichkeit war in jeder Spritze lediglich Natriumchlorid, also Salzwasser. Doch entgegen Beechers Befürchtungen flog der Schwindel nicht auf. Im Gegenteil, die Schmerzen der Soldaten verschwanden genauso wie mit dem Morphium. Das Ritual des Spritzesetzens hatte seine Wirkung entfaltet.

Wirken Schmerzmittel nur, weil »Schmerzmittel« draufsteht?

Die Frage, die sich nun aufdrängt, ist natürlich: Wirken Schmerzmittel vielleicht nur, weil »Schmerzmittel« draufsteht? Sind die Wirkstoffe nebensächlich? Die Antwort auf beide Fragen lautet: ja und nein. Die Wirkstoffe wirken zwar tatsächlich, aber ohne Wirkstoffe ist der schmerzstillende Effekt trotzdem etwa der gleiche – sofern der Patient überzeugt ist, ein Schmerzmittel zu bekommen. Warum das so ist, hat der Neurophysiologe Fabrizio Benedetti vor ein paar Jahren herausgefunden. Er hat gezeigt, dass durch die Erwartung, ein wirksames Medikament zu bekommen, das Belohnungszentrum im Gehirn aktiviert wird – Dopamin wird ausgeschüttet. Da Dopamin chemisch eng mit Morphium verwandt ist, ist der schmerzstillende Effekt kaum zu unterscheiden.

Der Effekt von Placebos geht aber weit über den des Schmerzstillens durch Dopaminausschüttung hinaus. Die Wirkung eines Scheinmedikaments entspricht nämlich in der Regel der vom realen Medikament erwarteten Wirkung. Ein Effekt lässt sich zum Beispiel auch auf die Hormondrüsen, das Immunsystem oder die generelle Fähigkeit des Körpers zur Selbstheilung feststellen. Kurioserweise haben Placebos sogar oft die gleichen Nebenwirkungen wie ihre »echten« Vorbilder. Außerdem haben Forscher festgestellt, dass große Tabletten besser als kleine und teure besser als billige wirken – wenn das kein eindeutiger Beweis für die Kraft unserer Vorstellung ist! Wie groß auch bei schulmedizinischen Therapien und Medikamenten der Anteil der Wirkung ist, die eigentlich auf einen Placeboeffekt zurückzuführen ist, und wie viel davon auf echte Wirkstoffe, kann niemand genau sagen. Ich vermute: deutlich mehr, als jeder eingefleischte Schulmediziner gerne zugeben würde. Fakt ist jedenfalls: Medikamente, egal ob »echt« oder Schein, können der Heilung immer nur einen Schub in die richtige Richtung geben, gesund werden muss unser Körper allein.

Warum der Glaube an etwas hypnotisch wirksam ist

Placebos sind aber nicht das einzige Phänomen, das zeigt, welchen Einfluss unser Geist auf die Regenerationsfähigkeit unseres Körpers hat. Besonders der Glaube an eine höhere Macht ist wirksam, wenn es darum geht, schnell von Krankheiten oder Operationen zu genesen. Dabei ist es egal, welchem Glauben jemand anhängt. Christen, Muslime oder Buddhisten sind aus dieser Perspektive gar nicht mal so unterschiedlich. Eine Studie aus Finnland hat gezeigt, dass religiöse Frauen im Schnitt zwölf Jahre länger leben als nicht gläubige. Eine Untersuchung aus England wiederum kam zum Ergebnis, dass gläubige Patienten nach einer Herzoperation nicht nur schneller wieder gesund wurden – vor allem starb von ihnen kein einziger, während in der nicht gläubigen Vergleichsgruppe bereits 21 Patienten sechs Monate nach der OP nicht mehr lebten. Das sind nur zwei von etlichen Studien, die zeigen, dass religiöse Menschen nicht nur schneller wieder gesund werden und weniger Komplikationen erleben, sondern generell bei soliderer Gesundheit zu sein scheinen und seltener krank werden. Ihr Immunsystem funktioniert besser. Über die Gründe wird vonseiten der Wissenschaft spekuliert. Ein vermuteter Grund ist das Eingebundensein religiöser Menschen in eine Gemeinschaft.

Ein echtes soziales Netzwerk wirkt sicher unterstützend, aber aus meiner Sicht ist die Sache eindeutig: Tief religiöse Menschen erfahren die Macht der Hypnose. Das Beten in einem ruhigen, fokussierten Zustand ist mit der hypnotischen Entspannung gleichzusetzen, der Inhalt des Gebets mit einer Suggestion. Der feste Glaube daran, Hilfe zu bekommen, öffnet den Weg für die Suggestion ins Unterbewusstsein – und der Körper gehorcht und leitet die Heilung ein. Wie bei einem Placebo.

Nun müssen Sie natürlich nicht plötzlich gegen Ihre innere Einstellung eine Religion annehmen – das würde nicht funktionieren. Aber Sie können anerkennen, dass Glaube tatsächlich etwas ganz Reales bewirkt. Daran ließe sich zum Beispiel völlig kirchen- und ideologiefrei glauben. Unser Körper ist nicht getrennt vom Geist, beide beeinflussen sich gegenseitig. Diesen Effekt macht man sich in der Hypnose zunutze. Hypnose führt unmittelbar vor Augen, wie unser Geist den Körper beeinflusst – und kreiert dadurch die Überzeugung, dass Hypnose wirkt. Denn man erlebt ja, wie es wirkt! Das erklärt auch den hervorragenden Effekt, den Hypnose unter anderem auf Schmerzen hat: Die Überzeugung, durch die Hypnose von Schmerzen befreit werden zu können, befreit von Schmerzen. Ein sehr wirkungsvoller Zirkelschluss.

Bewusste Fokussierung, wie man sie in der Hypnose hat, spielt auch bei Entspannungstechniken eine große Rolle, wie wir ja schon im ersten Teil dieses Buches gesehen haben. Selbst wenn man so eine aktive Art der Entspannung (eine passive Art der Entspannung wäre zum Beispiel das Abhängen mit Bier oder Chips vor dem Fernseher) nicht mit Suggestionen kombiniert, erreicht man damit bereits eine messbare Verbesserung der Gesundheit. In einer vierjährigen Studie untersuchten Forscher des Dartmouth College in den USA den Einfluss der Entspannung auf Teilnehmer eines jeweils fünfzehnwöchigen Anti-Stress-Kurses. Erlernt wurden die drei Entspannungsmethoden Yoga, Meditation und Qigong. Man ging – wie ich – davon aus, dass nicht jede Methode für jeden passt und so für jeden etwas dabei ist, was er oder sie langfristig in sein Leben integrieren kann.

Bei den Teilnehmern zeigten sich signifikante Verringerungen von Ängsten, Depressionen, akuten Schmerzzuständen und Stimmungsschwankungen. Außerdem berichteten sie, dass sie wesentlich seltener krank waren und ihre körperliche Stärke, Flexibilität und Balance zugenommen hatte. Wenn man noch dazurechnet, dass die Wahrscheinlichkeit stressbedingter Krankheiten bei regelmäßig durchgeführter Entspannung automatisch gegen null tendiert, ist das eine enorme Bank für die Gesundheit. Und das »nur« mit regelmäßiger Entspannung.

Selbsthypnose als Universalmedizin

Kommen noch gezielte Suggestionen dazu, machen Sie damit die Hypnose zum Heilmittel Ihrer Wahl. Die folgende Übung basiert auf dem Phänomen, dass unsere Geschmacksnerven und unser ganzer Körper auf unsere Vorstellung reagieren. Wenn Sie einfach so versuchen, das Wasser im Munde zusammenlaufen zu lassen, passiert nichts. Wenn Sie aber hungrig an Ihre Lieblingsspeise denken, ist das gleich eine ganz andere Geschichte. Die Produktion von Verdauungssäften stieg um 70 Prozent an, wenn Probanden in einem Versuch an der Uni Stanford ans Essen dachten. Dabei gibt es natürlich unterschiedliche Effekte, je nachdem, woran man genau denkt. Wenn Sie intensiv an eine Zitrone denken, spüren Sie, wie sich Ihr Mund zusammenzieht. Probieren Sie es aus. Denken Sie an den Zitrusduft, der Ihnen in die Nase steigt, wenn Sie eine Zitrone aufschneiden. Wie der Saft duftend auf das Schneidebrett läuft, wenn Sie eine Scheibe abschneiden. Wie sich Ihr Mund zusammenzieht, wenn Sie hineinbeißen. Warum ich das erzähle? Das werden Sie gleich sehen.

Sie können die folgende Übung wie immer aufnehmen oder aus der Erinnerung ausführen. Zur Maximierung des Effekts empfiehlt sich vorher eine Gedankenstoppübung.

DAS ELIXIER

Schließ die Augen.
Atme einmal tief durch die Nase ein.
Durch den Mund aus.
Ein zweites Mal tief durch die Nase einatmen.
Durch den Mund ausatmen.
Und ein drittes Mal.
Entspanne dich.
Entspanne deinen Kopf.
Entspanne deinen Hals.
Entspanne deinen Oberkörper.
Entspanne deine Arme.
Entspanne deinen Bauch.
Entspanne deine Beine.
Entspanne deine Füße.
Bis hinein in deine Zehenspitzen.
Entspanne deinen ganzen Körper.
Nun stell dir eine duftende Zitrone vor.
Eine wunderschöne, duftende, perfekte Zitrone.
Doch dies hier ist keine gewöhnliche Zitrone.
Sie trägt den Zauber der ewigen Gesundheit in sich.
Nimm diese rare Frucht an dich.
Halte sie in deinen Händen.
Spüre ihre Kraft.
Dann nimm sie und schneide sie auf.
Ihr Saft quillt glitzernd hervor,
während du dir eine Scheibe davon abschneidest.
Der Saft verströmt seinen frischen, gesunden Duft.
Den Duft des Elixiers, das voll unendlicher Gesundheit steckt.
Du beißt nun in deine Zitronenscheibe.
Spürst die Säure im Mund.
Spürst, wie sich dein Mund zusammenzieht,
während der saure, gesunde Saft über deine Zunge läuft.

Stell dir vor,
wie der Saft mit einem klaren, reinen Licht zu leuchten beginnt.
Und sich in deinem Mund verteilt.
Der Saft ist das Elixier, das jede Zelle zu erneuern vermag.
Von deinem Mund aus verteilt sich das Elixier in deinem Kopf.
Fließt in deinen Hals.
Deine Schultern.
Verteilt seine heilende Kraft in jeder Zelle.
Verteilt sich in deinen Armen.
In deinem Oberkörper.
In deinen inneren Organen.
In deinen Knochen.
In jeder Zelle.
Und während sich das Elixier verteilt,
erstrahlt jede Zelle im Licht ewiger Gesundheit.
Das Elixier und sein Licht fließen in deinen Unterleib.
In die Organe dort.
In die Oberschenkel.
In beide Beine.
In die Füße.
In die Zehenspitzen.
Erfüllen dich.
Stell dir nun vor, wie eine Welle der Gesundheit durch den ganzen Körper fließt.
Dein ganzer Körper erneuert sich
und entspannt dabei voll und ganz.
Genieße den Moment.
Ich zähle jetzt gleich bis drei.
Bei drei öffnest du deine Augen,
kommst wieder zurück,
fühlst dich vollkommen wohl,
vollkommen ausgeruht.

Eins,
zwei,
drei,
Augen auf.

Diese Übung weckt ganz konkret Ihre Selbstheilungskräfte und stärkt Ihr Immunsystem. Wenn Sie merken, dass sich eine Erkältung anschleicht, können Sie diese damit tatsächlich im Keim ersticken. Lassen Sie in diesem Fall das leuchtende Elixier besonders dort verweilen, wo Sie schon die ersten Anzeichen spüren, also zum Beispiel im Hals, in der Nase, hinter der Stirn oder in der Brust. Machen Sie die Übung mindestens zwei Mal am Tag, bis die Erkältungssymptome verschwunden sind – und lassen Sie sich Zeit damit.

Dass solche Vorstellungen tatsächlich einen messbaren Effekt haben, beweisen Versuche des US-amerikanischen Krebsforschers Carl Simonton. Simonton ging von der Hypothese aus, dass für die Entstehung von Krebs unter anderem ein schlecht funktionierendes Immunsystem verantwortlich ist. Tatsächlich entstehen in unserem Körper immer wieder Krebszellen, die aber von unserer Körperabwehr sofort beseitigt werden. Erst, wenn die Abwehr schwächelt, kann sich der Krebs ausbreiten.

Simonton versetzte darum 159 Patienten, bei denen sämtlich unheilbarer Krebs diagnostiziert worden war, in Entspannung. Dann sollten die Erkrankten sich möglichst lebhaft vorstellen, wie ihre weißen Abwehrzellen in Gestalt mächtiger Haie die bereits angeschlagenen Krebszellen angreifen und verschlingen. Zur weiteren Unterstützung sollten sich die Patienten ihre Lymphozyten noch in einer anderen kämpferischen Gestalt vorstellen, die ihnen besonders gefiel. Etwa als Ritter oder Superhelden. Auch diese Helfer bekämpften den Krebs in der Vorstellung der Probanden. Dieses Mentaltraining wurde über längere Zeit durchgeführt. Nach etwa zwei Jahren hatte sich der Gesundheitszustand von einem Viertel der Erkrankten wesentlich verbessert – und das, obwohl ihnen der baldige Tod vorausgesagt worden war. 14 Patienten waren völlig krebsfrei, bei zwölf waren die Tumoren deutlich geschrumpft und bei weiteren 17 Erkrankten hatte der Krebs sich nicht weiter ausgebreitet.

Der Wissenschaftler Howard Hall ließ sich von Simontons Ergebnissen inspirieren und startete einen eigenen Versuch. Auch er verwendete Simontons Suggestion mit den weißen Haien, doch die in diesem Fall gesunden Testteilnehmer sollten sich vorstellen, wie die Haie Erkältungsviren attackieren. Nach der Hypnosesitzung maß Hall die Anzahl der im Blut zirkulierenden Lymphozyten – und die waren deutlich angestiegen. Das Immunsystem war erfolgreich aktiviert worden.

DIE WUNDE HEILT

Wenn Sie krank sind, möchten Sie verständlicherweise so schnell wie möglich gesund werden. Aber wenn Sie ungeduldig sind, weil Sie Ihre Krankheitssymptome schneller loswerden möchten, kann das Stress verursachen und den Genesungsprozess verzögern. Um die Ruhe zu bewahren und das Gesundwerden mental zu unterstützen, hilft die Suggestion »Die Wunde heilt«. Sie unterstützt das Unterbewusstsein, alles für die Heilung Notwendige in die Wege zu leiten, aber sie lässt Sie auch daran denken, dass eine Wunde ab dem Moment, in dem sie entstanden ist, zu heilen beginnt. Das tut sie in jedem Fall, auch wenn man das am Anfang noch nicht direkt sieht. Sobald sie sich schließt, dauert es immer noch eine Weile, bis sie nicht mehr gerötet ist, nicht mehr nässt, nicht mehr wehtut. Oft sieht so eine Wunde zwischenzeitlich auch nicht sehr schön aus. Doch Sie wissen sicher: Die Wunde heilt!

Die ganze Zeit bildet der Körper neue Zellen, repariert und tut alles, um Sie wiederherzustellen. Das gilt auch für jede Krankheit. Denken Sie daran: Die Wunde heilt, Sie sind bereits auf dem Weg der Besserung!

DAS SCHMERZ-UFO WEGFLIEGEN LASSEN

Eine andere Methode, Krankheitssymptome wie Kopfschmerzen, Schniefnase oder Halskratzen in den Griff zu bekommen, ist es, sich klarzumachen, dass diese Symptome nicht den ganzen Körper betreffen. Je nachdem haben wir ja immer noch 90 oder vielleicht sogar 99 Prozent des Körpers, der überhaupt keine Symptome zeigt und keinen Schmerz verspürt. Trotzdem denkt man »Ich bin krank« – so als sei man selbst die Krankheit und der ganze Körper in Mitleidenschaft gezogen. Dabei handelt es sich meistens nur um wenige Stellen, die sich nicht so anfühlen wie sonst. Die folgende einfache Visualisierung hilft, den Fokus vom Schmerz und Unwohlsein zu nehmen und die Symptome so spürbar zu lindern.

Doch vorher muss ich noch eine kleine Warnung loswerden: Mit Schmerzen möchte Ihr Körper Ihnen normalerweise etwas sagen. Schmerzen, deren Ursache Sie nicht kennen, sollten Sie unbedingt von einem Arzt abklären lassen, bevor Sie hypnotische Übungen dagegen einsetzen. Wenn Sie dadurch nämlich die eigentliche Ursache des Schmerzes ignorieren, kann das böse ins Auge gehen – falls zum Beispiel ein Tumor, eine innere Verletzung oder eine andere Krankheit hinter den Schmerzen steckt. Geht es allerdings nur um eine Erkältung oder einen Katerkopfschmerz, können Sie getrost sofort loslegen:

- Schließen Sie die Augen. Fragen Sie sich: Wo sitzt der Schmerz? Lokalisieren Sie den Bereich so präzise wie möglich.

- Fragen Sie sich nun: Wie sieht der Schmerz aus? Welche Farbe hat er? Welches Geräusch macht er? Vielleicht brummt der Schmerz wie die Kakophonie eines Orchesters, das vor dem Konzert die Instrumente stimmt, und er leuchtet in einem fiesen Neongrün?
- Begeben Sie sich gedanklich zur schmerzenden (oder auf andere Art in Mitleidenschaft gezogenen) Stelle und visualisieren Sie einen Lichtkranz drumherum, um diese vom restlichen Körper deutlich zu trennen.
- Nun verlassen Sie den Schmerz noch einmal kurz und spüren in den restlichen Körper hinein. Nehmen Sie intensiv wahr, wie sich der ganze nicht schmerzende, nicht schniefende Rest des Körpers anfühlt.
- Nun stellen Sie sich vor, wie Ihre Symptome abheben wie ein Ufo. Das Ufo steigt hoch und während Ihre Symptome wegfliegen, wird das Grün schwächer und der Krach leiser.
- Jetzt haben Sie eine Lücke im Kopf (oder an anderer Stelle), mit einem Lichtkranz drumherum. Sie nehmen nun das Gefühl Ihres restlichen Körpers und setzen dieses Gefühl in die Lücke ein. Lassen Sie es vollständig in die Lücke fließen, bis sich Ihr Körper wieder als Ganzheit anfühlt.

Sie werden merken, dass sich Ihr Körpergefühl nach wenigen Momenten so verschoben hat, dass Sie der noch vorhandene Rest des Schmerzes nicht mehr stört. Das ist ein ganz magischer Augenblick. Zunächst sagt man dem Schmerz oder anderen Krankheitssymptomen: »Hallo! Ich habe dich wahrgenommen und sehe und höre dich sogar.« Statt ihn zu verdrängen, akzeptiert man den Schmerz. Dann nimmt man aber den Fokus weg und damit verschwindet der Schmerz – wenn nicht ganz, dann doch immerhin deutlich spürbar. Sie können diese Visualisierung auch probieren, um andere unangenehme Empfindungen für eine Weile abzumildern, etwa wenn Sie sehr müde sind oder mit unangenehm gefüllter Blase im Stau stehen.

Ihr Fokus macht auch hier den Unterschied!

Kapitel 16

Das macht ja Spaß: Wie Sie auf der richtigen Welle effektiver lernen, einen Textmarker direkt im Kopf anwenden und Prüfungen zu Ihrem Auftritt werden lassen

Die größten Wunder gehen in der größten Stille vor sich.

Wilhelm Raabe

Hypnose und Lernen sind untrennbar verbunden, denn jede Hypnose ist nichts anderes als ein intensiver Lernprozess. Doch wenn Sie eine Ausbildung machen, studieren oder sich auf eine wichtige Prüfung vorbereiten und nun hoffen, dass Sie unter Hypnose alle Lerninhalte in ein paar Minuten in den Kopf »pflanzen« können, muss ich Sie leider enttäuschen. Das funktioniert nicht. Allerdings kann man sich hypnotische Techniken und Erkenntnisse über die Funktion des Unterbewusstseins zunutze machen, um deutlich schneller mit Spaß und Erfolg zu lernen. Zwei Bedingungen, die für das Gelingen von Hypnose so wichtig sind, sind nämlich auch fürs Lernen essenziell: Entspannung und Fokussierung. Umgekehrt ausgedrückt: Alles, was das Funktionieren einer Hypnose behindert, verhindert auch das Lernen. Noch bevor man sich hinsetzt und büffelt, kann man bereits eine Menge tun, um das Lernen so effektiv und leicht wie möglich zu machen.

Das fängt bereits mit der Auswahl des Lernortes an. Am besten ist ein ruhiger Platz, an dem Sie sich wohl und sicher fühlen. So schön ein belebtes Café sein kann, um einen Roman zu lesen, E-Mails zu beantworten oder auf frische Ideen zu kommen, so schwierig wird es, wenn Sie wirklich etwas konzentriert aufnehmen wollen: Ständig kommen neue Leute herein, diskutieren lautstark, im Hintergrund spielen Hits aus den Charts, die Espressomaschine zischt – und ein Teil Ihrer Aufmerksamkeit wird dadurch gebunden, ob Sie wollen oder nicht.

Reduzieren Sie die Hintergrundgeräusche

Wenn Sie die Lärmquellen um Sie herum so gut es geht reduzieren, wird Ihnen das Lernen deutlich leichterfallen. Und nicht nur das: Sie werden auch leichter mit den in diesem Buch vorgeschlagenen Ritualen und Übungen arbeiten können.

Wissenschaftliche Untersuchungen beweisen immer wieder, dass man sich bereits deutlich schlechter konzentrieren und Neues aufnehmen kann, wenn im Hintergrund nur irgendwo leise ein Radio mit Popmusik dudelt. Leute, die gewohnheitsmäßig immer Musik laufen haben, behaupten ja gern, dass sie sich nur damit konzentrieren könnten. Machen Sie sich nichts vor, das ist ein Trugschluss, man gewöhnt sich nicht daran. Eine wichtige Ausnahme von dieser Regel gibt es allerdings, die sogar das Lernen – und auch die hypnotische Arbeit mit Suggestionen – fördern kann.

SCHLAUER LERNEN MIT MOZART

Klassische Musik – genauer gesagt Mozarts Sonate für zwei Klaviere in D-Dur – erhöhte einer Studie am Neurobiologischen Zentrum für Lernen und Erinnerung der Universität im US-amerikanischen Irvine zufolge den IQ. Wenn Studenten vor einem IQ-Test zehn Minuten lang mit diesem Mozart-Stück beschallt wurden, war ihr IQ im Schnitt neun unglaubliche Punkte höher als der der Vergleichsgruppe. Eine Studie der Uni Hamburg zeigte wiederum, dass langsame und sehr leise abgespielte klassische Stücke wie von Mozart, Bach oder Schubert das Lernen unterstützten, weil neue Informationen besser aufgenommen und behalten wurden.

Die klassische Musik sollte allerdings entweder unmittelbar *vor* dem Lernen gehört werden oder während des Lernens nur sehr leise, das heißt die Stücke sollten knapp über der Schwelle zur Hörbarkeit abgespielt werden.

Das Geheimnis dahinter sind die Gehirnwellen. Beim Hören von klassischer Musik schwingt sich das Gehirn im entspannten Bereich der Alphawellen ein. Das ist der Bereich, in dem wir uns in einem entspannten Flow-Zustand befinden. Auch das Flow-ABC und alle konzentriert durchgeführten Entspannungsübungen lassen Ihr Gehirn zunächst in Alphawellen schwingen. Im Alphawellenzustand ist das Lernen mühelos und fühlt sich natürlich an.

Natürlich hat man nicht alle Geräusche selbst im Griff. Wir sind eigentlich ständig von *Background Noise* umgeben. Dieser Begriff bezeichnet Geräusche, die im Hintergrund zu hören sind, ohne für uns relevant zu sein, die aber unbewusst einen Teil unserer Aufmerksamkeit binden. Sie erinnern sich: Wir verarbeiten das Allermeiste, ohne es überhaupt zu merken. Wir bekommen es nicht bewusst mit, aber unser Unterbewusstsein wird ständig auf Trab gehalten. Großstädte brummen zum Beispiel konstant. Ein einziges Gewummer aus Verkehrslärm, Baustellenkrach, Musik aus unterschiedlichen Quellen und unendlich vielen Einzelgeräuschen, von Gesprächsfetzen über Türklappen, Mülltonnengeschepper bis hin zum Jubel auf Fußballplätzen oder Kindergeschrei. Sogar an Sonn- und Feiertagen wird es nie richtig ruhig. Auch in Augenblicken, in denen man meint, dass es jetzt schon ziemlich leise sei, ist trotzdem fast immer irgendetwas zu hören. Das Rauschen der Heizungsrohre, das Gurgeln einer Spülmaschine, die Schritte der Nachbarn von oben, ein Ventilator im Lüftungsschacht.

Wenn man dann ausnahmsweise mal echte Stille erlebt, weil man irgendwo in einem Landgasthof übernachtet oder im Freien zeltet, ist das eine Offenbarung. Die Stille ist zwar selten permanent, sondern wird fast immer von sanften Naturgeräuschen durchzogen: das Rascheln der Blätter in den Baumkronen, das Prasseln des Regens, das Rauschen eines Baches oder das Zirpen von Grillen. Diese Geräusche haben aber eine ganz andere Qualität als der aufdringliche Krach der Stadt. Sie stören nicht, sondern geben der Stille einen Rahmen – und sie induzieren die lernfreundlichen Alphagehirnwellen. In der Natur lernt es sich darum auch sehr gut. Dadurch, dass überhaupt so subtile Geräusche hörbar sind, wird umso deutlicher, wie ruhig es ist – in der Stadt hätten wir sie nicht mitbekommen. Naturgeräusche sind für die meisten von uns außerdem natürliche Anker, die uns an schöne und entspannende Momente erinnern. Ferien, Wochenendausflüge, Spaziergänge. Sie können sich zum Zweck der Entspannung auch Aufnahmen mit Naturgeräuschen besorgen, die es oft als Meditations-CDs gibt, wobei allerdings nichts das Original übertrifft.

Optischen »Lärm« ausschalten

Sich in der Natur aufzuhalten, hat noch einen Vorteil: Wir entkommen so den ständigen subtilen (Werbe-)Botschaften, die auf Plakaten, auf Bildschirmen, in Geschäften oder in der Zeitung visuell auf uns einprasseln. Denn es gibt auch so etwas wie optische »Hintergrundgeräusche« und die können uns mindestens genauso ablenken wie die akustischen.

Neurowissenschaftler haben in Tests festgestellt, dass Menschen, deren Schreibtisch voller Krimskrams liegt und generell eher ungeordnet ist, ihre Aufgaben schlechter erledigen als ihre Kollegen, die an aufgeräumten Schreibtischen sitzen. Physisches Durcheinander, das um Aufmerksamkeit buhlt, erhöht außerdem den Stresslevel.

Erinnern Sie sich noch an die Übung, in der Sie über den Blick Ihre Gedanken fixieren? Die ist sofort viel schwieriger, wenn von überall rundherum Dinge ins Sichtfeld hineinragen. Darum können Sie auch in Ihrem Zuhause viel für einen klaren und entspannten Geist tun. Geben Sie Überflüssiges weg. Dinge, die Sie nicht benutzen, aber die dennoch ständig irgendwie Aufmerksamkeit auf sich ziehen, auch wenn Sie das gar nicht mehr merken. Stellen Sie sich vor, dass jedes dieser Dinge auch in Ihrem Unterbewusstsein Platz beansprucht. Jeder Gegenstand bindet Kapazitäten.

Zugegeben, es ist nicht so einfach, loszulassen. Wir sind in unseren Genen immer noch Jäger und Sammler: Etwas in uns befiehlt uns, Dinge für schlechtere Zeiten zu horten. Wissenschaftler haben festgestellt, dass ein bestimmtes Areal im Gehirn aktiv ist, wenn wir uns von Gegenständen verabschieden müssen. Es ist dasselbe Zentrum, das feuert, wenn wir uns die Finger verbrennen, uns schneiden, kurz: Schmerz empfinden. Es tut also tatsächlich weh, loszulassen. Aber wenn wir es schaffen, schlägt der »Schmerz« schon nach ganz kurzer Zeit um in Erleichterung und das Gefühl, Platz zu haben. Platz für Neues. Nicht nur in Ihrer Wohnung, sondern auch im Kopf ist dann plötzlich Platz. Platz für Veränderung. Oder Platz für Lerninhalte.

Nun haben Sie sich also sprichwörtlich Luft gemacht. Räumen Sie anschließend gründlich auf und schauen Sie sich dann um: Wo gibt es weiterhin optische Unruhe? Kabelsalat kann hinter Leisten verschwinden, nervös machende Regalwände hinter Schiebetüren oder Vorhängen. Auch eine neue Anordnung der Möbel kann Ruhe geben. Viele Leute finden es hilfreich, sich nach Feng-Shui-Prinzipien zu richten, um ihrem Zuhause klare Strukturen zu geben. Indem sie also Möbelstücke parallel zu den Wänden oder im rechten Winkel dazu aufstellen statt schräg mitten in den Raum. Grüne Pflanzen bilden Ruhepunkte fürs Auge und eignen sich übrigens auch als Mandala.

Man könnte sagen, ein Genie beherrscht tatsächlich das Chaos – indem es aufräumt. Das gilt übrigens auch für virtuelle Welten und Ihren Computer. Wenn Ihr Computer-Desktop voller Kleinkram liegt oder Sie in Ihrem Browser zwanzig Websites gleichzeitig geöffnet haben, wird Ihre Aufmerksamkeit zerstreut statt fokussiert. Wenn es alle paar Sekunden bei Eingang einer E-Mail oder eines neuen Facebook-Kommentars »plingt«, ebenso. Damit zerfallen Ihre Gedanken in unzählige kleine Stückchen, die alle sofort beachtet werden wollen. Mal abschalten ist darum mehr als nur im übertragenen Sinne eine Wohltat. Fürs Lernen ist es unerlässlich.

Machen Sie den Kopf frei

Bevor Sie sich zum Lernen hinsetzen, ist es wichtig, zwanzig bis dreißig Minuten zur Ruhe zu kommen. Das bereitet das Gehirn darauf vor, dass nun bald auf Aufnahme geschaltet wird. Sie sollten nicht von der Arbeit kommen und sich mit Ihren rastlosen Alltagsgedanken nach einer nervigen Parkplatzsuche an den Schreibtisch setzen und sofort fürs Abendgymnasium lernen. Wenn Sie das tun, brauchen Sie mehr Zeit für weniger Lernerfolg, weil Ihr Gehirn einfach weiter in den geschäftigen Betawellen schwingt. Gönnen Sie sich zunächst eine ruhige Aktivität. Also nicht reflexartig den Fernseher einschalten, sondern lieber in Ruhe eine Tasse Kaffee oder Tee aufbrühen oder gemütlich das Abendbrot einnehmen. Auch körperliche Aktivität macht aufnahmefähig, eine Joggingrunde oder ein flotter Spaziergang. Dabei können Sie direkt eine

Gedankenstoppübung integrieren, die Sie bereit macht für das Kommende.

Machen Sie es sich auf jeden Fall zur Routine, unmittelbar vor dem Lernen eine Entspannungs- oder Gedankenstoppübung einzubauen. Denken Sie daran: Lernen ist erst einmal genau wie Hypnose. In beiden Fällen möchten Sie etwas in Ihr Unterbewusstsein einschleusen, das später bei Bedarf abrufbar sein soll.

Die Macht der cleveren Wiederholung

Suggestionen sinken umso besser ins Unterbewusstsein, je öfter sie wiederholt werden, für Lerninhalte gilt das auch. Nicht nur, wer zum richtigen Zeitpunkt lernt, sondern auch wer zum richtigen Zeitpunkt wiederholt, minimiert den Aufwand, den er benötigt, um etwas aus dem Effeff zu können. Als hilfreich, da gehirnfreundlich, haben sich die folgenden Punkte erwiesen:

- *Lernzeit bestimmen:* Lernen Sie möglichst täglich zur gleichen Zeit. Ihr Gehirn gewöhnt sich daran wie an eine Mahlzeit zu einer bestimmten Uhrzeit und schaltet dann schneller auf Aufnahme. Die meisten Menschen lernen vormittags und am frühen Nachmittag am besten.
- *Lernstoff in Häppchen aufteilen:* Teilen Sie den Lernstoff in möglichst unterschiedliche Happen auf. Wenn Sie zum Beispiel zwei Fächer haben, lernen Sie erst eine Stunde etwas vom einen und die nächste Stunde etwas aus dem anderen Fach. Je unterschiedlicher die Inhalte sind, desto besser – also etwa eine Stunde etwas Naturwissenschaftliches, in der zweiten geht es um Literatur. Das Gehirn liebt Abwechslung, Einförmigkeit ermüdet.
- *Pausen machen:* Machen Sie aktive Pausen. Alle dreißig Mi-

nuten für fünf Minuten, alle zwei Stunden fünfzehn bis zwanzig Minuten. Stehen Sie dabei unbedingt vom Schreibtisch auf. Machen Sie einen Spaziergang, eine Dehnungsübung, brühen Sie sich eine Tasse Kaffee oder Tee auf. Schalten Sie nicht den Fernseher ein, auch Surfen im Internet ist suboptimal, weil das schnell die Aufmerksamkeit weit weg lenkt.

- *Fokussierung auf eine Sache:* Zwischen den Pausen sollten Sie fokussiert arbeiten und sich nicht vom Lernstoff fortbewegen. Weder tatsächlich, noch virtuell im Internet. Die Fokussierung auf eine Sache ist nicht nur in der Hypnose elementar, sondern auch beim Lernen. Schalten Sie E-Mail-Programme, Telefon und soziale Netzwerke für die Dauer des Lernens aus. (Wie Sie den Drang, sich abzulenken, ausschalten, erfahren Sie gleich.)
- *Devise »kurz und knackig« statt »lang und lasch«:* Lernen Sie auch vor größeren Prüfungen lieber täglich kürzer und voll konzentriert als über lange Zeit hinweg, aber mit häufigen Ablenkungen. Also besser zwei Stunden richtig als sechs Stunden nur halbgar. Sonst bringen Sie Ihr Gehirn immer wieder auf andere Gedanken. Das ist wie der Versuch einer Meditation, die alle paar Minuten unterbrochen wird, das funktioniert nicht. Lerninhalte bleiben so nur schlecht bis gar nicht hängen. Die Belohnung fürs Fokussieren ist hingegen: Sie haben schneller wieder frei – und zwar mit gutem Gewissen.
- *Stichpunkte zusammenfassen:* Fassen Sie den Lernstoff nach jeder thematischen Einheit stichpunktartig zusammen – handschriftlich auf altmodischen Karteikarten. Nach Beobachtungen des Psychologen Daniel Oppenheimer von der Universität von Kalifornien in Los Angeles lernen Studenten besser, wenn sie ihre Notizen mit der Hand machen, als wenn sie am Computer tippen. Das Schreiben mit der Hand hat messbar mehr und über verschiedene Areale verteilte

Gehirnaktivität zur Folge – der Stoff verfestigt sich. Wenn Sie Seminare oder Kurse besuchen, sollten Sie darum auch bereits dort Ihre Notizen mit der Hand machen – das spart wertvolle Lernzeit.

- *Betthupferl:* Nehmen Sie sich die Karteikarten vor dem Einschlafen noch einmal zur Hand und gehen Sie den Lernstoff in fünf bis acht Minuten nochmals durch. So vertiefen Sie die Erinnerungsspuren im Gehirn. Außerdem nehmen Sie Ihre Lerninhalte durch das Einschlafen kurz darauf mit in den Alpha- und Thetawellenbereich. Dort bleibt der Stoff wirklich haften.
- *Morgenappell:* Morgens nach dem Aufstehen überfliegen Sie noch einmal die Karteikarten vom Vortag in zwei bis drei Minuten – das reaktiviert den Lernstoff und trainiert das willentliche Abrufen.
- *Wöchentliche Wiedervorlage:* Einmal pro Woche ist Wiederholungstag. Statt Neues aufzunehmen, gehen Sie den gesamten Lernstoff der Woche noch einmal durch. So überführen Sie alle Lerninhalte vom Kurzzeitgedächtnis ins Langzeitgedächtnis. Konzentrieren Sie sich vor allem auf die Inhalte, von denen Sie merken, dass Sie sie noch am wenigsten beherrschen.

Richtig sortiert ist halb gelernt – das ABC der Prioritäten

Prioritäten setzen hilft, beim Lernen nicht in Panik zu geraten und den Überblick zu behalten. Wenn Sie für eine Prüfung schnell viel Stoff lernen müssen, kommen Sie nicht darum herum, die Dinge nach Wichtigkeit zu sortieren. In die wichtige Kategorie A kommt das, was Sie unbedingt wissen müssen, um überhaupt zu bestehen. In Kategorie B landet das, was gut wäre zu wissen, aber nicht ganz so essenziell ist wie das in

Kategorie A. In Kategorie C schließlich kommt alles, was weniger wichtig zu wissen ist, aber den Unterschied von einer guten zu einer sehr guten Note ausmachen kann.

Wenn Sie nach diesem Prinzip lernen, hat das einmal den Effekt, dass Sie den Stoff vorstrukturieren. Dabei beginnen Sie bereits, den Lernstoff zu verstehen. Ohne ein Grundverständnis können Sie nämlich kaum beurteilen, was wichtig ist und was nicht. Es werden so bereits erste Erinnerungsspuren im Gehirn geschaffen und Sie bekommen einen Zugang zum Lernstoff – Sie wärmen Ihr Gehirn sozusagen auf.

Wenn Sie dann mit dem Inhalt aus Kategorie A zu lernen beginnen und damit fertig sind, haben Sie bereits eine wichtige Teiletappe geschafft. Das bringt ein Erfolgserlebnis und beruhigt Ihre Nerven: Sie würden ja bereits bestehen. Sie können also ohne Stress weiterlernen. Das ist ebenfalls ein wichtiger Effekt, denn Stress würde Ihre geistige Aufnahmefähigkeit blockieren. Nach dem Erledigen von Kategorie B fühlen Sie sich noch ein Stückchen sicherer. Wenn Sie mit Ihrer zum Lernen zur Verfügung stehenden Zeit nicht hinkommen, fehlt Ihnen am Ende nur das relativ Unwichtige, aber nicht der Kern des Prüfungswissens.

Die positive Lernmotivation: Zeigen Sie der Welt, was Sie draufhaben!

Machen Sie die Lernphase zu Ihrer Erfüllung und fiebern Sie auf die Prüfung hin. Bauen Sie die Suggestion »Endlich darf ich zeigen, was ich kann!« in Ihren Tagesablauf ein. Das ist ein ganz anderes Gefühl, als wenn man ängstlich darauf lauert, dass der Prüfer Defizite aufdeckt. Stoppen Sie unbedingt alle Gedanken, die sich um Misserfolg und Versagen drehen mit den Techniken, die Sie in Kapitel sechs gelernt haben.

Wenn ich als Fußballspieler im Endspiel der Weltmeisterschaft einen Elfmeter schießen soll und ich denke die ganze Zeit: »Auweia, die Weltmeisterschaft liegt auf meinen Schultern. Wenn ich jetzt versage, bin ich der Arsch des Jahrhunderts«, dann habe ich ein Problem, weil ich damit die Chancen, den Elfmeter zu versemmeln, drastisch erhöhe. Die Haltung »Super, ich darf der ganzen Welt jetzt zeigen, wie toll ich Elfmeterschießen kann, ich ballere das Ding jetzt rein« macht den tatsächlichen Erfolg dagegen wesentlich wahrscheinlicher. Nicht zuletzt, weil der gegnerische Torhüter mein Selbstvertrauen spüren wird. Denken Sie an die Rede der Wikinger!

Lernen ist um ein Vielfaches einfacher, wenn Sie auf Ihre Fähigkeiten vertrauen und wenn Ihr Geist entspannt ist. Sagen Sie sich dagegen ständig: »Ogottogottogott, ich schaff das nicht«, wird Ihr Unterbewusstsein darauf reagieren – und zwar leider nicht unbedingt damit, Ihnen das Lernen zu erleichtern. Nein, es wird der Suggestion Folge leisten und schlimmstenfalls dafür sorgen, dass Sie »das« auch nicht schaffen. Auch wird das Lernen so für Sie zum Stress. Dabei kann Lernen eine Quelle des Glücks sein, wenn es entspannt, ohne Druck, mit echtem Interesse und in gemächlichem Tempo vonstattengeht. Dann befinden wir uns im Flow und diese Art von Lernen belohnt unser Gehirn, wie Sie mittlerweile wissen, mit Glückshormonen.

Ungünstig ist es auch, wenn Sie überkritisch sind und sich nach jedem kleinen Fehler selbst zerfleischen. Wenn Sie sich nach einer Testklausur zum Beispiel als Erstes fragen: »Was ist da bloß wieder alles schiefgelaufen?«, wird Ihr Unterbewusstsein Ihnen eine Liste präsentieren mit allen Dingen, die Sie möglicherweise verbockt haben. Das wird Sie nicht positiv motivieren, sondern höchstens ängstigen. Angst wirkt auf Motivation und Lernfähigkeit wie ein Bremsklotz.

Viel besser ist es, wenn Sie zunächst fragen: »Was ist gut gelaufen?« Selbst, wenn Sie ahnen, dass Sie nicht alles richtig gemacht haben. Niemand ist perfekt, Sie *dürfen*, nein, Sie *müssen* Fehler machen. Wenn Sie nun also fragen: »Was ist gut gelaufen?«, wird Ihnen Ihr fleißiges Unterbewusstsein ebenfalls eine Liste präsentieren. Aber eine, die Sie bestätigt, Ihr Selbstvertrauen aufbaut und Sie zum weiteren Lernen motiviert. Natürlich sollten Sie dennoch Ihre Fehler analysieren, um aus ihnen lernen zu können. Aber es ist besser, das nicht in Panik zu tun, sondern ganz entspannt. Seien Sie sich selbst gegenüber gutmütig. Denken Sie daran, das Schlimmste, was passieren kann, ist nicht, dass Sie Fehler machen, sondern dass Sie die Motivation verlieren und aufgeben. Nur dann haben Sie wirklich keinen Lernerfolg.

PRÜFUNGSANGST AUSTRICKSEN

Leiden Sie unter Prüfungsangst? Dann spielen Sie vor der Prüfung Detektiv. Machen Sie sich schlau, in welchem Raum die Prüfung stattfinden wird. Statten Sie diesem Raum mindestens einen Besuch ab – je häufiger Sie dort waren, desto besser – und laden Sie ihn mit positiven Gefühlen auf. Zum Beispiel, indem Sie jeweils beim Betreten die Suggestion setzen: »Immer, wenn ich diesen Raum betrete, erinnere ich mich an...« An die Stelle der Punkte setzen Sie eine schöne, entspannende Erfahrung. So kommt erst gar keine Angst oder Verkrampfung auf. Weitere mögliche Suggestionen sind: »Das hier ist der Raum, in dem ich voll und ganz entspannen kann« oder »In diesem Raum kommt mir eine Idee nach der anderen«.

Üben Sie zu Hause außerdem die Visualisierung von der »Himmelstreppe« (S. 162 – 165) und bauen Sie den Ort Ihrer Prüfung ein, bis er sich untrennbar mit einem Wohlgefühl verbunden hat. Setzen Sie dann einen Anker, den Sie am Tag der Prüfung anwenden.

Falls Sie nicht wissen, in welchem Raum die Prüfung stattfinden wird, oder sich der Ort kurzfristig ändern kann, stellen Sie sich zusammen mit den Suggestionen eine allgemeine Prüfungssituation vor. Üben Sie den ABC-Flow, wann immer Sie das Gefühl haben, dass Panik aufkommt – dann haben Sie gar keine Kapazitäten für Angst.

DER TEXTMARKER IM KOPF

Auch wenn Sie sich gerade nicht in der Prüfungsvorbereitung befinden, ist es hilfreich, sich Wichtiges sofort zu merken – umso weniger Arbeit haben Sie später. Immer wenn Sie beim Lesen auf etwas besonders Bemerkenswertes stoßen, können Sie den Inhalt sofort fest in Ihrer Erinnerung verankern.

Mir hilft da immer ein gelber Textmarker.

Kein echter gelber Textmarker, sondern ein vorgestellter. Wenn ich zum Beispiel beim Lesen denke: »Oh, das muss ich mir unbedingt merken!«, halte ich das Buch rechts oben neben meinen Kopf, sodass ich den Text nur lesen kann, wenn ich den Kopf nach rechts drehe. Dann schaue ich auf diese Stelle und lese sie immer wieder, während ich das Buch langsam von rechts nach links bewege, bis sich das Buch schließlich links neben meinem Kopf befindet. Dabei stelle ich mir vor, dass der Text im gleichen Tempo, wie ich das Buch bewege, mit dem gelben Marker markiert wird. Damit schafft man eine stabile Verankerung im Kopf.

Das Erste, was ich mit diesem Trick in den Griff bekommen habe, ist meine Rechtschreibschwäche, die mich als Kind sehr geplagt hat. Wenn ich beim Lesen auf ein orthografisch schwieriges Wort stoße, von dem ich weiß, dass ich es nicht auf Anhieb richtig schreiben kann, wende ich den Textmarker-Trick an – und kann es in Zukunft ohne Probleme schreiben.

Kapitel 17

Nie mehr Aufschieberitis: Wie Sie das berauschende Gefühl des Erfolgs hervorkitzeln, Ablenkungen austricksen und immer mit Spaß bei der Sache sind

Nicht weil es schwer ist, wagen wir es nicht, sondern weil wir es nicht wagen, ist es schwer.

Seneca

Leiden Sie an Aufschieberitis oder wie es offiziell heißt »Prokrastination« – das zwanghafte Aufschieben wichtiger Erledigungen auf später? Lernen Sie immer in letzter Sekunde für Prüfungen? Machen Sie Ihre Steuererklärung auf den letzten Drücker? Packen Sie vor dem Urlaub erst in der Nacht, bevor es losgeht? Dann fehlt Ihnen wahrscheinlich eine Belohnung für Ihr Tun, die Sie Leidenschaft für die jeweilige Tätigkeit entwickeln lässt! So ähnlich ging es auch den Kindern in einer kleinen Geschichte, die mir ein Kollege erzählt hat.

Frust statt Lust – der Teufelskreis fehlender Erfolgserlebnisse

Ein Lehrer hatte eine Problemklasse, die Kinder darin schnitten fast alle bei sämtlichen Klassenarbeiten schlecht ab. Sie hatten dadurch keine Erfolgserlebnisse, die Belohnung fürs Lernen blieb aus. Dass erfolgreiches Lernen und erfolgreich bewältigte Aufgaben zu einer Dopamin-Ausschüttung im Gehirn führen und Spaß machen können, erlebten diese Schüler nie. Darum wurden ihre Leistungen immer schlechter. Die Lust zu lernen dümpelte auf einem Dauertief herum, die Schüler schoben das Lernen auf die lange Bank und galten beim Lehrerkollegium und den Eltern als faul.

Ein Teufelskreis: Wenn man immer wieder hört, man könne nichts, und immer wieder erlebt, wie es sich anfühlt, *nichts* zu wissen, wird das zum Normalzustand. Das Nichtlernen und Nichtwissen wird tatsächlich zu einer Gewohnheit. Die fragwürdige Belohnung des Nichtlernens ist dabei, dass die Schüler die Nachmittage frei von der Schule haben. Sie »sparen« Zeit, weil sie sich nicht vorbereiten. Dahinter steckt allerdings ein Frustgedanke: »Ach, bringt ja doch nichts, da kann ich es auch gleich sein lassen.« Das Selbstvertrauen und die Motivation sinken ins Bodenlose.

Zum Glück für die Schüler kam der Lehrer dieser Schulklasse plötzlich auf die Idee, den Schülern zu vermitteln, wie sich Erfolg beim Lernen anfühlt. Das machte er auf ziemlich clevere Art und Weise: Ein halbes Jahr lang ließ er die Schüler jeden Tag einen kleinen Test schreiben, der so im Lehrplan nicht vorgesehen war. Der Unterschied zu herkömmlichen Tests war dabei, dass die Schüler die Fragen und die Antworten am Vortag mitbekamen. Sie wussten also genau, was drankommt. Alles, was sie tun mussten, war, die Minimalanstrengung aufzubringen, sich die Fragen und Antworten einmal anzuschauen. Und das taten sie. Dadurch lernten sie zum einen jeden Tag ein überschaubares Häppchen des Stoffes, zum anderen erlebten sie das Hochgefühl, wenn man etwas weiß und eine gute Note bekommt. Das Ergebnis war durchschlagend: Plötzlich fingen die Kinder auch in anderen Zusammenhängen an zu lernen – sie wollten sich wieder erfolgreich fühlen. Die leichten Tests haben die Motivation befeuert, später beim richtigen Test dieses berauschende Erfolgsgefühl noch einmal zu erleben. Dafür zu lernen, fiel ihnen auch plötzlich leichter, weil sie den Stoff ja schon einmal gelernt hatten. Die Abwärtsspirale war erfolgreich durchbrochen.

Was das für Sie bedeutet?

Gerade, wenn die Aufgabe übergroß scheint und Sie darum abschreckt, sollten Sie sich nicht überfordern. Mal wieder sind es die kleinen Schritte, die den langfristigen Erfolg und damit den Spaß an der Sache ausmachen. Wenn Sie zum Beispiel eine neue Sprache lernen, lernen Sie besser täglich fünfzehn Minuten als einmal die Woche eine Stunde und 45 Minuten. Auch wenn Sie dabei unterm Strich die gleiche Menge Zeit aufwenden, ist der Lerneffekt beim Häppchen-Lernen viel größer. Außerdem lernt es sich deutlich leichter. Der Lernstoff bleibt besser im Gedächtnis und Sie haben auch täglich ein Erfolgserlebnis, wenn Sie kurz den Lernstoff vom Vortag noch einmal überfliegen und merken: »Super, das kann ich ja schon!« Das Dopamin ist Ihnen sicher.

Warum prokrastinieren Sie? Viele Gründe – ein Problem

Die Gründe für Aufschieberitis sind, zumindest auf den ersten Blick, zahlreich. Dazu gehören mentale, physische oder emotionale Müdigkeit – also das Gefühl, jetzt einfach zu geschafft oder nicht in der Stimmung zu sein, um sich an die Steuererklärung, das Referat oder das Training zu machen.

Außerdem lähmen Ängste, etwas nicht zu schaffen. Das beruht oft auf alten, negativen Erfahrungen. Vielleicht denken Sie: »Ich habe damals die Ausbildung geschmissen, warum sollte ich die Prüfung jetzt schaffen?« Dann weicht man so lange aus, bis der Zeitdruck so groß ist, dass man nicht mehr anders kann. Wer aber so lange wartet, erhöht nicht nur exorbitant sein Stresslevel, sondern auch die Wahrscheinlichkeit eines Misserfolgs. Außerdem wird die ganze Angelegenheit im Erfahrungsschatz unter »Stress« abgelegt und nicht unter »positives Erlebnis«. Die Wahrscheinlichkeit ist auf diese Weise hoch, dass man das nächste Mal wieder vor einer ähnlichen Aufgabe zurückschreckt.

Ungeduld und darum zu schnelles Aufgeben ist ebenfalls ein Grund fürs Prokrastinieren. Man verliert die Lust, wenn es nicht direkt klappt, wie man sich das vorgestellt hat. Etwa, weil man erwartet, dass man in einer neuen Fremdsprache nach einer Woche bereits fließend parlieren kann oder nach einer Woche Krafttraining aussieht wie der junge Arnold Schwarzenegger. Auch der Versuch, perfekt zu sein, kann lähmen, genauso, wie etwas zu sehr zu wollen. Dann verkrampft man aus Furcht vor dem Misserfolg.

All diese Probleme haben jedoch eines gemeinsam:

Man richtet den Blick einmal wieder *nicht* auf die kleinen Schritte, die zum Ziel führen! Dabei ist genau das die Strategie, die letztlich den Erfolg bringt. Wer kleine Schritte geht und jeden kleinen Teilerfolg – jeden Schritt – auskostet, genießt den Weg und kommt eines Tages an seinem Ziel an. Früher oder später.

In Etappen gegen die Aufschieberitis

Ich gebe es zu, ich mache mich nur ungern an alles, was mit Steuern und Buchführung zu tun hat. Mittlerweile habe ich zum Glück einen ganz tollen Steuerberater, der die Steuererklärung für mich erledigt. Trotzdem muss ich natürlich immer noch meine Belege sortieren, darauf notieren, warum ich diese Ausgaben hatte, wen ich bewirtet habe und so weiter. Aber ich habe es lange nicht einmal auf die Reihe bekommen, die Belege grob vorsortiert in einen Karton zu werfen! Mein Manager kann das bestätigen. Es kommt immer noch ab und zu vor, dass ich dasitze und sage: »Ulf, wenn ich das jetzt mache, dann ist mein ganzer Tag versaut, weil ich dann den ganzen Tag mit diesem Mist beschäftigt bin.«

Aufschieberitis par excellence! In meinem Kopf gibt es ein Teufelchen und ein Engelchen in solchen Momenten. Das Engelchen guckt mich nur mahnend an wie Fräulein Rottenmeier. Das Teufelchen grölt: »Versaut, versaut, der Tag ist versaut. Lass die blöde Steuer sein, den Tag zu genießen, ist wichtiger, das Leben ist zu kurz für blödes Quittungssortieren!« Wenn ich also auf das Teufelchen höre, kommt dabei heraus: Ich sortiere meine Quittungen nicht. Die Belohnung dafür: Ich kann den Tag genießen.

Denke ich jedenfalls ...

Erinnern Sie sich noch an die Selbstreflexionsübung aus Kapitel acht? Die Drei-Spalten-Übung, wenn einen plötzlich die Motivation beim Erreichen der Ziele verlässt? Diese Übung ist auch in einer akuten Aufschieberitis-Krise hilfreich – in der Fortgeschrittenenversion. Sie brauchen ein Blatt Papier, das Sie in drei Spalten aufteilen. In der ersten Spalte wird der Gedanke notiert, der Sie gerade an der Ausführung Ihres Vorhabens hindert. In meinem Quittungsbeispiel ist das nun ein trotziges:

»Ich will die Quittungen nicht sortieren, weil ich lieber den Tag genießen möchte.«

In die mittlere Spalte schreibe ich mögliche Konsequenzen, wenn ich diesen Gedanken in die Tat umsetze:

»Wenn ich die Quittungen heute nicht sortiere, dann ...«

Ja, was dann? Mal überlegen: Ich bin selbstständig. Das heißt, wenn ich meine Quittungen nicht sortiere, kann mein Steuerberater die Steuererklärung nicht fertigstellen. Dann werde ich Zusatzzahlungen haben, weil das Finanzamt für jeden Tag, den ich die Steuererklärung nicht abgebe, Säumniszuschläge erhebt. Es kostet mich also richtig etwas. Außerdem bekomme ich Stress, denn die Quittungen sortieren sich nicht selbst, sie werden nur täglich mehr. Ich weiß genau, ich muss sie irgendwann abgeben. Morgen ist dann bestimmt wieder so ein Tag, den ich genießen will. Morgen habe ich aber neben dem Sortieren der Quittungen vermutlich noch etwas Neues und ganz Wichtiges zu tun. Ich bekomme darum noch mehr Stress. Und dieser Stress versaut mir als unterschwelliges schlechtes Gewissen und Druckgefühl schon den heutigen Tag, den ich doch so gern genießen möchte.

Fassen wir mal zusammen:

Wenn ich die Quittungen nicht sortiere, dann ...

- ... kostet mich das viel Geld.
- ... bekomme ich Stress.
- ... bekomme ich ein schlechtes Gewissen.
- ... bekomme ich noch mehr Stress.
- ... macht das auch niemand anders für mich.
- ... kann ich den Tag heute deswegen doch nicht genießen.

Sieht schon nicht mehr so wahnsinnig angenehm aus, mein ach-so-genussvoller Tag, oder? Nun haben wir es hier aber mal wieder ausschließlich mit negativen Motivationen zu tun und Angst, das haben wir schon gesehen, ist langfristig kein guter Motivator. In der dritten Spalte kombiniere ich darum nun den hindernden Gedanken und dessen Konsequenzen und kehre sie in eine oder mehrere positive Suggestionen um. Daraus wird dann:

Ich möchte heute die Quittungen sortieren, denn dann ...

- ... spare ich Geld und kann mir etwas Schönes leisten.
- ... kann ich mich super entspannen.

- … bin ich ein wahrer Held.
- … kann ich den Rest des Tages wirklich genießen.
- … ist das endlich gemacht.
- … kann ich auch die nächste Zeit voll und ganz genießen.

Klingt doch schon viel netter, nicht wahr?

Also weiter. Ich mache den ABC-Flow und zur Sicherheit noch den Atemzirkel, um das Geschnatter meiner Alltagsgedanken zum Schweigen zu bringen. Dann setze ich in wunderbarster Entspannung die eben entwickelten Suggestionen und stelle mir so plastisch wie möglich vor, wie es ist, wenn ich das Ziel erreicht habe.

Und dann?

Mache ich doch nichts.

Warum denn das nun wieder?

Ganz einfach: Weil ich hier schon wieder den Fehler gemacht habe, ausschließlich auf das Ziel zu gucken. Das nun durchaus sehr erstrebenswerte Ziel mit seinen tollen Belohnungen erscheint mir nämlich leider so weit weg wie das Abitur, als ich gerade in die fünfte Klasse gekommen bin. Das Problem: Ich habe bedauerlicherweise nicht nur ein paar Belege auf dem Schreibtisch liegen, die ich mal schnell wegsortieren könnte. Nein, ich habe einen wahren Berg angehäuft. Einen Mount Everest aus Quittungen, weil ich mich seit Monaten nicht daran gesetzt habe. Dieser Berg wirkt auf mich unglaublich hoch und unglaublich einschüchternd. Den kann ich unmöglich heute bewältigen! Wenn ich unten am echten Mount Everest stehe und erkläre: »Heute gehe ich hoch auf die Spitze!«, sagt schließlich auch jeder – zu Recht: »Das schaffst du nicht, du bist bekloppt.«

Das stimmt!

Was ich aber heute schaffen kann: Ich kann zur ersten Station gehen. Was ich morgen schaffen kann: Ich kann weiter zur zweiten Station gehen. Auf der zweiten Station mache ich vielleicht einen Tag Pause, dann gehe ich weiter zur dritten Station. Dann mache ich noch mal einen Tag Pause und dann gehe ich bis zur Spitze. Erinnern Sie sich an den »Erfolgsfilm« von Seite 148 f. – da geht es auch um die wichtigen Etappen.

Übertragen auf die Quittungen wird auch die Besteigung des Quittungsberges plötzlich einfacher zu überblicken, wenn ich ihn in ganz kleine Etappen unterteile. Etappen, nach deren Bewältigung jeweils eine Belohnung auf mich wartet. Wichtig ist, dass ich loslaufe, weil ich das Ziel der ersten Etappe schon sehe und die erste Belohnung schon winkt. Dann ist bereits die größte Hürde überwunden! Selbst wenn ich erst einmal nur ein paar Quittungen aus dem Stapel ziehe, aufklebe, beschrifte und ablege. Den Anfang gemacht zu haben, motiviert, und den Stapel schrumpfen zu sehen ebenfalls.

Aus meinen Suggestionen wird nach dieser kleinen Änderung zum Beispiel:

Ich möchte täglich eine Viertelstunde Quittungen sortieren, denn dann ...

- ... spare ich Geld und kann mir etwas Schönes leisten.
- ... kann ich mich super entspannen.
- ... bin ich ein Held.
- ... kann ich jeden Tag ohne schlechtes Gewissen genießen.

Eine Viertelstunde ist überschaubar, das kann man selbst mit einer ausgeprägten Steuerkram-Unlust schaffen. Sie können sich natürlich auch zwanzig Minuten daran setzen oder eine halbe Stunde. Wichtig ist, dass ich nach der festgelegten Zeitspanne auch wirklich aufhöre – und den Tag genieße und mich daran freue, meinen inneren Schweinehund überwunden zu haben. Das alleine ist schon eine tolle Belohnung für die Psyche. Vielleicht gönne ich mir aber zusätzlich auch etwas Besonderes, einen Becher im Eiscafé oder einen gemütlichen DVD-Abend, um meinem Unterbewusstsein unmissverständlich klarzumachen, dass diese neue Gewohnheit wirklich was Tolles ist. Ich muss meine Belohnung bekommen, sonst wird aus der angestrebten täglichen Ablageroutine nämlich nichts – weil sich keine Routine entwickelt. Ein mehrstündiger Quittungssortier-Kraftakt direkt am ersten Tag würde mir die Lust verderben und meine schönen Suggestionen ad absurdum führen.

Und wissen Sie was? Jeden Tag, nachdem ich heldenhaft meine Quittungen abgelegt habe, fühle ich mich plötzlich wie der König der Welt. Es ist nur der bescheuerte Kopf, der mich gebremst hat, nichts Reales. Ich lerne ganz schnell, dass Quittungen nicht wehtun und ich für diese Tätigkeit fürstlich belohnt werde.

Also noch einmal zum Mitschreiben. Wenn Sie auch unter Aufschieberitis leiden, folgen Sie dem Plan:

- Langfristige Ziele entwickeln und deren Belohnungen festlegen.
- Kurzfristige Ziele entwickeln und deren Belohnungen festlegen.
- Den Weg in zu bewältigende Etappen aufteilen.
- Das in Suggestionen umsetzen und in Selbsthypnose verankern.

Sie können auf diese Weise nahezu alles schaffen. Selbst ein Buch ist irgendwann geschrieben, wenn Sie jeden Tag nur eine einzige Seite, ach was, eine halbe Seite, verfassen. Wenn Sie täglich nur zehn Minuten Gymnastik machen, haben Sie bald einen trainierteren Körper als jemand, der einmal die Woche zwei Stunden an Kraftmaschinen abreißt. Sie können diese Methode auf fast alles anwenden! Wenn ich auf ein Prokrastinationsproblem stoße, mache ich mir das immer wieder aufs Neue bewusst – und trete in Aktion.

Worauf warten Sie noch?

TEILEN SIE IHREN ERFOLG MIT DER WELT

Wir haben eine Kultur, in der wir es oft gar nicht richtig auskosten, etwas geschafft zu haben. Aus Angst, dass bei anderen Neid ausgelöst werden könnte, kehren wir unsere Erfolge unter den Teppich. Dann macht es natürlich auch weniger Spaß, etwas zu lernen und zu erreichen. Es ist aber etwas anderes, seinen Erfolg plakativ zur Schau zu stellen, um zu zeigen »Seht alle her, ich bin der Größte!«, als sich einfach ehrlich zu freuen, dass man etwas geschafft hat.

Machen Sie es sich zur Gewohnheit, andere in Ihre Erfolge mit einzubeziehen. Wenn Sie Ihre Quittungen sortiert haben, rufen Sie einen Freund an und laden Sie ihn zu Kaffee und Kuchen ein. Gehen Sie mit Ihrem Partner endlich mal wieder ins Kino.

Wenn man diesen Spaß am Erfolg teilt, indem man zum Beispiel eine kleine Feier veranstaltet oder auch einfach nur breit grinsend und bestens gelaunt durch die Stadt läuft, macht man die Belohnung für das eigene Tun nicht nur ungleich größer – man gibt damit auch anderen Menschen etwas. Die gute Laune, das wunderschöne Gefühl, wird gespiegelt.

Die bösen Ablenkungen – einfach austricksen

Alles schön und gut, aber Sie lassen sich auch vom besten Plan trotz tollster Ziele immer wieder ablenken? Wenn Sie zum Beispiel soziale Netzwerke, Ihr E-Mail-Programm oder WhatsApp extra ausschalten, um konzentriert arbeiten zu können, schalten Sie es spätestens nach einer halben Stunde trotzdem wie ferngesteuert wieder an und reißen sich aus dem Flow? Mit dem Gedanken: Nur mal kurz gucken? Und dann bleiben Sie doch wieder kleben und die Aufschieberitis nimmt ihren Lauf?

Dann sind Sie in guter Gesellschaft, so geht es vielen. Das Ablenkungsproblem lässt sich aber ähnlich in den Griff bekommen wie die kleinen Alltagslaster aus Kapitel zwölf:

- *Schritt: Spüren Sie den Auslöser auf*
Wenn Sie den sozialen Netzwerken trotz besten Vorsätzen nicht widerstehen können, wird dieses Verhalten durch einen bestimmten Reiz ausgelöst, auch wenn Sie das wahrscheinlich gar nicht mehr merken.
Legen Sie sich darum einen Zettel und Stift neben den Computer. Spüren Sie plötzlich den Impuls, Ihre Steuererklärung Steuererklärung oder das Lernen Lernen sein zu lassen und stattdessen das soziale Netzwerk anzuklicken, halten Sie kurz inne.
Fragen Sie sich:
Was passiert hier gerade? Bin ich müde geworden? Bin ich auf ein nicht unmittelbar lösbares Problem gestoßen? Fühle ich mich einsam?
Notieren Sie das Ergebnis.
Dann fragen Sie sich:
- *Schritt: Was ist die Belohnung, die ich bekomme, wenn ich mich ablenken lasse?*
Das kann eine Pause sein. Sozialer Kontakt zu anderen. Oder auch das Gefühl, ein paar Minuten nichts leisten zu müssen. Horchen Sie in sich hinein, was Ihr Beweggrund sein könnte. Notieren Sie alle möglichen Gründe.
- *Schritt: Suchen Sie einen Ersatz*
Sie brauchen nun eine neue Gewohnheit, die die gleiche Belohnung bereitstellt, aber ohne die Nachteile der alten Gewohnheit. Ein eklatanter Nachteil wäre es, dass man statt »mal eben zu gucken« eine Stunde im sozialen Netzwerk landet, weil man sich an einer Diskussion beteiligt und dabei völlig den Fokus auf die eigentliche Aufgabe verliert.
Wenn der in Schritt eins identifizierte Impuls wieder zu-

schlägt, probieren Sie jetzt also andere, vorher festgelegte Tätigkeiten aus, die die gleiche Belohnung bringen. Wenn Sie eine Pause brauchen, stehen Sie auf und holen Sie sich eine Tasse Kaffee. Fehlt Ihnen sozialer Kontakt machen Sie auch eine Tasse Kaffee, gehen dabei aber zum Beispiel in die Büroküche, wo andere Kollegen sind. Sind Sie müde, machen Sie eine Entspannungsübung oder einen kleinen Spaziergang. Brauchen Sie Entlastung, arbeiten Sie vorübergehend an etwas Leichterem, das auch erledigt werden muss. Und so weiter.

- *Schritt: Etablieren Sie die neue Gewohnheit*
  Sobald Sie Ihren Ersatz gefunden haben, müssen Sie nur ein paar Tage dabeibleiben, bis sich Ihr Gehirn daran gewöhnt hat, auf den Auslöseimpuls die neue Tätigkeit zu fordern, um die gleiche Belohnung zu bekommen.

Übrigens: Sie können zum gleichen Zweck auch das hypnotische Interview von Seite 211 f. machen.

Kapitel 18
Selbsthypnose im Sport: Höher, schneller, weiter – wie Sie schaffen, was Sie nie für möglich gehalten haben

Es ist der Geist, der sich den Körper baut.

Friedrich Schiller

Auch wenn ich mich heute mehr auf Hypnose konzentriere – bekannt geworden bin ich einer breiteren Öffentlichkeit zunächst als Gedankenleser. Beim Gedankenlesen ist nach einer Weile sehr viel Intuition im Spiel und irgendwann kommt man an einen Punkt, an dem man nicht mehr alles rational erklären kann – was übrigens nicht bedeutet, dass das unmöglich ist.

Der Körper reagiert ohne Verzögerung auf Gedanken

Wenn man aber mit dem Gedankenlesen beginnt, gibt es ganz handfeste Regeln, an die man sich halten kann. Das ist vor allem das Wissen darum, dass jeder Gedanke eine körperliche Entsprechung hat. Ausnahmslos jeder. Manchmal sind diese Effekte winzig klein, sodass wir sie nicht mitbekommen. Oft sind sie so alltäglich, dass sie uns nicht mehr auffallen. Wenn Sie alle Übungen in diesem Buch mitgemacht und ausprobiert haben, haben Sie ja schon erlebt, wie der Körper auf unsere

Vorstellung reagiert. Zum Beispiel, als Sie sich warme Hände erdacht haben. Genauso wie der Körper den Geist beeinflusst, beeinflussen die Gedanken den Körper. Doch man kann viel mehr als nur die Temperaturempfindung gedanklich beeinflussen.

Wir alle kennen Sprichworte wie »Da gefriert das Blut in den Adern«, »Da packt mich das kalte Grausen« oder »Es läuft mir kalt den Rücken herunter«. Dann haben wir etwas Bedrohliches gesehen oder daran gedacht und unser Körper zeigt Stressreaktionen. Dazu gehört es, das Blut aus Haut, Händen und Füßen abzuziehen, zugunsten der Durchblutung der großen Muskeln, die zur Flucht nötig wären. Die Folge: Wir frösteln. Auch die Wendungen: »Da läuft mir das Wasser im Mund zusammen« oder »Mir knurrt der Magen« kennt jeder. In der Regel haben wir dann etwas Leckeres zu essen gesehen oder daran gedacht und der Körper bereitet sich auf die Nahrungsaufnahme vor, indem er Verdauungssäfte bereitstellt.

Aber auch unsere Muskeln reagieren auf Gedanken. Denkt man »links« gibt es winzige Muskelbewegungen nach links, denkt man »rechts« ziehen sich auf der rechten Körperseite die Muskeln in winzigen Mikrobewegungen zusammen. Beim Kontaktgedankenlesen, also wenn ich einen Menschen am Ellbogen berühre und dabei erraten soll, wo er einen Gegenstand versteckt hat, kann ich erspüren, an welche Richtung er denkt.

Dieser Effekt hat einen Namen: Carpenter-Effekt, nach dem britischen Naturwissenschaftler und Arzt William Benjamin Carpenter. Carpenter hat diesen Wirkmechanismus Ende des 19. Jahrhunderts erstmals nachgewiesen. Sportler können mithilfe dieses wunderbaren Effektes Verletzungspausen überbrücken, indem sie ihr Training mental fortsetzen. Sie können auch ihre Technik verbessern, indem sie sich einen Bewegungsablauf – zum Beispiel einen Aufschlag – intensiv vorstellen.

Nicht umsonst spielen Trainer verschiedenster Sportarten ihren Schützlingen oft Videos anderer Sportler vor, die sie für nachahmenswert halten. Allein das wiederholte Anschauen eines Bewegungsablaufes initiiert die gleiche Bewegung im Betrachter – auch wenn sie fast nicht wahrnehmbar ist. Die Spiegelneuronen spielen auch hier eine wichtige Rolle.

Wenn Sie ein Vorbild in Ihrer Sportart haben, ist es eine sehr gute Idee, sich Aufnahmen von berühmten Spielen oder Wettkämpfen zu besorgen und sie immer wieder aufs Neue aufmerksam anzusehen, in Echtzeit und in Slow Motion – auch wenn Ihr Partner oder Ihre Partnerin Sie vermutlich für einen unverbesserlichen Langeweiler halten wird. Auch das Anschauen von hochklassigen Spielen und Wettkämpfen als Zuschauer direkt vor Ort kann Ihre eigene Performance verbessern. Sehr gut ist auch das Üben mit etwas stärkeren Trainingspartnern – das zieht Sie durch den gedanklichen Nachahmungseffekt und die Aktivität Ihrer Spiegelneuronen mit.

Das folgende Mentalexperiment führt Ihnen plastisch vor Augen, wie unglaublich schnell und tiefgreifend Ihr Geist auf Ihren Körper wirkt.

DER UNGLAUBLICHE GUMMITWIST

Stellen Sie sich stabil auf, die Arme zur Seite gestreckt, die Hände zur Faust geballt, nur die Zeigefinger sind gestreckt. Drehen Sie nun langsam den Oberkörper nach hinten, bis es nicht mehr geht. Folgen Sie dabei Ihrem ausgestreckten Zeigefinger mit den Augen. Merken Sie sich die Stelle, auf die Sie zeigen. Dann drehen Sie sich wieder zurück.

Schließen Sie nun die Augen. Stellen Sie sich vor, wie Sie sich noch einmal drehen, allerdings wirklich nur in Gedanken! Stellen Sie sich vor, Sie drehen sich zehn Prozent weiter als zuvor. Dann drehen Sie sich – weiterhin nur in der Fantasie –

wieder zurück. Anschließend visualisieren Sie, dass Sie erneut den Oberkörper nach hinten drehen. Diesmal aber sogar 30 Prozent weiter als zu Beginn. Drehen Sie sich zurück. Nun stellen Sie sich vor, wie sie sich 50 Prozent weiter drehen als vorher. Weiterhin spielt sich alles nur in Ihrem Kopf ab. Beim vierten Mal schließlich stellen Sie sich vor, dass Sie mit dem Oberkörper einmal ganz auf Ihrem Rumpf herumtwisten, 360 Grad, wie ein Zombie in einem schlechten Film. Das ist natürlich eine Übertreibung und in Wirklichkeit nicht möglich – aber genau solche Übertreibungen sind es, die in der Hypnose manchmal einen besonderen Effekt haben. Einen Effekt, den Sie gleich sehen werden.

Nun machen Sie die Augen wieder auf. Drehen Sie nun wieder in der Realität den Oberkörper nach hinten. So weit es geht. Und? Eindrucksvoll, nicht wahr?

Gewichtheben mit zwei Fingern – kraft der Vorstellung

Die obige Übung zeigt Ihnen, wie allein Ihre Vorstellungskraft Sie flexibler machen kann. Aber Ihre Fantasie kann Sie nicht nur flexibler machen, sondern auch schneller, stärker oder ganz einfach besser. In meinem Repertoire habe ich eine klassische Nummer, die dieses Prinzip eindrucksvoll illustriert. Dabei stütze ich mich, wie so oft, ganz allein auf diesen unglaublich wirksamen Effekt der Vorstellung. Ich bitte für die Nummer immer vier möglichst zierliche Damen nach oben auf die Bühne. Dieses Quartett soll dann gemeinsam, aber mit nur je zwei Fingerspitzen einen Sessel hochheben, auf dem zuvor ein nicht gerade schmächtiger Mann aus dem Publikum Platz genommen hat. Fast immer lachen meine »Versuchskaninchen« erst mal ungläubig und verlegen. Sie können sich nicht vorstellen, dass und wie das funktionieren soll. Tatsächlich schlägt der erste Versuch immer fehl, das Schwergewicht im Sessel wackelt höchstens ein bisschen.

Wir alle haben nämlich irgendwann gelernt, dass wir in den Fingern nicht genügend Kraft für so ein Kunststück haben – es sei denn, wir sind vielleicht Weltmeister im Fingerhakeln oder langjähriger Freeclimber.

Dann wird es spannend.

Ich setze eine nonverbale Suggestion: Ich stelle mich vor jede Frau und vollführe vor ihrem Körper eine Handbewegung von unten nach oben – ich schließe einen gedachten Energiereißverschluss. Keine Energie, so lautet die Botschaft, kann nun mehr aus dem Körper der Frauen entweichen, sie werden stärker. Mit dem Schwergewicht im Sessel mache ich es umgekehrt: Ich öffne einen imaginären Reißverschluss nach unten. Die nonverbale Message dieser Handlung: Seine Energie entweicht, der Gravitation folgend, nach unten. Anschließend bitte ich die vier Damen, es noch einmal zu probieren.

Und siehe da: Es klappt! Mühelos! Die Frauen heben den korpulenten Mann nicht nur ein wenig an, sondern lassen ihn hoch über ihren Köpfen schweben.

Was ist passiert? Habe ich einen geheimen Zauber verwendet? Nein!

Ich habe allein mit meinen simplen Handbewegungen mehrere Dinge bewerkstelligt. Dinge, die es den Teilnehmerinnen ermöglicht haben, über das hinauszuwachsen, was sie gemeinhin für möglich halten. Als Hypnosekünstler genieße ich einen Vertrauensvorschuss, wenn es darum geht, vermeintlich Unmögliches möglich zu machen.

Die Damen glauben: Der Becker macht jetzt etwas, das bewirkt, dass ich das kann, obwohl ich es ja eigentlich nicht kann. Damit öffnen sie sich für einen kurzen Augenblick für die Möglichkeit, dass es klappen könnte. Das ist eine ganz wichtige Sache – die Grundvoraussetzung für Erfolg, ganz egal, was man tun möchte. Ob es nun gilt, schwergewichtige Männer hochzuheben, einen Marathon zu laufen oder ein kompliziertes Fünf-Gänge-Menü zu kochen.

Wer glaubt, er kann nicht, kann nicht. Ganz einfach, weil er den ersten Schritt nicht tut. Wer sich hingegen einfach mal spielerisch erlaubt anzunehmen, dass er etwas – möglicherweise – kann, wagt diesen Schritt. Und wird oft feststellen, dass die Sache gar nicht so kompliziert ist.

Durch meine »geheimnisvollen« Bewegungen helfe ich meinen freiwilligen Mitmachern, sich zu einhundert Prozent auf das zu fokussieren, was sie vorhaben. Ich schaffe einen hypnotischen Moment gebündelter Konzentration. Einen Laserstrahl des Geistes. Und schon funktioniert es.

Fakt ist: Ich könnte auch irgendetwas anderes machen, solange es bewirkt, dass die vier Frauen an sich glauben. Es hätte denselben Effekt. Fakt ist auch: Jeder körperlich gesunde Mensch hat die Fähigkeit zu so einem Kunststück. Sie selbst tragen die Fähigkeit dazu in sich! Diese Geschichte zeigt noch etwas: Damit Suggestionen hypnotisch wirksam werden, reicht schon ein ganz kurzer Moment der Trance.

Du kannst, was du denkst: mentales Training

Sie sehen: Sie müssen sich oft nur intensiv die körperliche Leistung vorstellen, die Sie gerne erbringen möchten, dann wird das Umsetzen ein Kinderspiel! Egal, was für eine Sportart Sie trainieren, probieren Sie es vor dem nächsten Training einmal aus:

- Versetzen Sie sich mit einer der Techniken aus Kapitel sechs in Entspannung.
- Visualisieren Sie sich selbst bei Ihrer unmittelbar bevorstehenden sportlichen Tätigkeit. Wenn Sie zum Beispiel jog-

gen, stellen Sie sich vor, wie Sie schneller joggen als sonst und mit mehr Energie. Steigern Sie vielleicht dazu noch Geschwindigkeit und Energie in Ihrer Vorstellung einige Male nach dem Muster des »unglaublichen Gummitwist« von vorhin, bis Sie wie ein Superheld Ihre gewöhnliche Joggingstrecke entlangflitzen.
- Trainieren und staunen Sie.

Eine Warnung habe ich aber dennoch: Natürlich ersetzt das mentale Training nicht auf Dauer das tatsächliche Training. Es kann dies aber hervorragend ergänzen – vorausgesetzt, die korrekten Bewegungsabläufe werden visualisiert. Das ist extrem wichtig! Es gibt immer wieder Meldungen von Jugendlichen, die sich hinter das Steuer eines Autos gesetzt haben, in der Annahme, sie könnten fahren – und den Wagen sofort gegen die nächste Wand gesetzt haben. Diese jungen Leute haben so ausdauernd Computerspiele gemacht, in denen sie Auto fahren mussten, dass sie zum Schluss überzeugt waren, es tatsächlich zu können. Allerdings waren die im Spiel abgefragten Bewegungsabläufe eben nicht identisch mit den echten, die zum Bedienen eines Fahrzeugs erforderlich sind.

Wenn Sie aber die korrekten Bewegungsabläufe kennen, können Sie mit entsprechender hypnotischer Visualisierung – zusätzlich zu einem vernünftigen physischen Training – folgende Aspekte eklatant verbessern:

- Ausdauer
- Technik
- Taktik
- Geschwindigkeit
- Kraft

Dazu kommt in Wettkämpfen oder Spielen mit einem Gegner die Motivation, das Beste aus sich herauszuholen und ein unerschütterliches Selbstvertrauen, das beim Siegen hilft. Darauf gehe ich an dieser Stelle nicht mehr extra ein – wenn Sie sich in diesen Punkten stärken möchten, lesen Sie noch einmal Kapitel zehn.

Eine multifunktionale Suggestion zur sportlichen Leistungssteigerung, die ich meinen diesbezüglich interessierten Klienten für die tägliche abendliche Selbsthypnose empfehle, ist die folgende:

Du schläfst vor und nach jedem Spiel/Wettkampf/Training absolut entspannt und erholsam.

Im Schlaf tust du alles, was notwendig ist, um dich perfekt auf das Spiel/den Wettkampf/das Training vorzubereiten.

Mit jedem Spiel/Wettkampf/Training spürst du die Entwicklung und bist glücklich, Sportler zu sein.

Dein taktisches Denken und dein Talent fügen sich zur Einheit und lenken deinen Körper.

Ein Nebeneffekt dieser Suggestion ist, dass sie vor wichtigen und aufregenden Wettkämpfen für guten Schlaf sorgt – denn auch ausreichender, stärkender und erholsamer Schlaf ist ein wichtiger Faktor, wenn es um sportlichen Erfolg geht.

Kapitel 19
Besser in jeder Beziehung: Wie Sie mit hypnotischen Tricks Ihre Partnerschaft vitalisieren und mit einer imaginären Feder neue Leidenschaft entfachen

Das Leben ist bezaubernd,
man muss es nur durch die richtige Brille ansehen.

Alexandre Dumas

Das Geheimnis der Hypnose ist, dass sie uns hilft, den Fokus zu verschieben. Den Fokus zu verschieben, ist auch eines der Geheimnisse langfristig glücklicher Beziehungen.

Wenn wir frisch verliebt sind, ist es nicht schwer, nur den Blick auf die Schokoladenseiten des anderen zu richten – schließlich scheint es so, als bestünde er oder sie nur daraus. Eigentlich ist es aber so, dass uns die rosarote Brille der Verliebtheit alles, was durch sie betrachtet wird, positiv bewerten lässt. Hangelt sich die neue Liebe von einem Gelegenheitsjob zum nächsten, dann erscheint uns das, durch die Verliebtheitsbrille betrachtet, als wunderbar unspießig. Jemand, der wenig redet, wirkt tiefgründig, Vielredner dagegen erfrischend und lebendig. Jemand mit großer Allgemeinbildung ist der klügste Mensch der Welt und nimmt er oder sie sich trotz einer unordentlichen Wohnung Zeit, um auf dem Sofa zu liegen und zu lesen, hat er die herrliche Eigenschaft, Fünfe auch mal gerade sein lassen zu können.

Doch was passiert oft nach ein paar Jahren?

Plötzlich scheinen aus denselben Menschen völlig andere Zeitgenossen geworden zu sein. Da ist man auf einmal mit einem unzuverlässigen Taugenichts, einem verklemmten Schweiger, einer Labertasche, einem Besserwisser oder einer Chaotin zusammen. Die rosarote Brille ist irgendwo unterwegs verloren gegangen, stattdessen hat man einen, wie viele meinen, »realistischeren« Blick auf den Partner gewonnen. Aber stimmt das wirklich? Ist der negative Blick wirklich realistischer als der Blick durch die rosarote Brille?

Die Antwort ist: Nein!

Beides ist genau gleich realistisch oder gleich unrealistisch. Erinnern Sie sich an die Übung »Die Medaille drehen« in Kapitel zehn? Machen Sie die doch spaßeshalber mal für Ihren Partner. Sie werden auch hier feststellen: Jede Eigenschaft lässt sich positiv und negativ beleuchten, dennoch bleibt es die gleiche Eigenschaft. Wenn man Jahre mit jemandem verbringt, merkt man natürlich unweigerlich, dass es zu der positiven Seite zwingend auch eine Kehrseite gibt. Das ist vollkommen normal. Aber statt sich in Erinnerung zu rufen, dass kein Mensch eine eierlegende Wollmilchsau sein kann, wollen viele dann plötzlich alles auf einmal vom Partner. Den lässigen, unkonventionellen Typen, in den sie sich verliebt haben, aber gleichzeitig auch den immer verlässlichen Fels in der Brandung. Die quirlige beliebte Freundin, die aber gleichzeitig am liebsten zu Hause ist. Da das nicht geht, werden wir unzufrieden und vielleicht sogar richtig unglücklich, bis hin zur Trennung... Schluss damit!

Die Positiv-Spirale mit kleinen hypnotischen Tricks in Gang setzen

Werden Sie einfach wieder glücklich. Setzen Sie die rosarote Brille wieder auf! Genau das raten auch Psychologen für langes Liebesglück, auch wenn sie nicht von rosa Brillen sprechen, sondern von sogenannten positiven Illusionen. Richten Sie also bewusst den Blick auf die positive Medaillenseite. Erinnern Sie sich, warum Sie sich damals verliebt haben. Das funktioniert wie folgt:

- **Multi-Suggestions-Kompliment.** Ihre Aufgabe ist es, Ihrem Partner ab sofort wieder ehrlich gemeinte Komplimente zu machen. Allerdings erst an zweiter Stelle für Äußerlichkeiten wie für die berühmten schönen Augen. Wichtiger sind Dinge, die der Partner tut. Schauen Sie genau hin. Loben Sie das perfekt gekochte Frühstücksei, das geduldige Spiel mit dem aufmüpfigen Kleinkind, die besonnene Art, mit den Schwiegereltern umzugehen, die Superidee, zusammen ins Schwimmbad zu fahren, oder die Gewohnheit des Partners, sich immer noch fit zu halten ... All das aber nicht nur einmal, sondern täglich. Nach Ansicht von Psychologen sollten nämlich auf eine Kritik fünf Komplimente kommen, wenn die Partnerschaft dauerhaft glücklich sein soll.

Aus meiner Sicht als Hypnosetherapeut kann ich das nur bestätigen, denn Komplimente sind wahre Alleskönner:
- Ein ehrliches Kompliment ist eine Suggestion, die unseren eigenen Fokus auf die Schokoladenseiten des Partners verschiebt.
- Jedes Kompliment ist gleichzeitig eine Suggestion für den Empfänger, die das mit dem Kompliment wertgeschätzte Verhalten verstärkt.
- Ein Kompliment ist außerdem ein verbales Geschenk, das

das Gegenüber bestärkt und ein Wohlgefühl erzeugt. Dieses Wohlgefühl wird unterbewusst mit dem Schenkenden verknüpft. Außerdem wird der Beschenkte den Impuls verspüren, etwas zurückzugeben, und nun seinerseits den Blick auf Ihre positiven Seiten richten. All das erzeugt ein wunderbares Wirgefühl!

- **Nichts ist selbstverständlich!** Bedanken Sie sich. Auch für scheinbar selbstverständliche Kleinigkeiten. Ein »Danke« ist ebenfalls eine Suggestion, die in Bezug auf die gelobte Tätigkeit als positiver Verstärker wirkt. Sie transportiert die Botschaft »Du wirst wahrgenommen und geschätzt«. Wenn man das Gefühl bekommt, dass eine Tätigkeit wahrgenommen und geschätzt wird, wird das Rausbringen des Mülls, das Einkaufen oder auch das Geldverdienen für die Familie gleich viel lieber erledigt. Damit wird Streitereien der Nährboden entzogen und die Stimmung in der Beziehung insgesamt gehoben.
- **Sagen Sie die berühmten drei Worte.** Nein, Ihr Partner weiß nicht automatisch nach all den Jahren, dass Sie ihn lieben. Sparen Sie nicht an ehrlich empfundenen Liebesbekundungen. Sie ahnen es: Auch »Ich liebe dich« ist eine Suggestion und zwar eine tiefenwirksame.
- **Verliebtheit wie am ersten Tag.** Überlegen Sie, wie es war, als Sie sich verliebt haben. Was haben Sie zusammen unternommen? Wie oft hatten Sie Sex? Was für verrückte Dinge haben Sie getan? Wohin sind Sie gereist? Fangen Sie wieder mit diesen Dingen an. Tun Sie einfach so, als ob Sie frisch verliebt wären – das Prinzip des Metamodelling funktioniert auch hier ganz ausgezeichnet!
- **Berührungen sind nonverbale Suggestionen.** Vergessen Sie beim »So tun, als ob« nicht die Körpersprache. Psychologen bemängeln, dass in langjährigen Beziehungen die Berührungen, die nicht als offensichtliches Ziel Sex haben, abnehmen. Während frisch Verliebte sich gerne einfach so

anfassen, umarmen und Küsschen geben, scheint der »nicht zielführende« Berührungsvorrat in späteren Jahren verbraucht. Dabei wird durch leichte, zärtliche Berührungen das Bindungshormon Oxytocin ausgeschüttet. Allein das stärkt die Beziehung.
- **Stoppen Sie negative Gedanken.** Wenn Sie sich innerlich über Ihren Partner aufregen, rauben Sie sich selbst Energie und strahlen Negativität aus. Wenn es sich um etwas wirklich Wichtiges handelt, sollten Sie das natürlich ansprechen, klären und aus der Welt schaffen. Aber alle kleinen Nörgelgedanken wie »Herrje, jetzt hat sie/er schon wieder...« sollten Sie am besten im Keim ersticken. Wie das geht, steht in Kapitel sechs. Befehlen Sie dem Gedanken, weiterzuziehen – und dann lächeln Sie einfach. Was beides bewirkt, haben Sie schon gelernt. Nach ein paar Minuten wissen Sie gar nicht mehr, worüber Sie sich aufgeregt haben...

DER EMOTIONENTRANSFORMATOR

Viele Menschen lassen sich von ihren Emotionen kontrollieren wie jemand, der in eine Brandungswelle geraten ist und herumgewirbelt wird. Sie fühlen sich ihnen hilflos ausgeliefert. Dabei können Sie ganz einfach die Kontrolle übernehmen über Ihren emotionalen Zustand – und damit über die Ihnen zur Verfügung stehende Energie. Diese Übung, die ich auch mit meinen Klienten mache, hilft Ihnen dabei.

Machen Sie die Augen zu.

- Erinnern Sie sich eine Minute intensiv an etwas Trauriges.
- Dann erinnern Sie sich eine Minute lang an etwas Neutrales, etwa daran, was Sie heute gefrühstückt haben.
- Erinnern Sie sich schließlich ebenfalls etwa eine Minute lang intensiv an etwas Wunderschönes, lächeln Sie dabei.

Und? Wie war das? Sie haben gemerkt, dass Sie Ihre Emotionen bewusst erzeugen können. Nicht nur das, Sie können von einem Gefühlszustand in Minutenschnelle bewusst in den anderen wechseln!

Ich gebe meinen Klienten die Hausaufgabe, diese Übung eine Woche lang jeden Tag zu machen. Danach ist man in der Lage, willentlich jede Gefühlslage auszulösen. Dieser Technik bedienen sich auch Schauspieler, die ja auf Kommando weinen oder Begeisterung ausstrahlen können müssen.

Merken Sie sich für den Alltagsgebrauch die Bilder, die bei Ihnen das positive und das neutrale Gefühl auslösen. Wann immer Sie sich von negativen Gefühlen überwältigt fühlen – in Ihrer Beziehung oder anderswo –, denken Sie zunächst an das neutrale Bild, dann rufen Sie die positive Erinnerung ab. So gleiten Sie sachte in ein positives Empfinden hinein – und erhöhen Ihre Ausstrahlung.

DIE TANTRISCHE HERZUMARMUNG

Sie kennen die Herzumarmung bereits aus vorherigen Kapiteln. Auch wenn die Herzumarmung zwischenmenschliche Beziehungen jeder Art bereichert, kommt sie ursprünglich aus dem Tantra, wo sie als Garant für langes Liebesglück gilt. Ihr wird zugeschrieben, die Liebesbeziehung zu harmonisieren und zu festigen. Sie verbindet die Partner stärker und tiefer emotional miteinander und verjüngt die Beziehung. Wenn sie täglich zehn bis fünfzehn Minuten gehalten wird, schaffen Sie genau die liebevolle Verbindung, die in vielen Beziehungen nach ein paar Jahren verloren geht.

Stellen Sie sich einander gegenüber, sodass Sie Ihre Herzen bei einer Umarmung aufeinanderlegen können. Ist einer der Partner sehr viel kleiner, hilft ein Tritthocker, ansonsten kann auch der größere Partner etwas in die Knie gehen. Die Umarmung soll innig, aber nicht zu fest sein. Legen Sie eine Hand auf den unteren Rücken des Partners, die andere auf den oberen, auf jeden Fall so, dass Sie die Umarmung bequem halten können.

Nun schließen Sie beide die Augen. Ihre Aufgabe ist es, in den Körper hineinzuhorchen, den Empfindungen nachzuspüren. Wenn sich Gedanken einstellen, schenken Sie ihnen keine Beachtung, sondern lassen Sie sie ziehen. Konzentrieren Sie sich auf das Innere Ihres Körpers. Und nun spüren Sie, wie die Energie zwischen Ihnen zu fließen beginnt, wie sich Ihre Herzen verbinden und eins werden. Sie spüren Ihre gegenseitige Liebe in jeder Zelle Ihres Körpers und Sie wissen: Diese Liebe wird da sein, so lange Sie es möchten.

Auch die folgende Visualisierung, kann (neue) Leidenschaft entfachen. Lesen Sie den nun folgenden Text einige Male, dann probieren Sie diese kleine hypnotisch-erotische Fantasie in Ihren eigenen Worten mit Ihrem Partner aus. Lassen Sie sich vorher den Ehe- oder Verlobungsring Ihres Partners oder Ihrer Partnerin geben oder einen anderen Gegenstand, den er oder sie stets bei sich trägt, etwa ein Tuch oder einen leichten Schal – denn dieser Ring oder Gegenstand wird durch dieses Ritual mit geheimnisvoller erotischer Kraft aufgeladen. Um den Effekt zu verstärken, können Sie zuvor noch die Visualisierung der energetisierten Hand von Seite 141 in Kapitel neun ausführen.

DIE EROTISCHE FEDER

Schließ die Augen.
Ich möchte, dass du dich auf das wundervollste Gefühl konzentrierst, das du jemals gespürt hast.
Konzentriere dich voll und ganz darauf.

Spüre, wie dieses Gefühl in dir immer stärker und stärker wird.
Konzentriere dich auf die Stelle deines Körpers, an der sich dieses Gefühl befindet.
Welche Temperatur hat es?
Wie bewegt sich dieses Gefühl durch deinen Körper?
Wenn du es ganz intensiv spüren kannst, nicke mit dem Kopf.
(Das Nicken abwarten.)
Sehr gut.
Nun sage mir: Welche Farbe hat dieses Gefühl?
(Die Antwort abwarten.)
Sieh diese Farbe jetzt und beobachte, wie sie sich in deinem ganzen Körper verteilt.
Mach die Farbe heller und stärker.
Du spürst, wie gleichzeitig dein Gefühl immer stärker und stärker wird.
Wenn du die Farbe spürst, dann nicke mit dem Kopf.
Ich halte nun eine wunderschöne Feder in meinen Händen.
Diese Feder ist voll und ganz mit deinem Gefühl erfüllt.
Jede Stelle deines Körpers, die ich mit der Feder berühre, erfüllt sich sofort mit diesem Gefühl wie eine vibrierende, lustvolle Energie.
Ich werde dich jetzt mit der Feder berühren.

(Bewegen Sie Ihre Finger als »Feder« über den Körper mit verspielten Tupfern. Beginnen Sie an den Armen und Beinen, arbeiten Sie sich dann nach oben vor, zum Schluss berühren Sie das Gesicht. Wenn Sie eine starke sexuelle Reaktion auslösen wollen, berühren Sie hauchzart die Lippen und nähern Sie sich anschließend den erogenen Zonen, aber ohne sie tatsächlich zu berühren. Leichte und langsame Berührungen steigern das Empfinden und führen zur Ausschüttung von euphorisierenden Hormonen.)

Und jetzt möchte ich, dass du spürst, wie es sich anfühlt, wenn ich die Feder tief in dich hineinsinken lasse. Atme tief ein

> und beim nächsten Einatmen führe ich die Feder tief in dich ein.

(Auch das ist eine starke sexuelle Assoziation. Legen Sie die Hand ohne Druck auf den Bauch Ihres Partners.)

> Die Energie wird immer stärker unter meiner Hand.

(Massieren Sie den Körper Ihres Partners.)

> Mit jeder meiner Berührungen spürst du dieses wunderbare Gefühl in deinem ganzen Körper.

(Sie verankern hier eine Supersuggestion, die alle Berührungen zu Lustspendern macht.)

> Und nun nehme ich die Feder und deinen Ehering und lasse die Energie deines wundervollen Gefühls von der Feder in den Ring hineinfließen.

> Du hast von nun an dieses wundervolle Gefühl immer bei dir und kannst es jederzeit abrufen.

Immer wenn Ihr Partner oder Ihre Partnerin in Zukunft den Ring (oder den anderen Gegenstand) sieht oder berührt, wird er oder sie an das erotische Ritual denken – und an Sie.

Kapitel 20

Der Mythos vom Durchschlafen, das Geheimnis des Abendjoghurts oder wie Sie einfach schöner schlummern

Gut schläft, wer gar nicht merkt,
dass er schlecht schläft.

Publilius Syrus

Vor einer Weile wurde ich als Tischnachbar Zeuge, wie sich zwei Gäste auf einer Party über ihre Schlafgewohnheiten unterhielten. Einer der beiden erzählte, dass er schon lange unter einem Schlafproblem leide. Er jammerte: »Es ist wie verhext. Ich werde mitten in der Nacht wach, wälze mich hin und her und kann erst ganz früh am Morgen wieder einpennen. Dann bin ich morgens total gerädert und sehe aus wie ein Zombie.« Der andere meinte: »Das Aufwachen kenne ich. Ich werde immer so gegen drei wach. Aber ich versuche dann erst gar nicht, wieder einzuschlafen. Ich stehe auf und mache irgendwas und wenn ich schläfrig werde, lege ich mich wieder hin.« Dieser Mann bekam genauso viel oder wenig Schlaf wie der andere, aber hatte das Gefühl, gut zu schlafen. Wie kann das sein?

Wer aufwacht, schläft normal

Des Rätsels Lösung ist die Bewertung des nächtlichen Aufwachens als Problem. Dem liegt die Mär vom Durchschlafen zugrunde, etwas, was in unserer Gesellschaft fälschlicherweise als das Normale angesehen wird. Wissenschaftler haben aber längst im Schlaflabor nachgewiesen, dass wir alle nachts aufwachen und zwar richtig häufig – bis zu unglaubliche zehn Mal pro Stunde. Das ist ein evolutionäres Erbe aus Zeiten, als die Menschen noch unter freiem Himmel oder in Höhlen schliefen und immer mal wieder prüfen mussten, ob auch noch alles in Ordnung ist und sich kein wildes Tier oder feindlicher Stamm angeschlichen hat. Oft sind wir dabei sogar länger als eine Minute wach. Allerdings bekommen wir davon nichts mit, sofern nicht etwas unsere Aufmerksamkeit fängt – zum Beispiel ein ungewohntes Geräusch in der Wohnung. In diesem Fall würden wir dann richtig wach.

Erst wenn wir länger als fünf Minuten wach liegen, kommt uns das zu Bewusstsein. Aber auch das ist normal und passiert bis zu vier Mal jede Nacht. Wenn wir jedoch länger wach liegen, haben wir das Gefühl, ein Schlafproblem zu haben. Die Betroffenen versuchen dann oft krampfhaft und mit dem Blick auf den tickenden Zeiger der Uhr, wieder einzuschlafen. Weil einzuschlafen mit Gewalt aber ungefähr so Erfolg versprechend ist, wie sich vor eine Katze zu stellen und zu fordern, dass sie jetzt bitte ein Bällchen apportieren soll, ist das Resultat ein wildes Herumwälzen wie bei dem Partygast mit dem Schlafproblem. Dabei kreisen die Gedanken im Kopf um den nächsten Tag. Darum, was man alles zu tun hat, warum man dafür Energie braucht und ausgeschlafen sein muss. Das verursacht Stress, Adrenalin wird ausgeschüttet ...

Schlimmstenfalls schläft man tatsächlich lange nicht wieder ein. Dabei wäre es viel besser, aufzustehen und etwas zu tun.

Sie sollten natürlich nicht unbedingt einen Horrorfilm anschauen, aber lesen, sich eine Tasse Tee machen, die Sterne anschauen wären gute Möglichkeiten – so lange, bis Sie wieder müde werden. So, wie das der Partygast, der ohne Schlafproblem, ja instinktiv auch tut.

Der erste und der zweite Schlaf

Damit hängt er einer langen Tradition an: Es war jahrhundertelang so, dass es normal war, nachts in zwei Blöcken von je vier Stunden zu schlafen. Der sogenannte erste und der zweite Schlaf. Dazwischen lag eine wache Stunde, in der die Menschen einfach aufstanden. In dieser Stunde las man, besuchte Freunde, hatte Sex. Die Kirche empfahl natürlich, in dieser nächtlichen Stunde zu beten, extra für diesen Zweck gab es eigene Gebetbücher. Erst mit der Erfindung des elektrischen Lichts war Schluss mit der nächtlichen Aktivphase. Die Menschen legten sich später schlafen und waren darum zu kaputt, um mitten in der Nacht aufzustehen. Forscher haben aber herausgefunden, dass Probanden, die sich für vierzehn Stunden in völliger Dunkelheit aufhalten und kein elektrisches Licht zur Verfügung haben, genau wie die mittelalterlichen Schläfer für eine Stunde aufwachen und diese Zeit mit ruhigen Tätigkeiten verbringen.

Das ist auch der Tipp aller Schlafforscher und der, den ich Ihnen geben würde: Wenn Sie aufwachen, nehmen Sie das einfach so hin und nutzen Sie die Zeit zu etwas Schönem. Denn dann kommen Sie erst gar nicht in unfruchtbare Gedankenspiralen hinein und der Schlaf stellt sich mit hoher Wahrscheinlichkeit irgendwann von alleine ein. Wenn man sich das vor Augen führt, ist schon eine ganze Menge Druck aus dem vermeintlichen Schlafproblem genommen.

Einschlafen für Fortgeschrittene

Die wenigsten Menschen legen sich hin und schlafen sofort. Häufig ist es so, dass noch Gedanken im Kopf ihre Kreise drehen und keine Anstalten machen, sich zu verziehen. Das ganz normale Gedankengeschnatter eben. Aber auch da gibt es zunächst ganz einfache Kniffe. Zum Beispiel ist es nicht ratsam, einen Krimi zu schauen, dann den Fernseher auszumachen und sich sofort ins Bett zu legen. Dann geht der Krimi im Kopf nämlich weiter. Auch bis zur letzten möglichen Sekunde zu arbeiten, möglicherweise noch den Schreibtisch im Schlafzimmer stehen zu haben, den letzten Punkt zu machen und sich sofort hinzulegen, ist schwierig. Vielleicht sind Sie so erschöpft, dass Sie gar nicht mehr anders können, als sich hinzulegen. Aber gerade in so einem Erschöpfungszustand dreht sich das Gedankenrad oft immer weiter und weiter. Obwohl man hundemüde ist, lässt der Schlaf auf sich warten. Warum? Weil unser Unterbewusstsein erst mal mitkriegen muss, dass es jetzt Zeit ist, ins Bett zu gehen.

Wir brauchen ungefähr eine halbe Stunde, um herunterzufahren aus unserem Aktivitätsmodus. In dieser halben Stunde sollten wir uns erst einmal mit nichts oder nur mit ruhigen Aktivitäten beschäftigen, sodass wir langsam in einen Ruhezustand kommen. Gönnen Sie sich diese halbstündige Ruhe, ganz egal, wann Sie ins Bett gehen. Ich mache mir abends gerne einen Tee, selbst wenn ich eine Show hatte und erst nach Mitternacht nach Hause oder ins Hotelzimmer komme. Das ist ein richtiges Ritual – damit sage ich meinem System, der Einheit von Körper und Geist: »Aufgepasst, ich gehe jetzt schlafen.«

Das ist der erste Schritt.

Wenn ich dann noch das Gefühl habe, dass meine Gedanken nicht zur Ruhe kommen, mache ich im Bett liegend gerne eine ganz bestimmte Übung, die mich garantiert wohlig ins Land der Träume befördert. Ich beginne die Übung mit dem Atemzirkel von Seite 89 f., dann geht es weiter mit der folgenden Visualisierung:

DER FAHRSTUHL INS KAMINZIMMER
Stell dir vor,
du bist in einem Hochhaus.
Ganz oben, im obersten Stockwerk.
Du gehst auf den Flur und steigst in einen Fahrstuhl ein.
Der fährt nach unten,
ganz langsam,
ein Stockwerk nach dem anderen.
Du willst ganz nach unten in das unterste Stockwerk.
Je tiefer der Fahrstuhl fährt,
umso tiefer entspannst du,
umso tiefer erlaubst du dir zu entspannen.
Immer tiefer und tiefer geht es.
Tiefer und tiefer.
Gleich bist du ganz unten im Erdgeschoss angekommen und absolut entspannt.
Du bist so entspannt, dass du gähnen musst.
Noch tiefer geht es und dann bist du da.
Die Fahrstuhltür öffnet sich,
du gehst hinaus und betrittst einen wunderschönen Raum.
Einen Raum, in dem du dich sofort wohl und geborgen fühlst.
(An dieser Stelle können Sie sich einen ganz besonderen Wohlfühlraum schaffen, wie ich es im Himmelstreppenskript in Kapitel zehn beschrieben habe.)
Da brennt ein Kamin.
Da steht ein Sessel vor dem Kamin.
Du setzt dich in diesen Sessel vor dem Kamin.
Spürst die Wärme von diesem schönen, angenehm beruhigenden Feuer.

Du hörst das Knistern.
Du bist in einem schönen angenehmen Raum,
betrachtest ein schönes, angenehmes Kaminfeuer.
Du genießt den Blick ins Feuer.
Nun nimm alle Gedanken, die dich am Tag beschäftigt haben.
Stell dir vor, wie sie alle in deine linke Hand fließen.
Sie fließen in deine linke Hand,
versammeln sich dort.
Alle Gedanken, die dir kommen,
lässt du vollkommen unbewertet.
Lass sie hinausfließen in deine linke Hand
und aus deiner linken Hand hinaus.
Währenddessen spürst du das Feuer vor dir,
wohlig warm und entspannend.
Dann schau auf deine linke Hand
und nimm einen Gedanken und wirf den Gedanken ins Feuer.
Du siehst, wie die Flamme kurz aufflammt und wie der
    Gedanke verbrennt.
Gleichzeitig lässt du los.
Dann nimmst du den nächsten Gedanken
und wirfst auch den ins Feuer.
Ein kurzes Aufflammen und du lässt los.
Das machst du jetzt mit all den Gedanken in deiner Hand.
Vielleicht sind da noch ein paar Gedanken in dir,
die auch in die linke Hand wollen,
weil vorhin nicht genug Platz war.
Auch die nimmst du nun und wirfst sie ins Feuer.
Du genießt den Moment und lässt alles los.
Wenn du alle Gedanken ins Feuer geworfen hast,
bleibst du noch ein bisschen am Feuer sitzen.
Du gönnst es dir, einfach dort im bequemen Sessel
    einzuschlafen
und in den Schlaf überzutreten ...

So eine Visualisierung schafft bewusst einen entspannenden Moment, der hilft, herunterzufahren. Wir gehen ins Bett, wir machen die Augen zu, wir fahren mit dem Fahrstuhl hinunter in diesen schönen Raum, an dieses schöne Kaminfeuer, nehmen die Gedanken in die Hand und werfen sie einfach hinein und beobachten, wie sie verpuffen. Dann können wir liegen bleiben und über dieser Vorstellung einschlafen.

Wenn Sie gerade eine intensive oder stressige Lebensphase mit vielen Sorgen und Nöten durchmachen und Sie es besonders schwer haben, am Abend abzuschalten, ist die folgende Visualisierung möglicherweise noch besser für Sie geeignet. Sie kombiniert eine bildliche Vorstellung mit körperlichem, lautlichem Herauslassen von allem, was Sie belastet. Lesen Sie das folgende Skript mehrere Male, Sie müssen es nicht auswendig können, wichtig ist nur, dass Sie eine gefühlsmäßige Vorstellung der Abfolge haben:

DIE UNSICHTBARE KRAFT
Leg dich hin.
Bette dich so bequem wie möglich.
Schließ die Augen.
Nun fühl alle Emotionen noch einmal, die du am Tag erlebt hast.
Geh die Situationen, die du erlebt hast, noch einmal gedanklich durch.
Dann spüre den Tag und seine Ereignisse in seiner emotionalen Gesamtheit.
Atme noch einmal tief ein.
Nun beginne, laut zu stöhnen.
Lass das Stöhnen, all die Anstrengungen, einfach aus dir heraus.
Lass sie von tief aus deinem Inneren aufsteigen.
Merke, wie du dich mit jedem Stöhnen leichter fühlst.

Leichter und leichter.
Bis du merkst, dass du eine enorme Entlastung spürst.
Nun beginne zu jammern.
Jammere allen Stress des Tages heraus.
Allen Groll.
Lass ihn heraus.
Alles, was dich belastet,
verlässt dich mit dem Jammern.
Alle Anspannung.
Alles in dir wird weicher.
Jeder Muskel entspannt und wird vollkommen weich.
Jammere, bis du eine weitere Verschiebung in deinem
  Empfinden spürst.
Du bist nun völlig entspannt.
Nun denk daran,
was du morgen tun musst.
Denk an deine Pläne,
an deine Vorhaben.
Wenn du nun gleich einschläfst,
wird alles, was deinen Vorhaben im Weg steht,
beseitigt.
Alle Hindernisse werden in der Nacht aus dem Weg geräumt.
Während du schläfst,
bereitet eine unsichtbare Kraft
den Weg, der deine Vorhaben zum Erfolg führt.
Du bist bereit für das, was kommt.
Du kannst nun loslassen,
denn du kannst darauf vertrauen,
dass sich alles von selbst löst,
während du
einen wunderbaren, erfrischenden Schlaf genießt.

Wie Sie den Tag auslöffeln, ablegen, ausknipsen und zerplatzen lassen

In einem meiner Seminare hatte ich einen Teilnehmer, der davon erzählte, seit vielen Jahren jeden Abend vor dem Schlafengehen einen Becher Joghurt zu löffeln. Dabei überkommt ihn jedes Mal eine angenehme Schläfrigkeit. Sein System weiß: Wenn der Joghurt kommt, geht es ins Bett. Dieser Mann nutzte damit eine andere tolle Möglichkeit, sich in den Schlafmodus zu bringen: Ein täglich wiederkehrendes Ritual, um sich auf den Schlaf vorzubereiten. Sie können die Kraft solcher Rituale noch verstärken, indem Sie Ihre täglichen Abendroutinen mit beruhigenden Bildern verknüpfen. Nehmen Sie sich vor dem Schlafengehen diese Zeit, um sich und Ihr Unterbewusstsein mit eigentlich alltäglichen Handgriffen auf den Schlaf vorzubereiten:

- Sie müssen natürlich Ihre Kleider ausziehen und das können Sie wunderbar nutzen, um auch Ihre Tagesgeschäftigkeit abzulegen. Stellen Sie sich vor, wie Sie mit jedem Kleidungsstück, das Sie ablegen, einen Teil des Tages ablegen. Erst den Morgen, dann den Vormittag, den Mittag und so weiter – bis Sie beim späten Abend angekommen sind.
- Dann gehen Sie ins Bad und putzen sich die Zähne. Dabei stellen Sie sich vor, wie Sie den Tag blitzblank sauberputzen von allem, was Sie erlebt haben.
- Wenn Sie sich unter Ihre Bettdecke kuscheln, stellen Sie sich vor, dass die Decke ein Schutzmantel ist, der Sie vor dem beschützt, was Sie abgelegt haben. All diese Gedanken, die Sie hatten – unter der Decke sind Sie davor geschützt.
- Dann knipsen Sie das Licht aus. Stellen Sie sich vor, dass der Lichtschalter auch das Licht in Ihrem Kopf ausschaltet. In dem Moment, in dem Sie den Lichtschalter ausschalten,

schaltet sich das Licht in Ihnen ab. Das Ergebnis: Sie schalten ab.
- Wollen sich vielleicht doch noch ein paar letzte aufmüpfige Gedanken zu Wort melden? Dann lassen Sie sie kommen, aber nur, um sie sofort wie Seifenblasen aus Ihrem Körper hinausschweben zu lassen. Die Gedanken stecken in einer Seifenblase und Sie schauen den Gedanken zu, wie sie mit der Seifenblase zerplatzen.
- Zu guter Letzt steigen Sie noch in die Vogelperspektive auf und betrachten sich selbst, wie Sie da unten liegen mit geschlossenen Augen und langsam einschlummern.

Die Visualisierung der zerplatzten Seifenblasen können Sie auch wunderbar machen, wenn Sie nachts wach werden. Sie kuscheln sich unter die Decke, Ihren Schutzmantel, lassen die Gedanken, die kommen, heraus und sehen dann zu, wie diese Gedanken zerplatzen.

Sie vermeiden damit all das, was uns normalerweise wach hält, nämlich Gedanken wie: »Ich will nicht denken« oder »Ich muss schlafen«. Stattdessen sagen Sie zu den Gedanken: »Komm doch einfach, du fliegst eh raus und ich schaue dir zu, wie du zerplatzt.« Und wenn es ein Meer an Seifenblasen ist, das ist vollkommen egal, denn sie zerplatzen und belasten Sie nicht.

Gute Nacht!

Nachwort
Ein Geschenk zum Abschluss

Liebe Leser,
ich danke Ihnen von Herzen, dass Sie mir und diesem Buch Ihre Aufmerksamkeit geschenkt haben.

Ich möchte Ihnen mit meinen Gedanken, meinen kleinen Ritualen, Übungen und Tricks helfen, ein besseres Leben zu haben. Ein erfüllteres, schöneres Leben. Eines, wie auch ich das Glück habe zu genießen. Hypnose hat mein Leben verwandelt und diese wunderbare Erfahrung möchte ich an Sie weitergeben. Alles, was in diesem Buch steht, ist von mir erprobt. Es funktioniert, vertrauen Sie mir.

Bevor Sie nun den Buchdeckel schließen, habe ich noch ein Geschenk für Sie. Lesen Sie die folgenden Zeilen, dann schließen Sie die Augen und das Buch. Lassen Sie die Worte noch eine Weile nachwirken und dann freuen Sie sich darauf, was geschieht.

Irgendwann später,
am heutigen Tag,
vielleicht heute Abend,
oder auch morgen,
erschafft dein Unterbewusstsein
die Möglichkeit,
dich zu überraschen.
Ein Geschenk.
Eine angenehme Gabe.
Etwas Besonderes, Spezielles.

Etwas sehr Schönes.
Ein wundervolles Gefühl.
Ein besonderer Geschmack vielleicht.
Eine brillante Farbe.
Etwas, das plötzlich heraussticht.
Ein großartiges Wohlgefühl.
Vielleicht nur ein kurzer Moment.
Eine Einsicht.
Eine wunderbare Erleuchtung.
Vielleicht ein lang anhaltendes Wohlgefühl.
Etwas Lustiges.
Ein Lächeln.
Ein luxuriöses Gefühl.
Es kann alles sein.
Also sei achtsam, Unterbewusstsein.
Öffne den Geist für schöne Dinge,
Gefühle und Erlebnisse.
Diese speziellen Momente werden dich ab sofort
überraschen und du kannst sie voll und ganz genießen.
Jeden Moment.

Ihr Jan Becker

Literaturverzeichnis

Abel, Millicent H.: *An Empirical Reflection on the Smile.* Edwin Mellen Press 2002

Aghabati, Nahid; Mohammadi, Eesa; Esmajel, Zahra Pour: *The Effect of Therapeutic Touch on Pain and Fatigue of Cancer Patients Undergoing Chemotherapy.* In: Evidence-Based Complementary and Alternative Medicine, Vol. 7, Nr. 3, 375–381, 2010; doi: 10.1093/ecam/nen006

Alam, Murad et al.: *Botulinum toxin and the facial feedback hypothesis: can looking better make you feel happier?* In: Journal of the American Academy of Dermatology, Vol. 58, Nr. 6, 1061–1072, 2008; doi: 10.1016/j.jaad.2007.10.649

Anand, Maharani: *Die Herz-Umarmung.* Param 2000

Beecher, Henry K.: *The Powerful Placebo.* In: J. A. M. A., Vol. 159, Nr. 17, 1955

Bierhoff, Hans-Werner; Rohmann, Elke: *Was die Liebe stark macht. Die neue Psychologie der Paarbeziehung.* rororo 2005

Blakemore, Sarah-Jayne; Frith, Uta: *The Learning Brain. Lessons for Education.* Wiley-Blackwell 2005

Coué, Emile: *Autosuggestion. Wie man die Herrschaft über sich selbst gewinnt.* AT Verlag 2012

Dechmann, Birgit; Schlumpf, Elisabeth: *Lieben ein Leben lang. Wie Beziehungen immer besser werden.* Beltz 2009

Duhigg, Charles: *Die Macht der Gewohnheit.* Berlin Verlag 2012

Ellner, Michael; Sandland, Scott: *Dynamic Hypnosis For Pain Control.* 6 DVDs inkl. Trainingshandbuch

Hanussen-Steinschneider, Erik Jan: *Das Gedankenlesen/Telepathie.* Walheim-Eberle 1920

Hari, Johann: *Chasing The Scream. The First and Last Days of the War on Drugs.* Bloomsbury USA 2015

Henderson, Julie: *Das Buch vom Summen.* AJZ Druck & Verlag 2005

Jodorowsky, Alejandro: *Psychomagic. The Transformative Power of Shamanic Psychotherapy.* Inner Traditions 2010

Kalyani, Bangalore G. et al.: *Neurohemodynamic correlates of ›OM‹ chanting: A pilot functional magnetic resonance imaging study.* In: Int J Yoga, Nr. 4 (1), 3–6, 2011; doi: 10.4103/0973-6131.78171

Legenbauer, Tanja; Ivanov, Natascha: *Medienkonsum und soziale Vergleichsprozesse;* zu finden auf: http://www.psychotherapie-mainz.de/es_medien_studie1.html

Leitner, Sebastian: *So lernt man lernen. Der Weg zum Erfolg.* Nikol 2011

LeMouse, Mack: *Will Background Music Improve Your Concentration?*; zu finden auf: http://www.healthguidance.org/entry/11767/1/Will-Background-Music-Improve-Your-Concentration.html

Lewis, David: *The Secret Language of Success. Using Body Language to Get What You Want.* Galahad 1995

McMains, Stephanie; Kastner, Sabine: *Interactions of top-down and bottom-up mechanisms in human visual cortex.* In: The Journal of Neuroscience, Nr. 12, 587–597, 2011, 31(2); doi: 10.1523/JNEUROSCI.3766-10.2011

Neal, David T.; Chartrand, Tanya L.: *Embodied emotion perception. Amplifying and dampening facial feedback modulates emotion perception accuracy.* In: Social Psychological and Personality Science, Vol. 2, Nr. 6, 673–678, 2011

Petersen, Lars-Eric: *Der Einfluss von Models in der Werbung auf das Körperselbstbild der Betrachter/innen.* In: Zeitschrift für Medienpsychologie, Nr. 17, 54–63, 2005; doi: 10.1026/1617-6383.17.2.54

Riemann, Fritz: *Grundformen der Angst. Eine tiefenpsychologische Studie.* Ernst Reinhardt Verlag 1961/2003

Ryding, Erik; Brådvik, Björn; Ingvar, David H.: *Changes of regional cerebral blood flow measured simultaneously in the right and left hemisphere during automatic speech and humming.* In: Brain, 1345–1358, 1987; doi: 10.1093/brain/110.5.1345

Spitzer, Manfred: *Lernen. Gehirnforschung und die Schule des Lebens.* Spektrum 2007

Weitzberg, Eddie; Lundberg, Jon O.N.: *Humming Greatly Increases Nasal Nitric Oxide.* In: American Journal of Respiratory and Critical Care Medicine, Vol. 166, Nr. 2, 144–145, 2002; doi: 10.1164/rccm.200202-138BC

Glücklich rauchfrei

Jan Becker
Nichtraucher in 120 Minuten
So kommen Sie von den Zigaretten los

Piper Taschenbuch, 224 Seiten
mit Christiane Stella Bongertz
€ 9,99 [D], € 10,70 [A]*
ISBN 978-3-492-30890-8

Endlich Schluss mit den vielen frustrierenden und erfolglosen Versuchen, von Zigaretten loszukommen. Der Hypnose-Experte Jan Becker erklärt in seinem neuen Buch das Rezept, mit dem jeder es schaffen kann, mithilfe von Selbsthypnose den Schritt in ein rauchfreies Leben zu meistern. Das Besondere an seiner Methode ist, dass sie sofort und dauerhaft wirkt – ganz ohne Stress und Gewichtszunahme. Für alle, die sich endgültig das Rauchen abgewöhnen und ein gesünderes Leben beginnen wollen.

Leseproben, E-Books und mehr unter www.piper.de

Kalyani, Bangalore G. et al.: *Neurohemodynamic correlates of ›OM‹ chanting: A pilot functional magnetic resonance imaging study.* In: Int J Yoga, Nr. 4 (1), 3 – 6, 2011; doi: 10.4103/0973-6131.78171

Legenbauer, Tanja; Ivanov, Natascha: *Medienkonsum und soziale Vergleichsprozesse;* zu finden auf: http://www.psychotherapie-mainz.de/es_medien_studie1.html

Leitner, Sebastian: *So lernt man lernen. Der Weg zum Erfolg.* Nikol 2011

LeMouse, Mack: *Will Background Music Improve Your Concentration?*; zu finden auf: http://www.healthguidance.org/entry/11767/1/Will-Background-Music-Improve-Your-Concentration.html

Lewis, David: *The Secret Language of Success. Using Body Language to Get What You Want.* Galahad 1995

McMains, Stephanie; Kastner, Sabine: *Interactions of top-down and bottom-up mechanisms in human visual cortex.* In: The Journal of Neuroscience, Nr. 12, 587 – 597, 2011, 31(2); doi: 10.1523/JNEUROSCI.3766-10.2011

Neal, David T.; Chartrand, Tanya L.: *Embodied emotion perception. Amplifying and dampening facial feedback modulates emotion perception accuracy.* In: Social Psychological and Personality Science, Vol. 2, Nr. 6, 673 – 678, 2011

Petersen, Lars-Eric: *Der Einfluss von Models in der Werbung auf das Körperselbstbild der Betrachter/innen.* In: Zeitschrift für Medienpsychologie, Nr. 17, 54 – 63, 2005; doi: 10.1026/1617-6383.17.2.54

Riemann, Fritz: *Grundformen der Angst. Eine tiefenpsychologische Studie.* Ernst Reinhardt Verlag 1961/2003

Ryding, Erik; Brådvik, Björn; Ingvar, David H.: *Changes of regional cerebral blood flow measured simultaneously in the right and left hemisphere during automatic speech and humming.* In: Brain, 1345 – 1358, 1987; doi: 10.1093/brain/110.5.1345

Spitzer, Manfred: *Lernen. Gehirnforschung und die Schule des Lebens.* Spektrum 2007

Weitzberg, Eddie; Lundberg, Jon O.N.: *Humming Greatly Increases Nasal Nitric Oxide.* In: American Journal of Respiratory and Critical Care Medicine, Vol. 166, Nr. 2, 144 – 145, 2002; doi: 10.1164/rccm.200202-138BC

Der Schlüssel zum Unterbewusstsein

Jan Becker
Das Geheimnis der Intuition
Wie man spürt, was man nicht wissen kann

Piper Taschenbuch, 240 Seiten
Mit Christiane Stella Bongertz
€ 12,99 [D], € 13,40 [A]*
ISBN 978-3-492-30460-3

Intuition hilft uns, eine gute Entscheidung zu treffen, ohne die zugrunde liegenden Zusammenhänge verstehen zu müssen. Und: Sie ist erlernbar, lässt sich sogar bewusst verbessern. Jan Becker zeigt, wie wir unsere Wahrnehmung schulen können und warum wir wieder auf uns selbst hören müssen, wenn wir unser Bauchgefühl stärken wollen. Mit zahlreichen praktischen Übungen, die unsere Fähigkeit trainieren, Eigenschaften und Emotionen in Sekundenbruchteilen komplex und instinktiv richtig zu erfassen.

Leseproben, E-Books und mehr unter www.piper.de

Tun wir das, was andere wollen, ohne es zu wissen?

Jan Becker
Du wirst tun, was ich will
Hypnose-Techniken für den Alltag

Piper Taschenbuch, 256 Seiten
€ 9,99 [D], € 10,30 [A]*
ISBN 978-3-492-30410-8

Wenn wir in den Supermarkt gehen, glauben wir, dass wir kaufen, was wir wollen. In Wirklichkeit haben andere längst vorher festgelegt, was wir kaufen sollen. In vielen Alltagssituationen werden wir manipuliert und manipulieren selbst, ob bewusst oder unbewusst. Dahinter stehen die gleichen Techniken, die auch Hypnotiseure einsetzen. Wenn wir diese gezielt einsetzen, können wir sogar sympathischer wirken oder größere Lust beim Sex empfinden.

PIPER

Leseproben, E-Books und mehr unter **www.piper.de**

Gedankenlesen kann man lernen

Jan Becker
Ich kenne dein Geheimnis
Enthüllungen eines Wundermachers, mit Regina Carstensen

Piper Taschenbuch, 272 Seiten
€ 9,99 [D], € 10,30 [A]*
ISBN 978-3-492-30195-4

Jan Becker spielt russisches Roulette mit präparierten Fallschirmen und springt dann aus einem Flugzeug, sagt Fußballergebnisse voraus und findet eine Stecknadel in der größten Stadt Deutschlands. Hat er übersinnliche Fähigkeiten? Nein. Psychologisches Fachwissen, Empathie und Intuition machen Jan Becker zum Gedankenleser. In diesem Buch lässt er sich zum ersten Mal in die Karten blicken.

Leseproben, E-Books und mehr unter www.piper.de

PIPER

JAN BECKER HYPNOCOACHING

FÜR DAS BUSINESS, DEN ALLTAG UND DEN SPORT

DU KANNST SCHAFFEN, WAS DU WILLST

JEDE VERÄNDERUNG BEGINNT MIT UNS SELBST

Jeder Mensch kennt den Moment der Motivationslosigkeit, der Stagnation. Du willst, aber Du kannst nicht!
Jede Veränderung beginnt mit uns selbst. In den Empowement-Days lernst Du die wertvollsten, effektivsten Werkzeuge, welche Dich wirklich handeln lassen, um sofort mehr Klarheit, Motivation und Lebensqualität in all Deine Lebensbereiche zu bringen.
Jan Becker enthüllt, wie jeder Mensch ein erfülltes Leben führen kann, ohne Kompromisse. Wie Du Deine kraftvollste Lebensvision entdecken kannst, was es bedeutet, mit Leidenschaft Deine Ziele zu erreichen, wie Du durch Deine Talente die Welt beschenken kannst, ohne etwas von Deinem Talent verstecken oder zurückhalten zu müssen. Wie Du Dich mit Spaß und Freude weiterentwickeln kannst.
Jan Beckers Empowerment-Days sind ein revolutionärer Blick auf das, was es in der heutigen Welt bedeutet, Mensch zu sein und gleichzeitig eine erstaunliche Anleitung, ein Leben voller Selbstbewusstsein, Integrität, Authentizität, Wahrhaftigkeit und Freiheit zu leben.

ALLE TERMINE UND WEITEREN SEMINARE
AUF WWW.JAN-BECKER.COM UND PER
TELEFON UNTER +49 (0)30 9120 657 00

Du kannst schaffen, was du willst.

Werde Supermensch in 28 Tagen.

Das Online-Training zum Buch.

Jetzt kostenlos informieren auf
du-kannst-schaffen-was-du-willst.de

JAN BECKER HYPNOCOACHING
FÜR DAS BUSINESS, DEN ALLTAG UND DEN SPORT

DU WIRST TUN, WAS ICH WILL
LERNE ZU HYPNOTISIEREN

Hypnose-Techniken für das Business, den Sport und den Alltag.

Lerne in Jan Beckers Seminar versteckte Hypnose-Techniken zu erkennen und selbst anzuwenden. Erfahre, wie man mit hypnotischen Methoden einfacher seine Überzeugungen vermittelt und leichter Ideen und Wünsche realisieren kann.

Wir räumen mit Hypnose-Klischees auf. Lerne auf schnellste Art und Weise wie man andere Menschen hypnotisiert. Du lernst andere zu heben und ihnen durch den hypnotischen Prozess zu helfen, ihre eigene Realität zu gestalten.

Mit Hilfe von vielen praktischen Übungen wirst Du selbst zum Hypnotiseur. Erlebe exklusive Wochenend-Seminare für Anfänger und Fortgeschrittene mit Jan Becker.

ALLE TERMINE UND WEITEREN SEMINARE
AUF WWW.JAN-BECKER.COM UND PER
TELEFON UNTER +49 (0)30 9120 657 00